Sommaire

2016 – n° 3

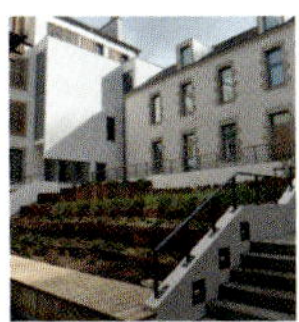

ÉVÉNEMENTS

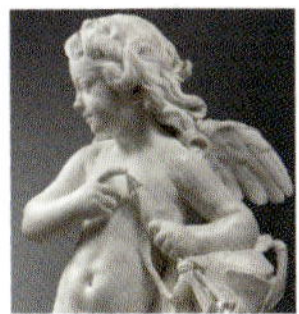

ÉTUDES

EN COUVERTURE : Jean Raoux. *La Danse* (détail). Montpellier. Musée Fabre (voir article d'Olivier Zeder, p. 45)

DIRECTION
Marie-Christine LABOURDETTE, Directrice des musées de France

RÉDACTION
Rédacteurs en chef : Christian BRIEND, Conservateur général au musée national d'Art moderne-Centre Pompidou ; Vincent LEFÈVRE, Conservateur en chef, sous-directeur des Collections ; Alexandre MARAL, Conservateur en chef au musée national des châteaux de Versailles et de Trianon ; Nicolas MILOVANOVIC, Conservateur en chef au département des Peintures du musée du Louvre
Responsable d'édition : Muriel BOUREL MULLIEZ
Iconographie et secrétariat administratif : Dominique GOIX

Adresse postale de la rédaction :
254-256, rue de Bercy 75577 Paris cedex 12
e-mail : muriel.bourel@rmngp.fr

Pour l'abonnement, se reporter p. 112

DIRECTEUR DE LA PUBLICATION
Sylvie HUBAC
Réunion des Musées Nationaux – Grand Palais
Siège social : 254-256, rue de Bercy 75577 Paris cedex 12

MAQUETTE
Pierre FINOT, Nathalie DE MOLLING

RESPONSABLE DE FABRICATION
Isabelle LORIC

RELECTEUR
Sylvie BRUN-FABRY

PHOTOGRAVURE
Jouve, Saran

IMPRESSION
Imprimerie Chirat, 744, rue Sainte Colombe 42540 Saint-Just-la-Pendue, France.
Les textes ont été composés en Univers condensé.

VENTE
Comptoirs de la librairie du Louvre et des Musées nationaux
Retrouvez nos publications sur **rmngp.fr**

Prix du numéro 15 €
ISBN 978-2-7118-6343-3
ISSN : 1962-4271
LL001603
Dépôt légal : février 2017
CPPAP 0121E87520

Cet ouvrage a été imprimé avec des encres végétales, sur papier provenant d'une forêt durablement gérée.

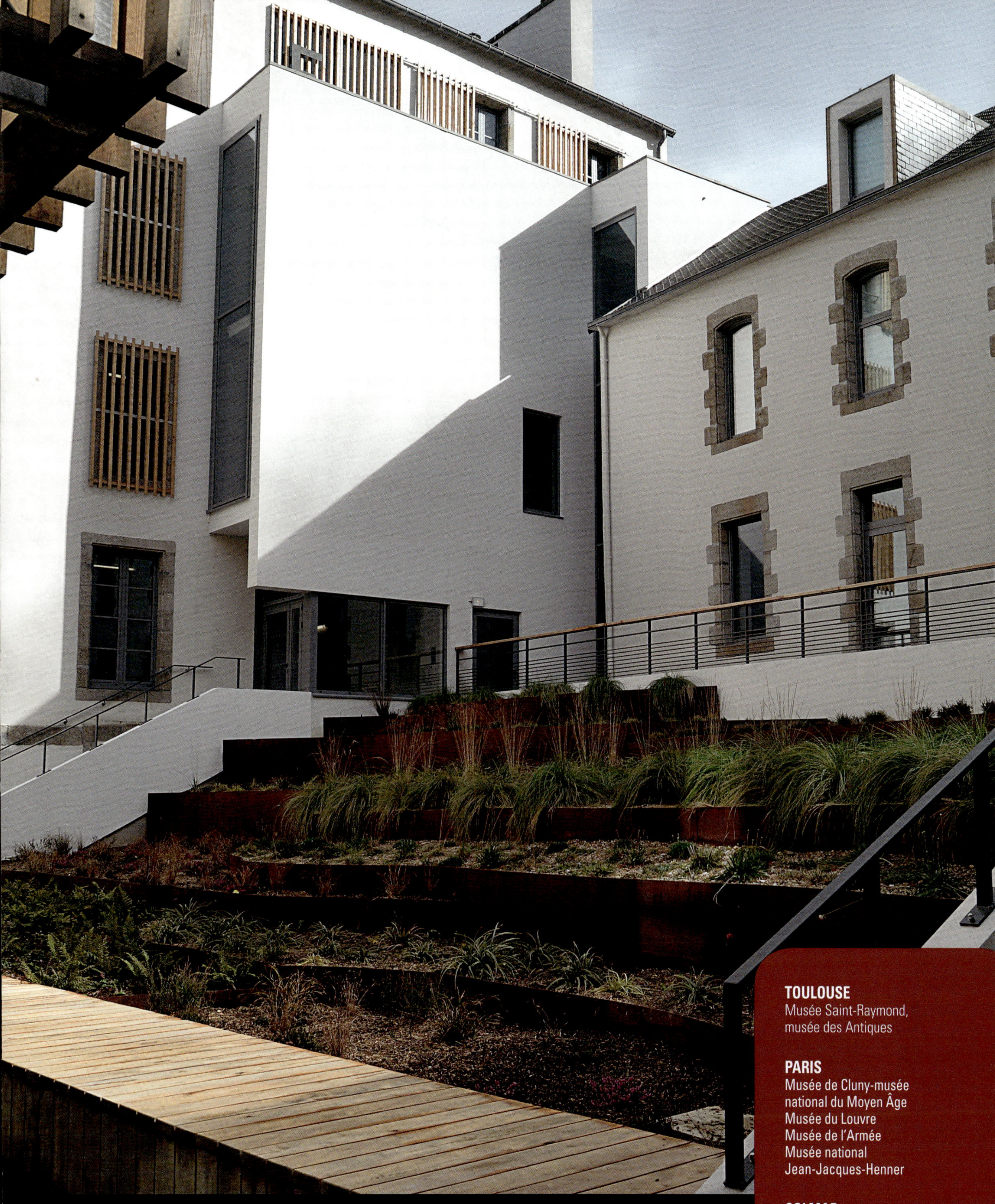

ÉVÉNEMENTS

TOULOUSE
Musée Saint-Raymond, musée des Antiques

PARIS
Musée de Cluny-musée national du Moyen Âge
Musée du Louvre
Musée de l'Armée
Musée national Jean-Jacques-Henner

COLMAR
Musée Unterlinden

PONT-AVEN
Musée

détail fig. 1, p. 20

TOULOUSE. Musée Saint-Raymond, musée des Antiques
La nouvelle présentation des œuvres de Chiragan

Inaugurée en 1999 et très peu modifiée depuis, la présentation des œuvres du musée Saint-Raymond nécessitait une revalorisation. S'il ne s'agissait pas de revenir sur le parti pris initial qui consistait à privilégier le fonds régional, il devenait inévitable de modifier les textes didactiques et d'agencer les œuvres de manière nouvelle. La transformation générale de l'étage consacré à l'ensemble exceptionnel de sculptures romaines provenant du site de Chiragan, à Martres-Tolosane (Haute-Garonne) est une première étape qui inaugure la modernisation de l'ensemble des collections permanentes, associée à une médiation renouvelée, renforcée par la traduction en anglais et en espagnol des supports didactiques.

La forme et le fonds

Toute institution muséale éprouve le besoin de se renouveler. Cela devient même une nécessité lorsque l'état de la recherche impose un regard neuf sur les œuvres exposées. Ainsi, la révision du contenu des textes didactiques et du parcours de visite montre aux visiteurs combien une collection n'est jamais figée mais dépend bel et bien du travail des chercheurs comme des équipes de conservation. Les réflexions et hypothèses, donnant lieu à articles, catalogues et communications diverses, favorisent les associations stylistiques des œuvres exposées et la mise en lumière de nouveaux points d'intérêt, tant par l'examen des données historiques que par celui des fonds conservés dans les autres institutions internationales.

D'autre part, d'un point de vue esthétique, couleurs et lumières doivent être repensées en raison de l'inévitable vieillissement des matériaux.

L'impressionnante série d'œuvres issue de la *villa* de Chiragan représente un ensemble unique. Si ce constat semble entendu par l'ensemble des spécialistes, connaisseurs et amateurs de l'Antiquité, il ne s'agissait pas toujours d'un fait assimilable par un public plus large dont la promenade au musée est synonyme de détente et de curiosité. Non seulement la qualité des œuvres n'était pas une évidence pour un regard qui s'adonne peu aux collections de sculptures antiques, mais la découverte exceptionnelle de tant de représentations au sein d'un seul et même domaine ne semblait pas interpeller davantage que les regroupements d'œuvres antiques de même catégorie mais issues d'aires géographiques diverses, présentées dans les grandes institutions internationales.

Quand une monnaie autorise la reconnaissance d'un portrait officiel sculpté

Au premier étage du musée des Antiques, la vitrine des monnaies offre un espace fondamental pour la compréhension de l'effigie antique. Si les monnaies de la *villa* de Chiragan conservées par le musée demeurent négligeables tant par leur nombre que par leur état de conservation, la vitrine numismatique a toujours privilégié de très beaux exemplaires issus du fonds numismatique romain. Cependant, en raison du format et de l'aridité de ce type d'œuvre, cette présentation n'était que très

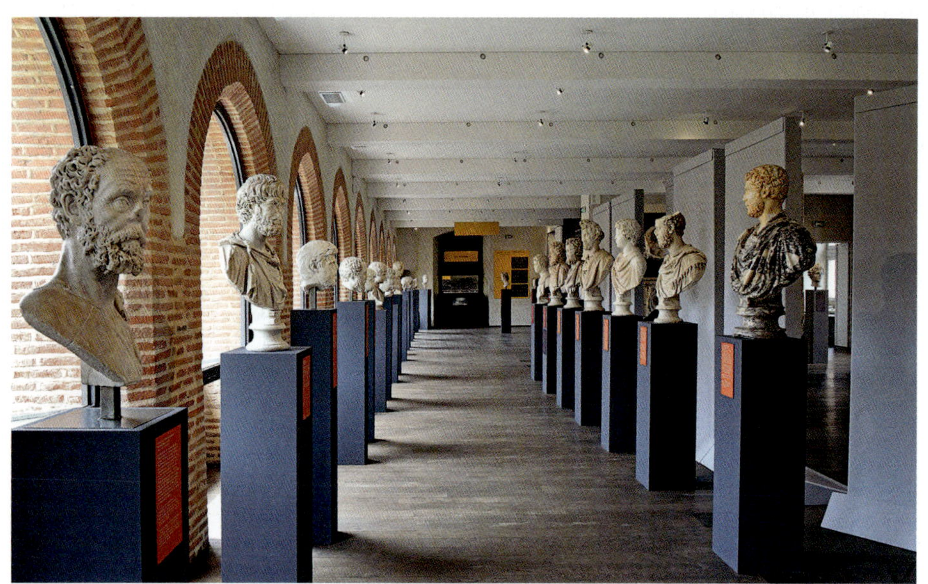

1. Galerie des portraits et, au fond, la vitrine des monnaies. Toulouse. Musée Saint-Raymond, musée des Antiques.

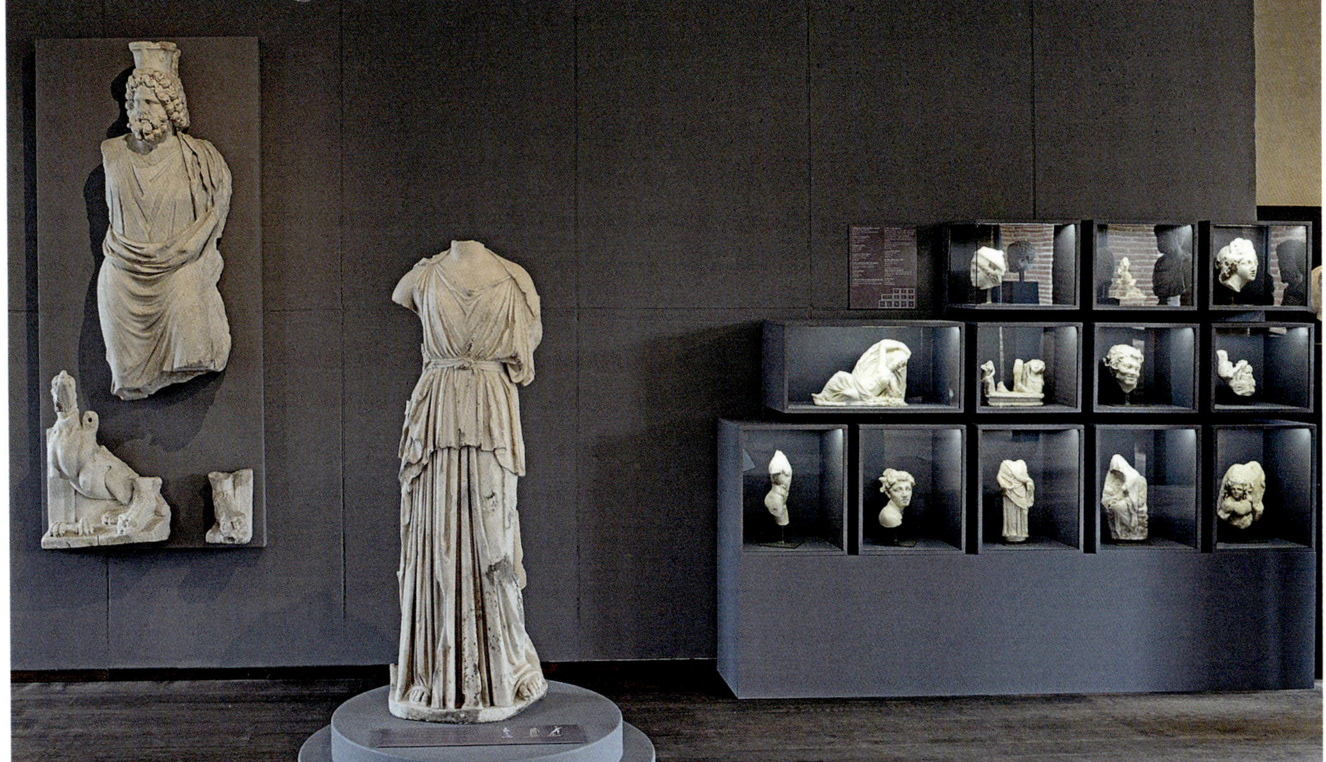

2. Petites et grandes sculptures idéales. Toulouse. Musée Saint-Raymond, musée des Antiques.

peu observée par le grand public. Celui-ci se tournait automatiquement, dès son entrée dans la salle, vers la galerie des portraits en marbre, plus spectaculaire. Privilégier le thème de l'art du portrait monétaire et son histoire, afin de mieux l'associer à l'exceptionnelle galerie de têtes et de bustes sculptés, autorisait un élargissement chronologique pour cette vitrine. Une série de très belles frappes d'or et d'argent témoigne désormais des origines et du développement de l'art du portrait antique, d'Alexandre le Grand à Théodose. La correspondance entre numismatique et sculptures en ronde bosse est rendue plus didactique au moyen d'une application, intégrée à la vitrine. Chacune des monnaies, en 2D comme en 3D, propose, au droit comme au revers, plusieurs points d'intérêt consultables par l'utilisateur. Au *pinch* (mouvement d'écartement des doigts), le visuel de la pièce peut être agrandi à volonté par l'utilisateur.

Trois bustes en marbre modélisés enrichissent le propos. Ces images numériques en 3D, manipulables, sont associées à des commentaires sous forme de *pop-up*. Portraits en marbre et portraits monétaires représentés sur les droits peuvent également être fusionnés afin de comprendre l'étroite association entre les deux types de représentation. Ainsi, un clic sur le bouton d'action « comparaison » entraîne un mouvement de rapprochement afin que le buste vienne se superposer au profil présent sur la pièce. Cette dernière action rend plus évident le lien entre monnaie et sculpture et ouvre la voie à la reconnaissance d'un portrait officiel en marbre. Nous en avons profité pour restituer virtuellement son nez à Auguste – comparable aux œuvres conservées à Munich et au Louvre – afin de rendre plus explicites ces rapprochements.

Une nouvelle redistribution des œuvres

À la suite des discussions engagées avec la scénographe Émilie Cazin, il est apparu indispensable de mieux relier, d'un point de vue thématique et suivant la nouvelle logique proposée par la réalisation de l'application numérique, portraits monétaires et sculptés. Si la continuité chronologique de la galerie des portraits en marbre ne devait en aucun cas être altérée, il semblait plus correct d'inverser ce long déroulé des effigies représentant l'histoire du pouvoir romain. Au plus près des monnaies, donc, l'exposition du plus ancien portrait, celui d'Auguste, synonyme de la genèse du régime impérial romain. Partant de ce principe, le public est à présent invité à se diriger dans l'espace Chiragan, à partir du débouché de l'escalier, non plus vers la droite mais vers la gauche.

L'ancien circuit plongeait le visiteur directement dans le décor sculpté de la *villa*, et donc au sein même de la demeure. Néanmoins, se diriger directement vers cet ensemble prestigieux, aujourd'hui daté de la fin du IIIe siècle, faisait oublier les étapes antérieures du domaine dont la genèse serait à rattacher au règne d'Auguste. Par conséquent, en modifiant ce parcours et en séparant mieux les grandes étapes qui avaient été initialement proposées, le sens de visite permet une division en trois espaces relativement distincts qui nous paraît plus claire. Un panneau d'accueil synthétise ce que représente, en trois points, cet espace dénommé « Chiragan ». La première vision de la longue galerie des portraits (fig. 1) s'accompagne du complément indispensable que représente l'histoire du portrait antique, grec et romain, sur les monnaies. Les portraits impériaux scannés et dont les images sont donc manipulables dans l'application correspondent à trois des empereurs majeurs présents dans la galerie, auxquels renvoie une signalétique particulière. À celle-ci s'ajoutent, sous forme graphique et directement sur le socle, les caractéristiques des mèches frontales et latérales de chacun de ces trois portraits, particularités capillaires autorisant la reconnaissance du personnage. De plus, tout au long du parcours, les trois grandes périodes (julio-claudienne, antonine, et enfin les Sévères et l'Anarchie militaire) se distinguent les unes des autres grâce à une signalétique particulière.

Par la suite, le visiteur gagne la séquence consacrée à la mythologie où les petits marbres, auparavant rassemblés dans une seule vitrine et donc peu considérés, sont à présent enchâssés individuellement dans une vitrine à caissons (fig. 2) qui valorise considérablement ces fragments de sculpture. L'un d'entre eux, jusque-là peu visible parmi les autres,

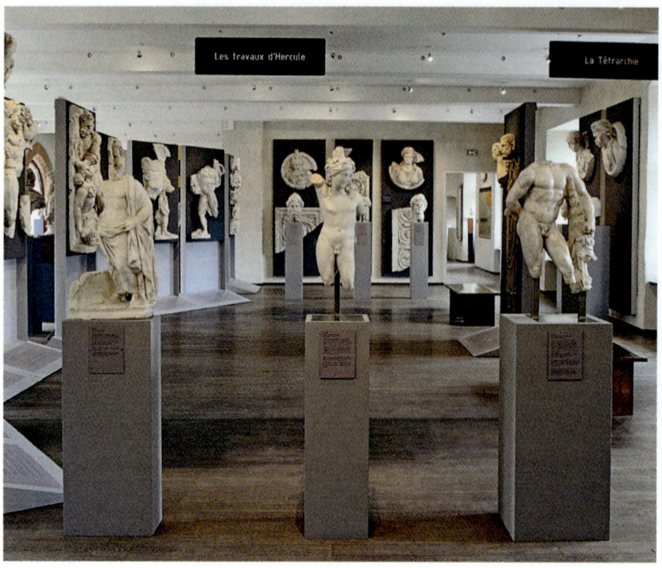

3

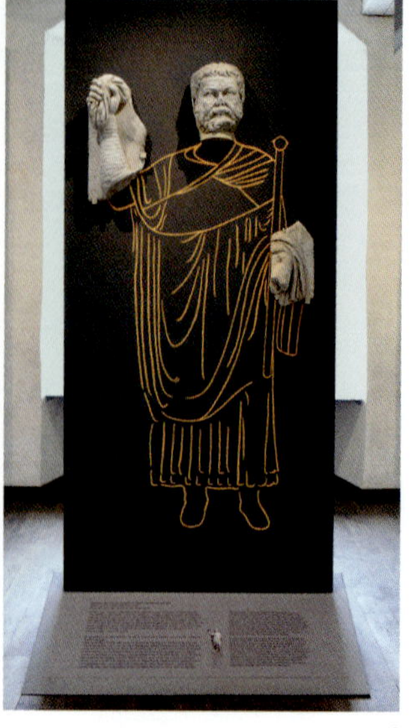

4

3. Esculape, Bacchus, Hercule, et décor d'apparat de la fin du IIIe siècle. Toulouse. Musée Saint-Raymond, musée des Antiques.

4. Restitution du haut-relief de marbre représentant l'empereur Maximien Hercule en consul levant la *mappa*. Toulouse. Musée Saint-Raymond, musée des Antiques.

5. Cycle des Travaux d'Hercule. Toulouse. Musée Saint-Raymond, musée des Antiques.

est un relief avec Pan et une faunesse. Il est désormais rapproché de celui de l'*Enlèvement de Perséphone*, exposé dans l'ébrasement d'une fenêtre. L'association de ces deux rares tableaux de marbre rappelle ainsi le raffinement de la *villa* de Chiragan, réceptacle de la splendeur décorative romaine.

La dernière section concerne le grand décor d'apparat daté de la restructuration de la *villa* à la fin du IIIe siècle (fig. 3). L'espace anciennement cloisonné est à présent complètement ouvert. Ce choix permet d'embrasser d'un seul coup d'œil l'ensemble de cette production qui, des grands reliefs d'Hercule aux pilastres à rinceaux et aux médaillons des dieux, appartient probablement à une seule grande campagne de travaux. Les récentes analyses des marbres de l'ensemble de la collection de Chiragan par une équipe italo-autrichienne semblent aller dans ce sens. En effet, alors que le marbre asiatique de Göktepe (Turquie) concerne plus de 80 % de la production des portraits exposés, c'est bien celui de Saint-Béat qui est désormais à l'origine de la totalité des sculptures du grand décor lié, selon Jean-Charles Balty, historien de l'antiquité romaine, à l'influence de l'empereur Maximien Hercule (286-305). Les vestiges du haut-relief de ce dernier, portraituré en consul inaugurant les Jeux du Cirque, ont été remontés et scénographiés (fig. 4) ; il domine désormais cette section dans un dialogue avec le haut-relief d'Hercule et Géryon, allusion aux guerres menées en Espagne par Maximien Hercule. Enfin, cet espace plus ouvert permet de prendre, physiquement, le recul nécessaire à la comparaison des œuvres. Ainsi les nombreuses effigies divines, de Sarapis à Hygie et d'Esculape à Cybèle, sont-elles mieux articulées au sein d'un secteur marqué par l'homogénéité du style et de la facture. Les nouveaux cartels soulignent le pouvoir de séduction, à Chiragan comme ailleurs dans l'Empire, de cultes demeurés vivaces dans la culture romaine jusqu'à une période tardive de l'Antiquité. Ces représentations de dieux témoignent en ce sens d'un certain conservatisme et du maintien de la culture religieuse latine originelle et rejoignent logiquement Hercule, si magnifié dans cette *villa*, qui, à travers le vaste cycle qui lui fut consacré (fig. 5), symbolise à lui seul la quête de l'éternité et de la gloire.

Pascal CAPUS

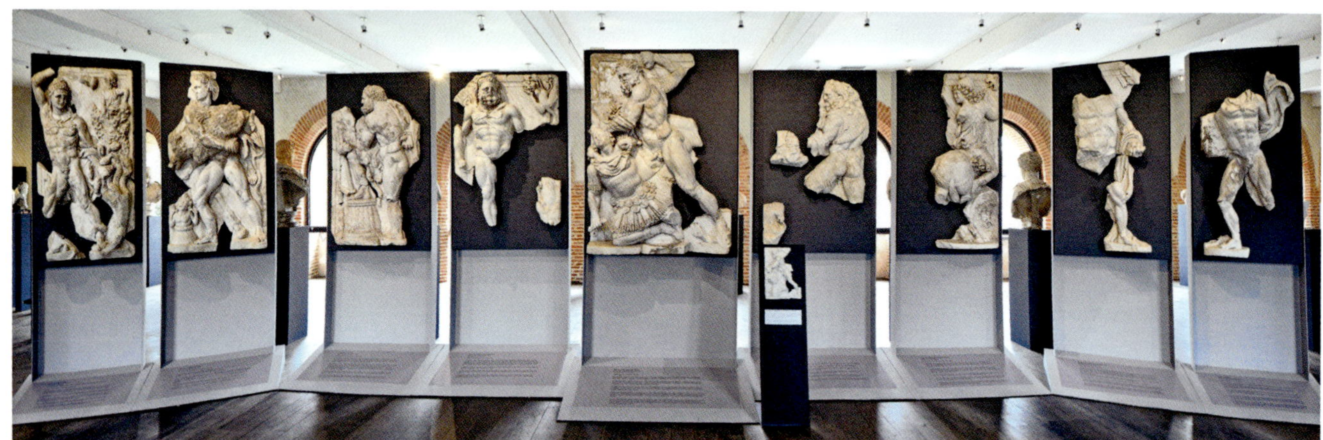

5

PARIS. Musée de Cluny-musée national du Moyen Âge

Deux exceptionnels objets de dévotion entrent dans les collections

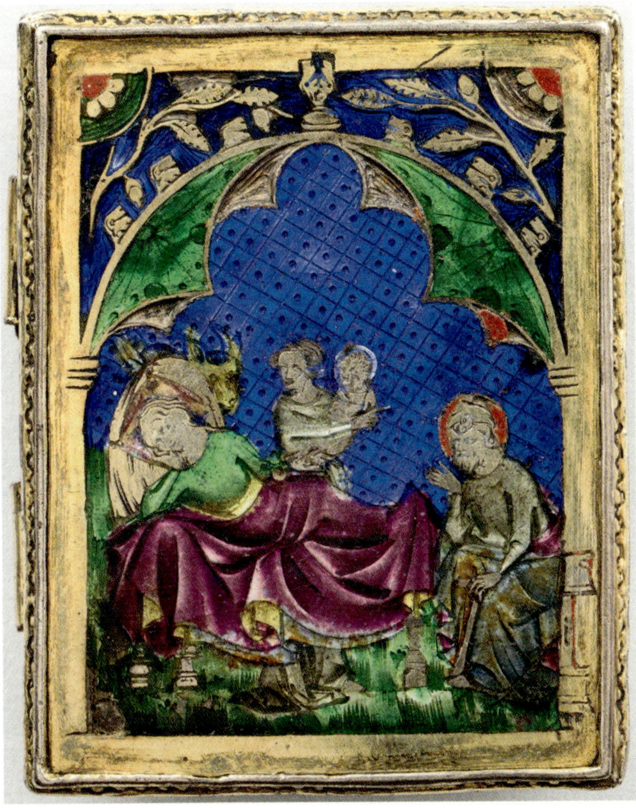

1. *Feuillet de diptyque*. Face externe. Paris. Vers 1320-1330. H. 5 cm ; L. 3,8 cm. Paris. Musée de Cluny-musée national du Moyen Âge. Inv. Cl. 23922.

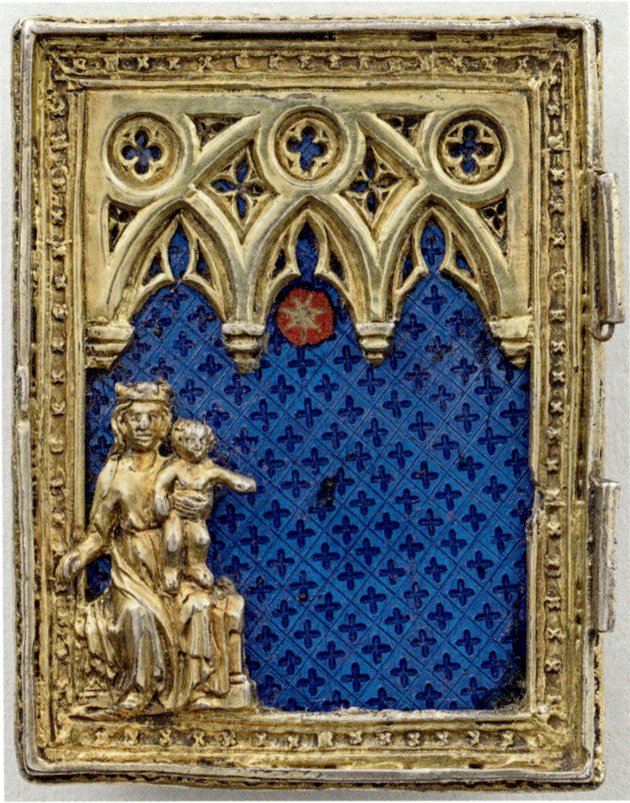

2. Face interne de la fig. 1.

Le musée de Cluny a acquis, au premier semestre 2016, deux précieux objets de dévotion en argent revêtus d'émaux translucides sur basse-taille, œuvres exceptionnelles et quasiment inédites.

L'un est une petite plaquette (fig. 1 et 2) munie de charnières, sans doute un feuillet de diptyque portatif de dévotion privée. Dans un cadre orné à l'avers de festons gravés et au revers de croisettes estampées prennent place deux scènes de l'Enfance du Christ. La face externe, dédiée à la Nativité, est revêtue d'émaux translucides – bleu, vert, gris, violet, rose, jaune – et rouge opaque sur basse-taille. La face interne présente des éléments d'applique figurant la *Vierge à l'Enfant* sous une architecture gothique. Les fonds d'émail bleu translucide au décor de losanges dit « en résille », récurrents dans l'orfèvrerie et l'enluminure parisiennes des XIIIe-XIVe siècles, sont enrichis de points à l'avers et de quadrilobes au revers.

Ce feuillet peut être rapproché d'un groupe de petits diptyques de dévotion, pour beaucoup parisiens, du XIVe siècle (exemplaires du Louvre[1] et du Metropolitan Museum de New York[2]) – ou de polyptyques[3]. Certains d'entre eux (fig. 3) associent, telle la plaquette de Cluny, émaux sur basse-taille sur une face et figures d'applique sur l'autre. Les scènes sont généralement, comme celles des tablettes d'ivoire, placées sous des architectures.

La *Nativité* (fig. 1), située sous une arcature polylobée surmontée de feuillages en réserve et de fleurettes, apparaît selon une vision familière au XIVe siècle, agrémentée de détails : la Vierge allongée sur sa couche, la tête appuyée sur un coussin et le corps recouvert d'un drap violet aux plis profonds ; derrière elle, les têtes du bœuf et de l'âne ; au pied du lit, Joseph, coiffé d'un bonnet, une main levée vers Marie, l'autre appuyée sur un tau. La présence à l'arrière-plan, à la place du berceau, d'une femme portant l'Enfant, probablement une sage-femme

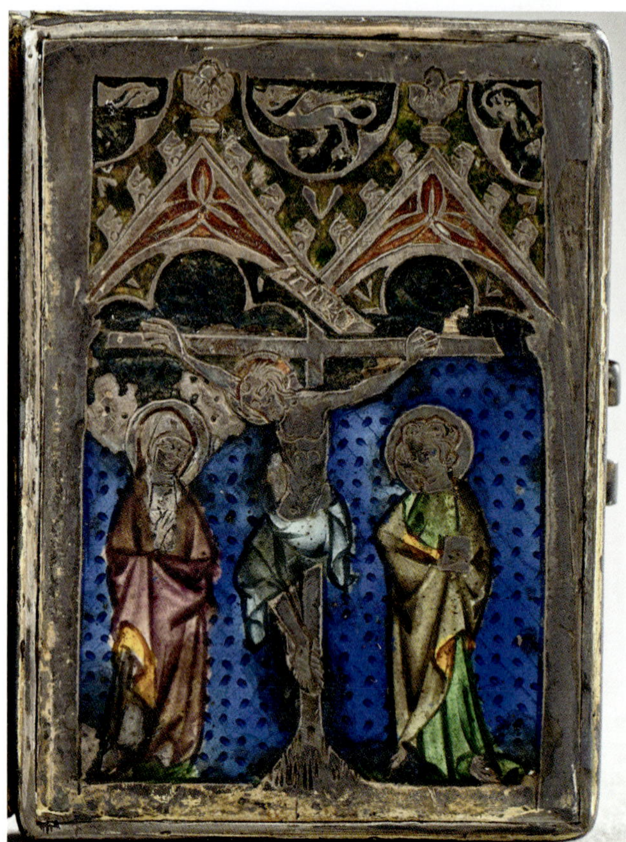

3. *Diptyque* (détail : feuillet gauche). Paris. Vers 1350-1360. Paris. Musée du Louvre. Département des Objets d'art. Inv. OA 939.

mentionnée dans les Évangiles apocryphes, introduit une variante dans une iconographie fréquente dans les arts précieux parisiens – *Bréviaire de Blanche de France* (vers 1219, f° 127)[4] et *Heures de Jeanne d'Évreux* (1325-1328, f° 54)[5] de Jean Pucelle, tabernacle du musée Poldi Pezzoli (vers 1325-1340)[6].

La face interne du feuillet (fig. 2) abrite une Vierge à l'Enfant, figure d'applique placée sous une triple arcature trilobée ornée de quadrilobes ajourés. Marie, couronnée et trônant, tient debout sur son genou l'Enfant, nu, qui esquisse un geste du bras gauche. L'espace vide qu'il désigne, l'étoile en réserve et les traces d'arrachement laissent supposer que la scène représentait l'*Adoration des Mages*, que l'on peut imaginer proche de celle de nombreux ivoires et émaux du XIVe siècle, comme celle du socle de la *Vierge de Jeanne d'Évreux* (vers 1320-1330-avant 1339)[7].

Le feuillet de Cluny se rattache par son style aux premiers émaux translucides sur basse-taille parisiens, et particulièrement à un groupe d'œuvres des années 1320-1330. Les grands yeux aux contours ombrés, les chevelures bouclées, les houppes sur les fronts masculins, se retrouvent sur l'aiguière au poinçon de Paris conservée à Copenhague[8]. La palette colorée du feuillet, la souplesse des drapés, la vivacité du dessin et les modèles des figures l'apparentent à cette aiguière ainsi qu'au triptyque du trésor de la cathédrale de Namur[9] ou au médaillon de la *Jeune fille à la licorne*[10], œuvres très proches des enluminures de Jean Pucelle. La Vierge à l'Enfant du feuillet fait écho à celle de l'*Adoration des mages* des *Heures de Jeanne d'Évreux* (f° 69). Ces analogies conduisent à supposer, pour ce feuillet d'une extrême finesse malgré ses petites dimensions, une création à Paris vers 1320-1330.

L'autre acquisition récente est un tableau-reliquaire (fig. 4) – transformé ensuite en baiser de paix, comme le montre la poignée au revers –, qui associe en une formule inédite reliquaire et image de dévotion. La plaque centrale, revêtue d'émaux translucides (bleu, vert bronze, rose foncé, jaune) et rouge opaque sur basse-taille, figure, sur un fond bleu à décor végétal incisé, le Christ en croix entouré des *Arma Christi*. Le crucifié est accosté de deux édicules gothiques abritant des reliques (peut-être de la Passion). Une logette cruciforme contenait sans doute une relique de la Vraie Croix. La plaque émaillée est entourée d'une bordure ponctuée, entre deux frises de croisettes, de logettes à reliques quadrilobées alternant avec des gemmes (saphirs, rubis, ou verres colorés).

Ce reliquaire est aussi une image de dévotion. Sa contemplation invite le fidèle à s'associer aux souffrances du Christ, représenté en *Christus patiens*, tête penchée, yeux fermés, corps affaissé. La vision des instruments de la Passion renforce cette méditation : croix, clous et couronne d'épines (sous forme de tore) bien sûr, mais aussi colonne et fouet à senestre, lance, éponge, seau à vinaigre et verges à dextre, tunique du Christ et voile de Véronique au registre supérieur. Cette iconographie reflète l'augmentation du nombre des reliques de la Passion au XIVe siècle : la corde enroulée autour de la colonne de la Flagellation, les verges s'ajoutant au fouet, la tunique du Christ et le voile de Véronique sont représentés dès le début du siècle, tandis qu'apparaissent les images de méditation sur les *Arma Christi*[11]. Ces dernières peuvent être associées à la Crucifixion, sur deux images séparées (*Psautier de Bonne de Luxembourg*, Jean le Noir, avant 1349[12], f° 329 et f° 331) ou sur une même image. Dans ce second cas, la Crucifixion est parfois placée, comme sur le tableau de Cluny, au centre de l'image.

L'originalité de ce tableau réside dans la conjonction de l'iconographie des *Arma Christi* avec celle de l'Eucharistie. Au calice recevant le sang du Christ, fréquent dans les crucifixions, s'ajoute ici l'hostie. Réunis, ils évoquent, au-delà du thème des *Arma Christi*, le renouvellement du sacrifice du Christ pendant la messe, rappelé par l'inscription tirée de la première épître de Paul aux Corinthiens (XI, 26-27)[13]. Image eucharistique, ce tableau-reliquaire témoigne de l'essor des pratiques dévotionnelles liées au Saint-Sacrement.

L'exceptionnel Christ gravé présente de fortes affinités avec ceux de Jean Pucelle : silhouette mince et sinueuse, bras aux muscles saillants, côtes visibles, *perizonium* à l'ample drapé retombant en chutes latérales. Il est très proche – également par ses trois longs clous – de celui de la *Crucifixion* des *Heures de Jeanne d'Évreux* (f° 68v). Ce type, déjà en germe au début des années 1320, se diffuse rapidement dans l'enluminure parisienne (*Missel de Robert de Coucy*, vers 1335-1340)[14], mais aussi septentrionale et méridionale, et persiste jusque dans les années 1370. Il apparaît également dans l'émaillerie parisienne du premier XIVe siècle – socle de la *Vierge de Jeanne d'Évreux* (fig. 5), reliquaire en forme de papillon de Ratisbonne (1325-1335)[15] – ainsi que dans l'ivoirerie (diptyque du Victoria & Albert Museum, vers 1330-1350)[16].

Ces comparaisons orientent vers une datation dans le deuxième quart du XIVe siècle, plutôt vers la fin de cette période, eu égard à l'ampleur du *perizonium* et surtout aux motifs végétaux qui parsèment le fond bleu. Les premiers émaux translucides sur basse-taille parisiens connus présentent généralement des fonds lisses ou quadrillés. Celui du tableau-reliquaire évoque en revanche les fonds végétaux, certes souvent enrichis de rinceaux, de certaines enluminures parisiennes, particulièrement celles du premier manuscrit illustré des *Œuvres* de Guillaume de Machaut[17]

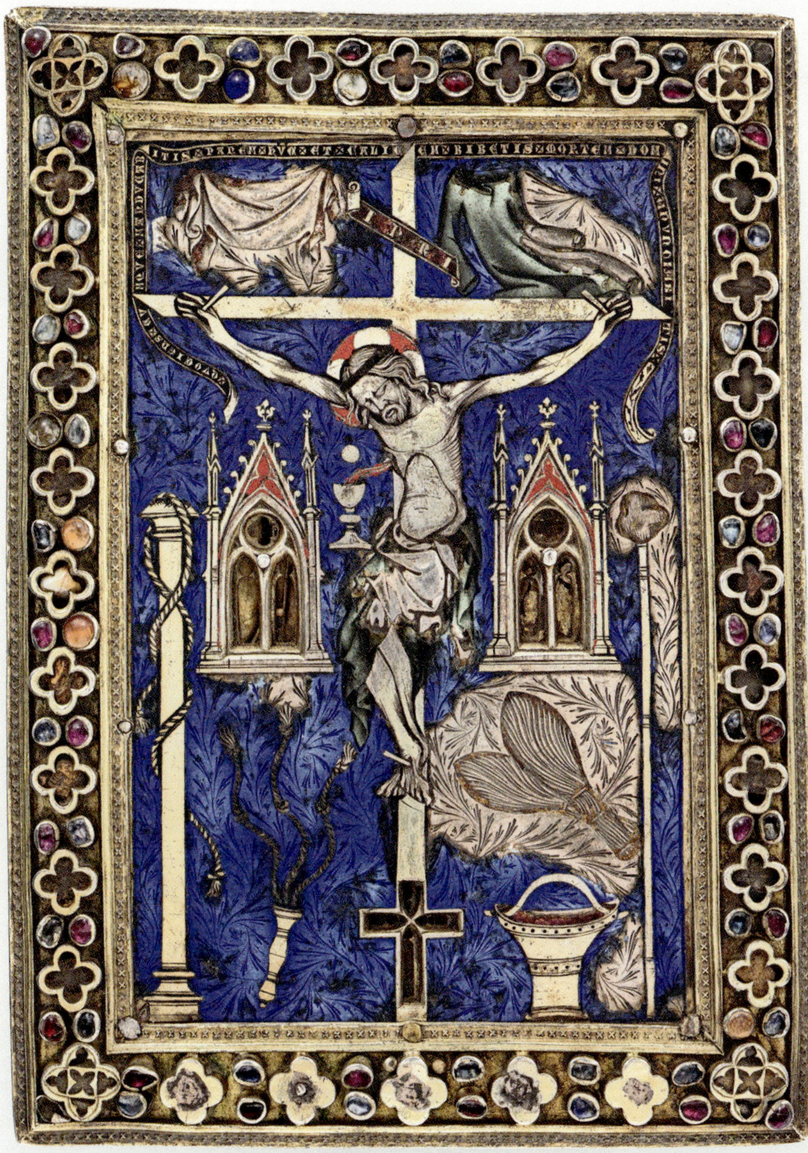

4

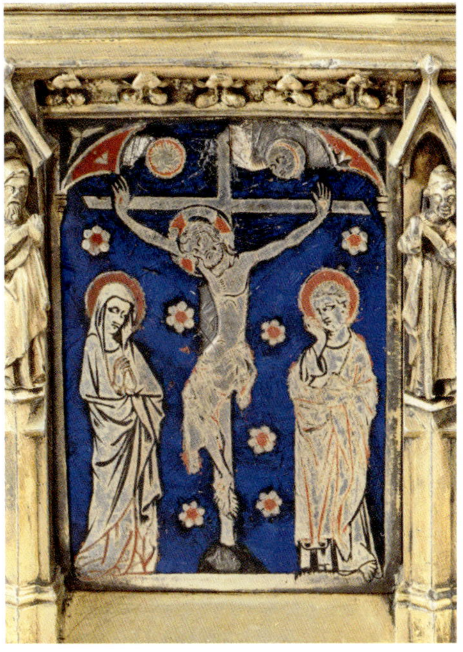

5

4. *Tableau-reliquaire*. Paris. Milieu du XIVe siècle. H. 17,5 cm ; L. 12,8 cm. Paris. Musée de Cluny-musée national du Moyen Âge. Inv. Cl. 23920.

5. *Vierge à l'Enfant de Jeanne d'Évreux*, détail du socle : *Crucifixion*. Paris. 1327-1339. Paris. Musée du Louvre. Département des Objets d'art. Inv. MR 342, MR 419.

(voir f° 103), daté vers 1350-1355. La maîtrise technique de la basse-taille, et le détail iconographique de l'abdomen « en poire » du Christ, présent sur des ivoires parisiens des années 1350-1370[18], laissent également supposer une datation vers le milieu du XIVe siècle.

Exceptionnel par sa typologie, ses dimensions inhabituelles, son iconographie et la finesse d'exécution de son décor, ce tableau-reliquaire, qui proviendrait d'un couvent d'Île-de-France ou de Normandie, se rattache par son style au milieu artistique parisien du deuxième tiers du XIVe siècle, dans le sillage des productions pucelliennes, ou à l'immédiat rayonnement de ce milieu. L'hypothèse de reliques de la Passion, en lien avec l'iconographie, suggère un commanditaire en relation avec le milieu royal, puisque ces reliques étaient conservées à la Sainte-Chapelle et que seuls les souverains y avaient accès.

Le feuillet de diptyque et le tableau-reliquaire constituent, par leur très belle qualité d'exécution, deux jalons majeurs – avec le tableau-reliquaire de sainte Geneviève (vers 1380-1390) – de la collection d'émaux translucides parisiens du musée de Cluny et un apport important à la connaissance de l'émaillerie parisienne du XIVe siècle.

Christine DESCATOIRE

NOTES

1 Inv. OA 11334 et OA 939.
2 Inv. 1980.366.
3 Par exemple, Vienne, Kunsthistorisches Museum, inv. 8878.
4 Rome, Bibliothèque apostolique vaticane, Urb. 603.
5 New York, The Cloisters, Acc. 54.1.2.
6 Milan, Museo Poldi Pezzoli, inv. 524.
7 Paris, musée du Louvre, inv. MR 342, MR 419.
8 Nationalmuseet, inv. 10710.
9 Inv. 9.
10 Munich, Bayerisches Nationalmuseum, inv. M.A. 2202.
11 *Arma Christi*, dans G. Schiller, *Iconography of Christian Art*, 2, Londres, 1971 ; L. H. Cooper & A. Denny-Brown (éd.), *The Arma Christi in Medieval and Early Modern Material Culture*, Farnham, 2014.
12 New York, The Cloisters, inv. 69.88.
13 *.quociens.cumque.manducabitis. panem.hu(n)c.et.calicem.bibetis.mortem. domini.an(n)unciabitis.* [Toutes les fois que vous mangerez ce pain et que vous boirez à cette coupe, vous annoncerez la mort du Seigneur].
14 Cambrai, bibliothèque municipale, ms. 157.
15 Ratisbonne, musée diocésain Saint-Ulrich.
16 Inv. 294-1967.
17 Paris, Bibliothèque nationale de France, fr. 1586.
18 Angers, Hôtel Pincé, *Diptyque*, inv. M.T.C. 1098.

PARIS. Musée du Louvre

La « table de Breteuil » ou « table de Teschen » entre au Louvre

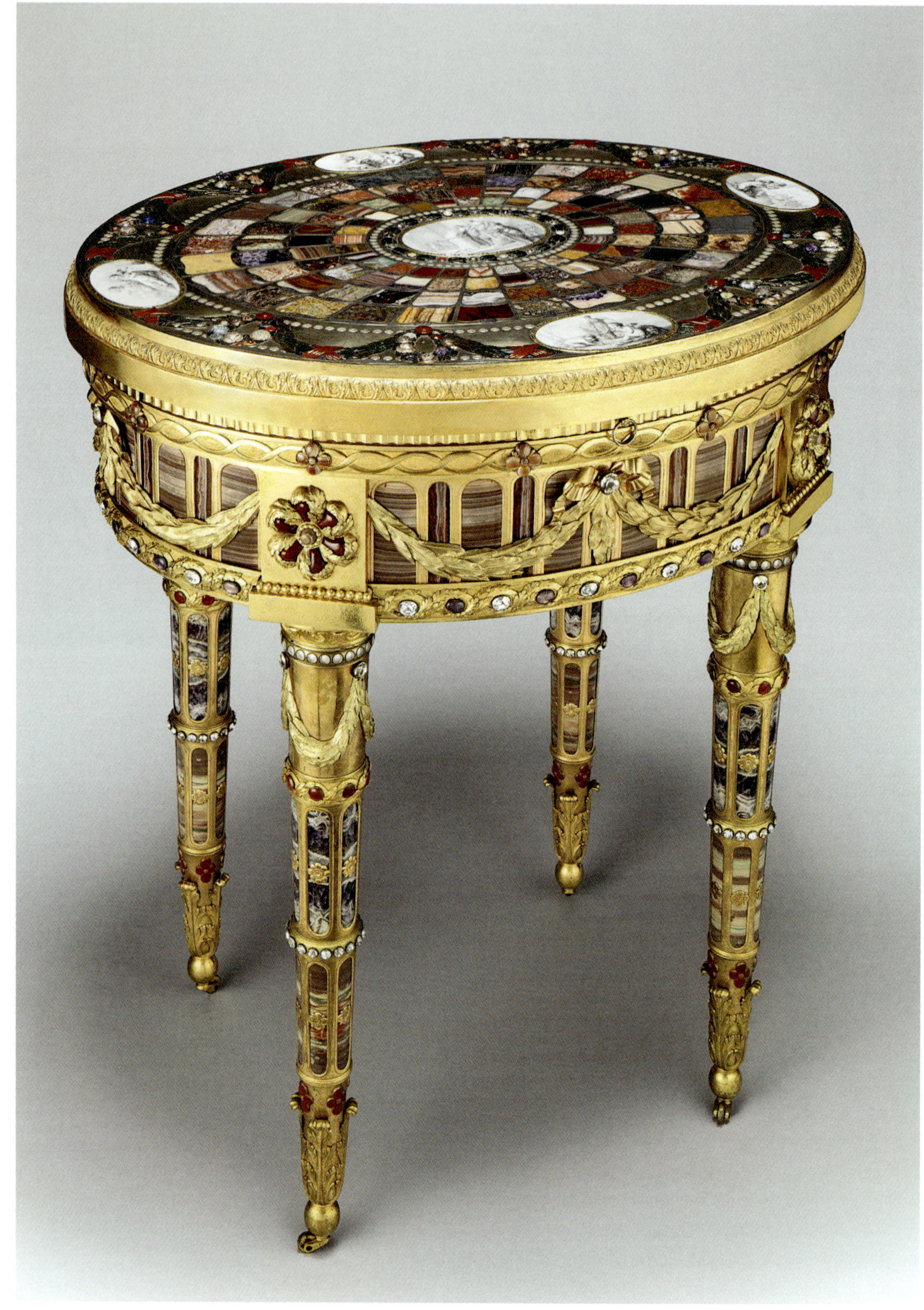

1. Johann Christian Neuber (1736-1808). *« Table de Breteuil » ou « table de Teschen ».* 1779. Argent, argent doré, bronze doré, pierres dures, porcelaine de Saxe, sur âme de bois. H. 0,815 ; l. max. du plateau ovale : 0,705. Paris. Musée du Louvre. Département des Objets d'art. Inv. OA 12547.

La « Table de Breteuil » (fig. 1), également connue sous le nom de « Table de Teschen » ou de « Table de la Paix », œuvre patrimoniale majeure, est définitivement entrée en 2015 dans les collections du département des Objets d'art du musée du Louvre[1]. Premier « monument » du néo-classicisme en terre allemande, elle est désormais exposée au cœur de la grande salle dédiée à l'éclosion du néo-classicisme dans l'Europe des Lumières. Véritable monument de l'Histoire européenne et de l'Histoire de France, elle témoigne aussi magistralement de l'essor des sciences naturelles qui singularise le siècle de l'*Encyclopédie*, et restera pour la postérité un chef-d'œuvre d'orfèvrerie unique en son genre[2].

La table fut offerte en 1779 par l'électeur de Saxe Frédéric-Auguste, futur roi de Saxe, à Louis Charles Auguste Le Tonnelier, baron de Breteuil (1730-1807), en remerciement du rôle habile de diplomate que celui-ci avait joué dans la conclusion de la paix de Teschen et la sauvegarde des intérêts de la Saxe. Cette paix mettait fin à la guerre de succession de Bavière, un conflit ouvert par la mort sans postérité de Maximilien-Joseph (Maximilien III) de Bavière en décembre 1777, qui opposait la Prusse et l'Autriche, tandis que le roi de Saxe entendait, de son côté, préserver ses intérêts en Bavière. Le roi de Prusse Frédéric II s'était en effet posé en défenseur de l'un des héritiers, auquel l'empereur Joseph II et l'impératrice Marie-Thérèse contestaient la possession d'une partie de la Bavière. Les Prussiens ont surnommé « Kartoffelnkrieg » (« guerre des pommes de terre ») cette brève guerre de cabinet, de moins de deux ans, dont les armées songeaient davantage à se ravitailler qu'à livrer bataille. Toutefois, l'enjeu était de taille car l'équilibre des forces européennes était dangereusement menacé. Louis XVI, beau-frère de l'empereur, joua un rôle prépondérant dans la résolution de cette crise. Avec sagesse, il refusa de s'impliquer dans le conflit armé et confia au baron de Breteuil, son ambassadeur à Vienne, le soin d'offrir sa médiation aux côtés de la Russie. La petite ville de Teschen[3], alors aux confins de la Prusse et de l'Autriche, fut finalement choisie comme cadre des négociations. Breteuil s'y révéla mesuré, courtois et discret[4]. Le traité de paix de Teschen, signé le 13 mai 1779, garantissait la paix, couronnée par la médiation conjointe de la France et de la Russie.

La table était restée dans la famille de Breteuil depuis le XVIIIe siècle. Classée « Trésor national » en septembre 2010, déclarée « Œuvre d'intérêt patrimonial majeur » en 2014, elle a pu être acquise par le musée du Louvre grâce au mécénat exceptionnel de la Banque de France et d'AXA, et au concours généreux de la Société des Amis du Louvre, de la Fondation La Marck sous l'égide de la Fondation de Luxembourg, de la Edmond J. Safra Philanthropic Foundation avec la collaboration des American Friends of the Louvre, des entreprises Hugau Gestion et Lusis, de Jean-Marie Lecomte ainsi que des quatre mille six cents donateurs individuels de la campagne *Tous mécènes !* À tous, le musée du Louvre et le département des Objets d'art tiennent à exprimer leur immense gratitude. La table a maintenant rejoint au département des Objets d'art un autre souvenir, quoiqu'infiniment plus modeste, du traité de Teschen, un petit monument commémoratif en cuivre doré (fig. 2) qui offre les portraits peints en médaillon de tous les souverains impliqués dans cette affaire, y compris bien sûr Louis XVI et Catherine II de Russie, exécutés par le graveur et miniaturiste Johann Friedrich Beer (1741-1804)[5].

Acquise avec le coffre-écrin de chêne confectionné pour elle à la fin du XIXe siècle, la table se compose d'un plateau ovale (fig. 3) en vermeil et bronze doré serti de pierres dures, de frises de fausses perles, de décors de jaspes ou de pâtes de verre coloré et de plaques de porcelaine de Saxe, sur âme de bois. Le plateau est solidaire d'une large ceinture à décor de guirlandes de nœuds et de fleurs qui se détachent sur un fond de plaques de bois pétrifié serties de bronze doré. Dotée d'un tiroir central et de deux tiroirs latéraux, elle est enrichie, à sa base, d'un cordon de cabochons d'améthystes et de cristaux de roche facettés, tandis que quatre dés timbrés d'une fleur de cornaline signalent l'attache des pieds. L'ensemble repose sur quatre pieds amovibles de laiton doré et de bronze doré, sur âme de bois, munis de sabots en feuillages et de petites roulettes (fig. 4). Ornés de cannelures et de guirlandes, ils sont enrichis de plaques d'améthyste, de cristaux de roche à facettes et de colliers de fausses perles.

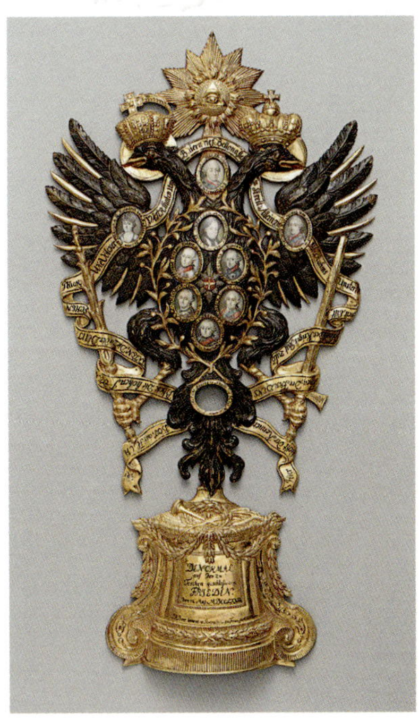

2. Johann Friedrich Beer (1741-1804). *Monument commémoratif de la paix de Teschen.* 1779. Cuivre doré. H. 0,358 ; L. 0,192. Paris. Musée du Louvre. Département des Objets d'art. Inv. OA 44.

Sur le plateau sont sertis cinq médaillons en porcelaine de Meissen de forme ovale. Autour du médaillon central, le plus grand, est disposé un premier cercle de décor composé d'une grosse perle de rivière naturelle et de pierres semi-précieuses qui alternent avec seize motifs de feuillages de jaspe vert. Chacune est accompagnée des chiffres gravés de 1 à 16. Tout autour, rayonnant sur quatre rangs concentriques, de petites plaques de pierres dures soigneusement taillées et polies, toutes de nature différente, sont serties dans des encadrements d'argent doré, chacune étant surmontée d'un numéro, de 17 à 128. Tous ces échantillons sont relevés dans un livret manuscrit, qui imite délibérément un travail d'imprimerie[6]. Relié de marocain rouge et daté de 1780, ordinairement abrité à l'intérieur du tiroir central, il est ainsi intitulé : *DENOMINATION DE 128. MORCEAUX DE PIERRE PRECIEUSES ET BOIS PETRIFIÉS, qui se trouvent dans le Païs de SON ALTESSE SEREN[issi]ME L'ELECTEUR DE SAXE composées en forme de cabinet sur une petite table, et rangées selon l'ordre des numeros. Par JEAN CHRETIEN NEUBER. A Dresde, 1780.* Le manuscrit identifie, en effet, chaque pierre et note sa localisation géographique en Saxe. La table revêt donc, à cet égard, un aspect démonstratif et encyclopédique des richesses minéralogiques de la Saxe (fig. 5). Véritable « cabinet minéralogique » à elle seule,

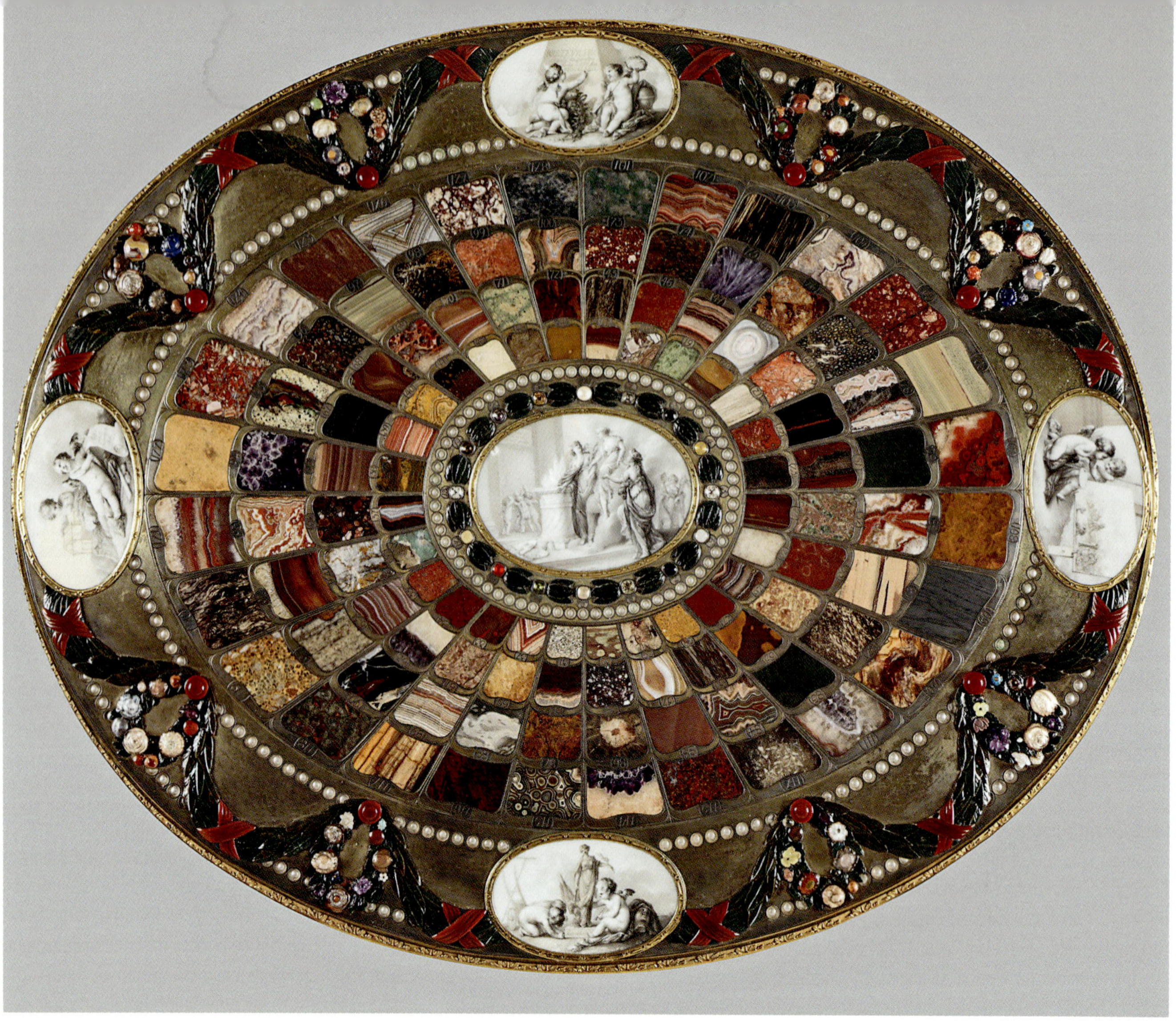

3

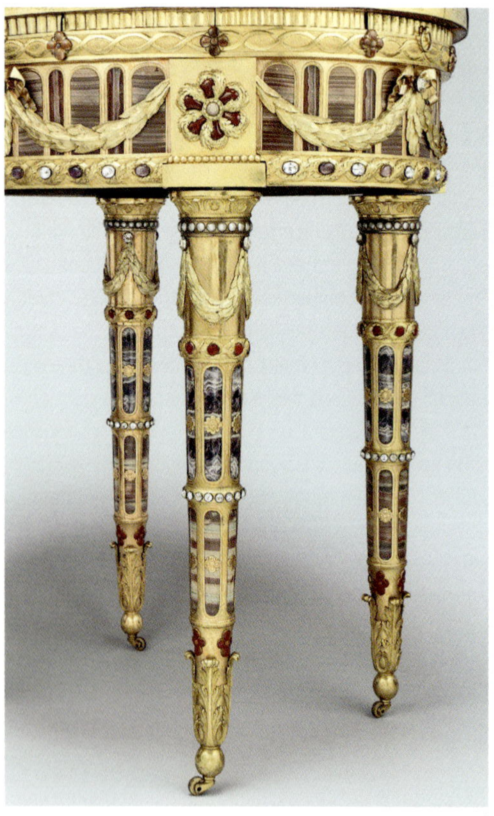

4

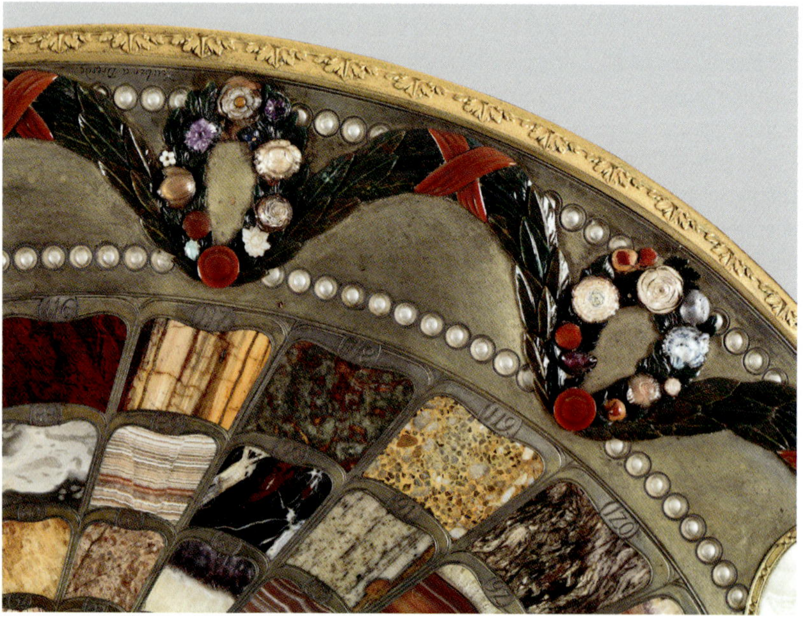

5

3. Détail de la fig. 1 : le plateau.

4. Détail de la fig. 1 : les pieds.

5. Détail de la fig. 3 : pierres dures et cabochons.

elle incarne également à sa manière la curiosité scientifique et l'essor des sciences naturelles qui singularisent le siècle de l'*Encyclopédie*, de Linné et de Buffon.

La table est signée, sur le bord du plateau, par l'inscription gravée *Neuber à Dresde*. Par sa conception et la virtuosité de son exécution, elle constitue en effet le chef-d'œuvre incontesté de Johann Christian Neuber (1736-1808)[7]. Cet orfèvre de la cour de Saxe, aussi réputé en son temps que le célèbre Johann Melchior Dinglinger, lui aussi de Dresde, acheva sa carrière comme conservateur des collections réunies depuis la Renaissance à la Grünes Gewölbe, la célèbre « Voûte verte », de Dresde. En 1775, il avait obtenu de Frédéric-Auguste III la concession d'une mine d'améthyste et de jaspe près de Schlottwitz, dans la région des Erzgebirge (monts métallifères). Sur place, les gemmes étaient taillées par des ateliers de lapidaires puis expédiées à Dresde dans l'atelier de l'orfèvre. Neuber avait mis au point la technique dite de la « Zellenmosaik », une mosaïque de pierres dures et semi-précieuses dont il ornait tabatières, étuis ou boîtes, créant ainsi de véritables petits cabinets de minéralogie accompagnés de minuscules cahiers explicatifs, qui firent le succès de ses créations dans une Europe toute acquise à la curiosité scientifique. Le musée du Louvre possède quelques exemplaires de ces boîtes précieuses et savantes, dues à Neuber[8] ou à ses principaux rivaux, Christian Gottlieb Stiehl (1708-1792)[9] et Heinrich Taddel (1736-1782)[10]. La table de Breteuil, par sa richesse exceptionnelle et ses dimensions hors normes, en est l'aboutissement extrême : jamais Neuber n'est allé aussi loin, même si le principe rappelle, dans une certaine mesure, celui des grands meubles d'apparat à pierres dures de la tradition florentine, repris au même moment en France sur les cabinets en pierres dures du duc d'Aumont, que la Table de Breteuil est venue maintenant rejoindre au Louvre.

Cette œuvre, aussi originale que monumentale, constitue aussi, par ses ornements et son décor de porcelaine, l'un des tout premiers chefs-d'œuvre de l'art néo-classique à la cour de Saxe. Les cinq médaillons en porcelaine dure disposés sur le plateau témoignent de la révolution stylistique introduite à la manufacture de Meissen par le comte Camillo Marcolini, nommé à sa tête en 1778, en rupture avec l'esthétique rococo dont Johann Joachim Kändler, son prédécesseur, s'était fait le chantre. Ils ont été exécutés en camaïeu de gris et de brun par Johan Eleazar Zeissig, dit Schenau (1737-1806), un peintre formé à Sèvres, à la fois imprégné des modèles de Boucher et séduit par l'œuvre de Greuze. Ils célèbrent sous la forme d'allégories à l'antique le retour bienfaisant de la paix et le rôle de « pacificateur » du baron de Breteuil.

Au centre du plateau est figuré un sacrifice antique à l'autel de la Paix, où s'inscrivent les mots *Paci salutiferae* (« à la Paix salutaire »). À droite de la composition, une femme debout tient dans ses bras deux cornes d'abondance remplies de fleurs. À gauche, trois putti ailés referment la porte du Temple de Janus. Au linteau de celle-ci est écrit *Janus clausus pace parta* (« le temple de Janus a été fermé grâce à la Paix retrouvée »)[11]. En contrebas de l'autel, sont représentés trois écus entourés d'une guirlande de fleurs : ce sont les trois fleurs de lys de la France accompagnées de l'aigle bicéphale de l'Autriche et de l'aigle de la Prusse.

Quatre médaillons sont disposés à la périphérie du plateau. Dans l'axe majeur de lecture, au sommet, le premier représente deux putti ailés. L'un tient une couronne de la main gauche et une trompette de la main droite. Installé sur une draperie, il s'appuie sur une cassolette et regarde le second putto qui, le dos tourné, achève de graver l'inscription *BRETEVILLIO. / Legato Pacificatori / Teschen. D. XIII. MAII. / MDCCLXXIX.* (« À Breteuil, ambassadeur pacificateur, Teschen, le 13 mai 1779 »). Au pied de la pyramide, un vase s'entoure de feuillages. Le deuxième médaillon, placé à droite, représente deux putti devant un tableau figurant les exactions de la soldatesque, comme un événement révolu désormais confié aux peintres. L'un des putti tient une palette et un long pinceau, tandis que l'autre esquisse un geste où se mêlent étonnement et effroi. Il n'y a pas d'inscription. Le troisième médaillon, à gauche, présente un putto allongé sur des draperies, lisant un codex sur lequel est écrit *Artes pace resurgentes* (« Les Arts renaissant grâce à la Paix »). Devant lui, une équerre et, probablement, une éponge. À sa droite, un putto tient une maquette d'architecture. Un chapiteau corinthien gît à ses pieds. Le dernier médaillon montre deux putti au pied d'une statue de la Paix qui brandit une branche d'olivier et met le feu avec une torche aux armes assemblées à ses pieds. Sur le socle de la statue est écrit *Pace reduci* (« la Paix revenue »). À droite, un putto, adossé à une tête de statue brisée, s'emploie à peindre le socle de la statue. Au second plan, une brouette et un râteau symbolisent le retour des bienfaits de l'agriculture.

L'œuvre, emblématique par son origine et par son décor éblouissant, n'est jamais passée inaperçue, dès son arrivée en France et sa présentation à Versailles. Plus tard, elle devait même acquérir une dimension « mythique » grâce à la littérature. Marcel Proust, qui fut l'un des hôtes des Breteuil, l'évoque dans la *Recherche* où elle devient « la fameuse table de mosaïque », qu'il situe chez la princesse d'Iéna, et il fait dire au mondain Froberville dans *Du côté de chez Swann* : « Je crois même qu'ils ont de belles choses, ils doivent avoir la fameuse table de mosaïque sur laquelle a été signé le traité de… »[12].

Rares sont les œuvres qui aient atteint une telle célébrité et qui puissent, par leur splendeur, célébrer tout à la fois la Paix, la gloire d'un règne et la munificence d'un souverain.

Michèle BIMBENET-PRIVAT et Jannic DURAND

NOTES

1 Signée sur le plateau : « *Neuber à Dresde* ». L'œuvre a été nettoyée à son entrée dans les collections par Olivier Tavoso, restaurateur du patrimoine.

2 Voir *Le Luxe, le goût, la science… Neuber, orfèvre minéralogiste à la cour de Saxe*, ouvrage collectif sous la direction d'Alexis Kugel, Saint-Rémy-en-L'Eau, 2012. Voir aussi M. Bimbenet-Privat, « La table de Teschen. Un meuble pour le Louvre », *Grande Galerie. Le journal du Louvre*, n° 30, décembre 2014-février 2015, p. 10.

3 Aujourd'hui Cieszyn, en Silésie (Pologne).

4 Un registre de copies de la correspondance du baron de Breteuil conservé dans les archives familiales témoigne de l'action du diplomate. Il complète les sources documentaires conservées aux archives du ministère des Affaires étrangères.

5 Acquis en 1857. Voir S. Grandjean, *Catalogue des tabatières, boîtes et étuis des XVIIIe et XIX siècles du Musée du Louvre*, Paris, 1981, n° 471 ; *Portraits du Louvre*, cat. exp., Tokyo, musée d'Art occidental, 1991, n° 98 (D. Alcouffe) ; *Fastes de la Cour de France au XVIIIe siècle*, cat. exp., Tokyo, Metropolitan Museum/Kobé, Musée Municipal, 2008, n° 136 (Fr. Dassas).

6 Musée du Louvre, département des Objets d'art, inv. OA 12547bis. H. max. : 0,202 ; l. max. : 0,143 ; huit folios de papier non numérotés, restaurés. Le manuscrit est l'œuvre du dessinateur et graveur Carl Gottfried Nestler (1730-1780), garde des gravures et estampes des collections princières de Dresde. La signature est abritée sous l'encadrement : *Fait avec [la] plume par Ch. Godefr. NESTLER.*

7 En France, Neuber a fait l'objet de peu de publications spécialisées, hormis un article de Jean-Louis de Rambures, « L'orfèvre minéralogiste Neuber », *Connaissance des Arts*, n° 222, août 1970, p. 41-47.

8 Voir Grandjean, cit. n. 5, n°s 425-433.

9 *Ibidem*, n° 434.

10 *Ibid.*, n°s 435-436.

11 Et non *pace porta* qui ne se construit pas grammaticalement. Les auteurs remercient M. Pierre Flobert de les avoir aidés pour cette lecture en renvoyant par exemple à Tite-Live, *Histoire romaine*, I, 9, 3 (*pace terra marique parta*).

12 Cité dans *Le Luxe, le goût, la science…*, cit. n. 2, p. 296.

COLMAR. Musée Unterlinden

Réouverture du musée

Le 3 avril 1853, le musée Unterlinden ouvrait ses portes. Les œuvres du séquestre révolutionnaire côtoyaient les moulages du Louvre, les objets archéologiques et d'histoire locale, les dessins et peintures des XVIIIe et XIXe siècles. Cet accrochage, relativement hétéroclite, couvrait littéralement les murs de l'église de l'ancien couvent des religieuses dominicaines d'Unterlinden. Le bâtiment, propriété de la Ville de Colmar, voué à une destruction imminente, venait de trouver une autre vocation sous l'impulsion de la Société Schongauer. Cette association de droit local Alsace-Moselle avait pour objectif la conservation du patrimoine tout en se proposant de faire connaître les chefs-d'œuvre de l'art antique et moderne. Tout au long des XIXe et XXe siècles, le musée a enrichi ses collections en menant de pair des travaux visant à investir l'ancien couvent, dès lors que les archives, la bibliothèque et le muséum d'Histoire naturelle s'installaient sous d'autres toits[1]. Une telle extension, fruit de multiples réaménagements réalisés sans véritable plan muséographique, trouva sa limite et sa réponse à l'aube du XXIe siècle. Le projet scientifique et culturel du musée, rédigé en 2002, a conclu à une nécessaire extension.

Le nouvel Unterlinden

Lors de sa construction au XIIIe siècle, le couvent des religieuses dominicaines jouxtait les murailles de la ville ; au XXIe siècle, le même bâtiment se trouve au cœur du centre urbain d'une ville moyenne de 68 000 habitants, voisine de la Suisse et de l'Allemagne. En décembre 2003, la fermeture des Bains municipaux, voisins du musée, laisse vacants des milliers de mètres carrés. Cette opportunité d'agrandissement est saisie par la Ville de Colmar, qui décide, avec la Société Schongauer, de lancer un projet d'aménagement et d'extension du musée dont elle sera le maître d'ouvrage. Le programme architectural et muséographique est rédigé afin de préparer le concours d'architecture qui se tient en 2009[2]. Le projet de Jacques Herzog et Pierre de Meuron est retenu : l'ancienne gare routière qui séparait le couvent du bâtiment des Bains est déménagée, le canal couvert en son centre est découvert, aménagé de gradins animant la nouvelle Place Unterlinden. Au sud, le couvent avec son église et son cloître ; au nord, les Bains, auxquels est accolé perpendiculairement un bâtiment sur quatre niveaux, l'Ackerhof, et, au cœur de l'aile formée par ces deux volumes, un jardin planté de pommiers et une cour. La liaison est assurée par une galerie souterraine passant sous la place et le canal, profitant de l'éclairage naturel provenant de deux baies ouvertes à l'ouest et à l'est de la maison en surface construite à l'emplacement de l'ancienne entrée de la ferme du couvent (fig. 1).

Conservation et accueil des visiteurs

Passant de 4 500 à 7 900 m², l'accueil et les espaces de circulation des visiteurs ont été totalement repensés par les architectes. L'entrée se fait dorénavant depuis la Place Unterlinden par deux portes en chêne qui ouvrent sur une vaste salle largement éclairée par des baies ogivales

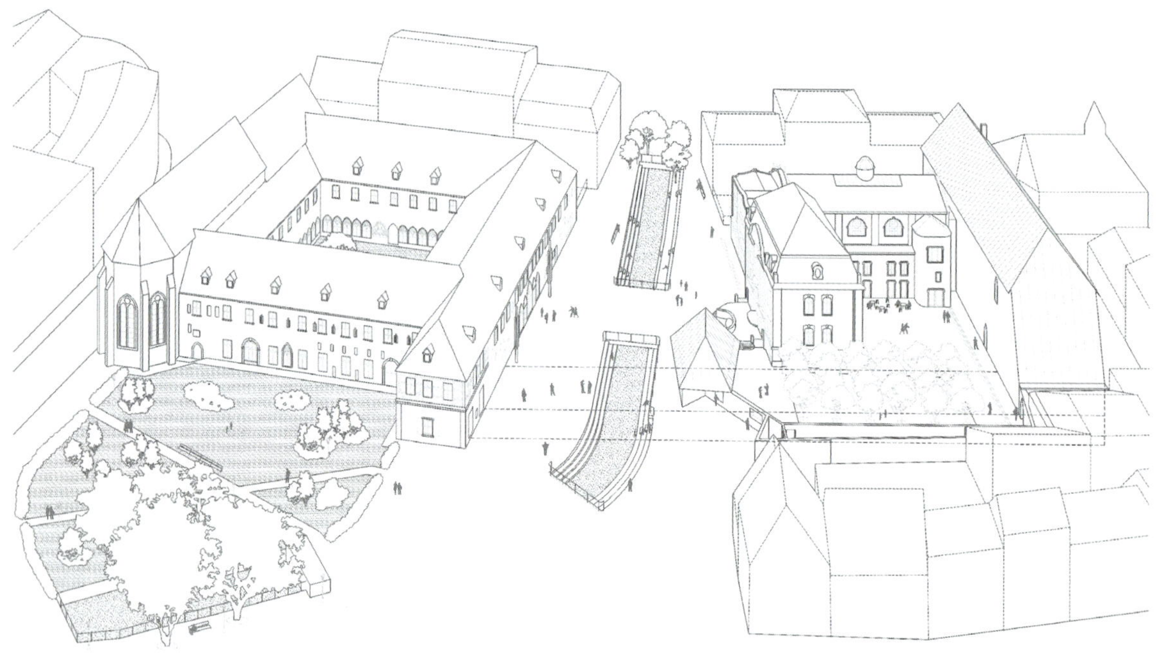

1. Axonométrie du musée Unterlinden.

aux verrières transparentes donnant d'un côté sur la place et de l'autre sur le cloître. Le rez-de-chaussée de l'aile nord de l'ancien couvent est, à partir de cette entrée, dévolu à l'accueil des visiteurs. L'enfilade de ces espaces, possible grâce à de larges ouvertures au tracé ogival, n'est pas d'origine. Déclinaison subtile des ogives du cloître, ces passages où s'engagent les visiteurs viennent d'être créés et leur intégration visuelle et spatiale les éloigne d'un vulgaire pastiche. L'enduit des murs au lait de chaux accentue cet effet historique que les architectes ont repris dans les circulations puisque les trois escaliers en colimaçon (fig. 2) du musée, assurant les liaisons verticales du couvent, de l'Ackerhof et des Bains ont reçu ce même enduit de surface. Ce souci d'intégration se retrouve dans le traitement de l'ancienne piscine. Le bassin des Bains municipaux inaugurés en 1906[3] n'existe plus, mais ses décors de pilastres, ses verrières colorées, sa mezzanine ont été préservés, tandis que les dimensions du plan d'eau sont évoquées par un parquet de chêne. Cet espace (fig. 3) permet la mise en place d'expositions, de performances, de conférences, de concerts. Les mètres carrés gagnés dans l'espace inférieur par l'enlèvement du bassin (au rez-de-chaussée) ont permis l'ouverture de l'office de Tourisme donnant sur la place et du café du musée ouvert sur la cour devant l'Ackerhof. À ces lieux d'accueil vient s'ajouter un espace de 80 m² dans l'ancien couvent, qui offre enfin la possibilité d'ouvrir des ateliers pour les visiteurs. Les bureaux bénéficient d'une position centrale dans l'ancien bâtiment des Bains. Toute proche de la conservation, se trouve aussi la réserve d'art graphique, alors que les autres réserves ont été installées en sous-sol du nouveau bâtiment.

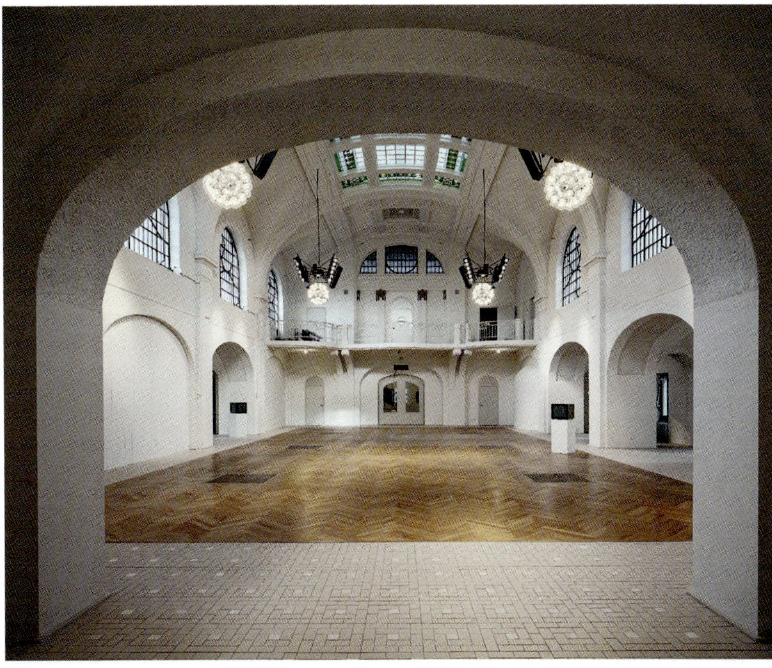

3. La Piscine, espace permettant la tenue de conférences, concerts, performances. Colmar. Musée Unterlinden.

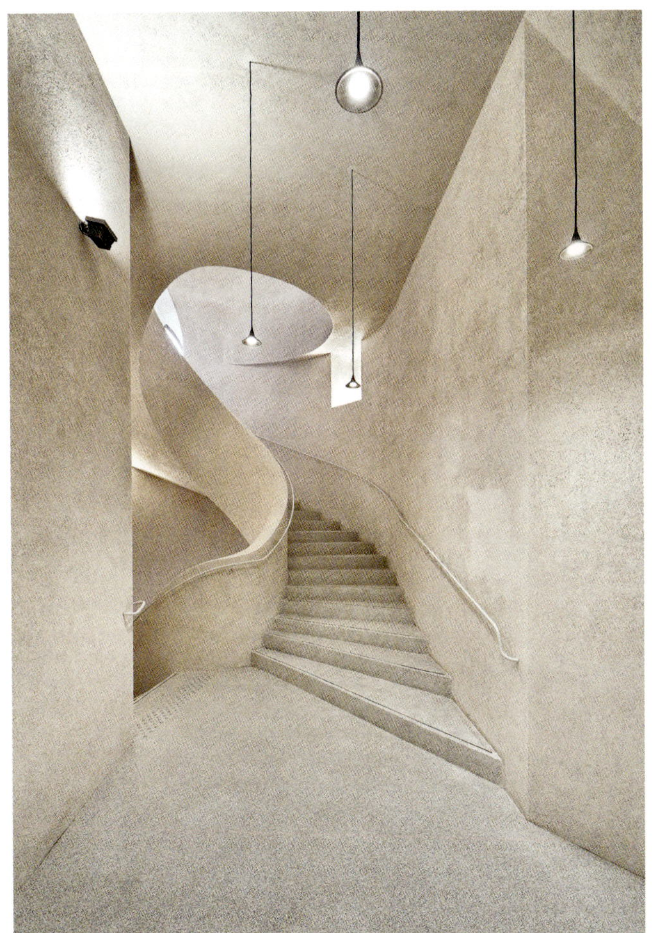

2. Escalier menant de la galerie souterraine aux différents niveaux de l'Ackerhof où se trouvent les collections d'art moderne et la salle d'exposition temporaire. Colmar. Musée Unterlinden.

Les salles d'exposition

L'un des objectifs du projet résidait dans la création d'une salle d'exposition temporaire permettant la tenue de manifestations d'importance. Celle-ci a dorénavant trouvé sa place au dernier niveau de l'Ackerhof et bénéficie d'un volume totalement modulable sous la nef de 11 m de haut, ouverte par deux grandes ogives au nord et au sud. Les collections permanentes n'ont pas toutes bénéficié d'une restructuration dans le cadre du projet ; c'est le cas, dans l'ancien couvent, d'une partie de l'archéologie au sous-sol et de l'histoire locale, des arts décoratifs et des arts et traditions populaires au premier étage. Les nouveaux cartels et la signalétique directionnelle inscrivent néanmoins ces espaces dans la globalité du musée, d'autant que de nouvelles vitrines ont été aménagées et une réflexion est en cours pour le réaménagement du premier étage. L'accent a donc été mis sur les deux points forts de la collection du musée Unterlinden : l'art dans l'espace rhénan entre le XIe et le XVIe siècle, et l'art du XXe siècle, axé principalement sur les artistes représentatifs des deux Écoles de Paris. Le premier est concentré dans l'ancien couvent, le second débute dans la galerie souterraine et se poursuit sur deux niveaux de l'Ackerhof. Pour la collection d'art ancien, une présentation chronologique a été privilégiée, rompant radicalement avec la muséographie antérieure où se succédaient salles de peintures et salles de sculptures.

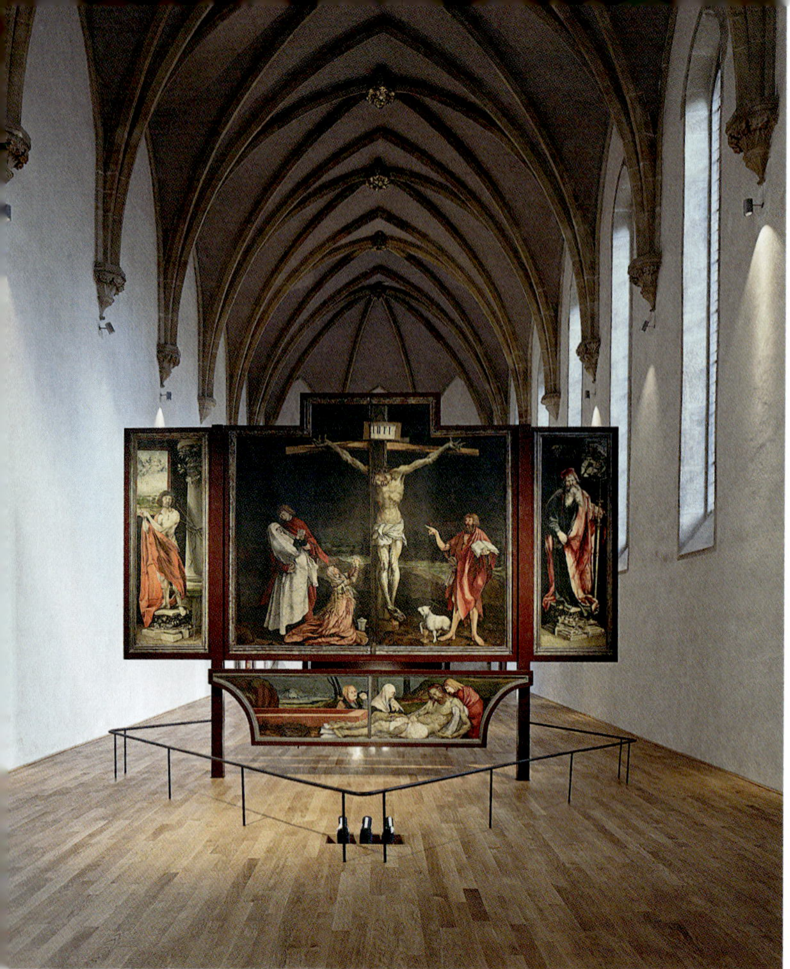

4. Le *Retable d'Issenheim* présenté dans l'ancienne église du couvent des religieuses dominicaines. Colmar. Musée Unterlinden.

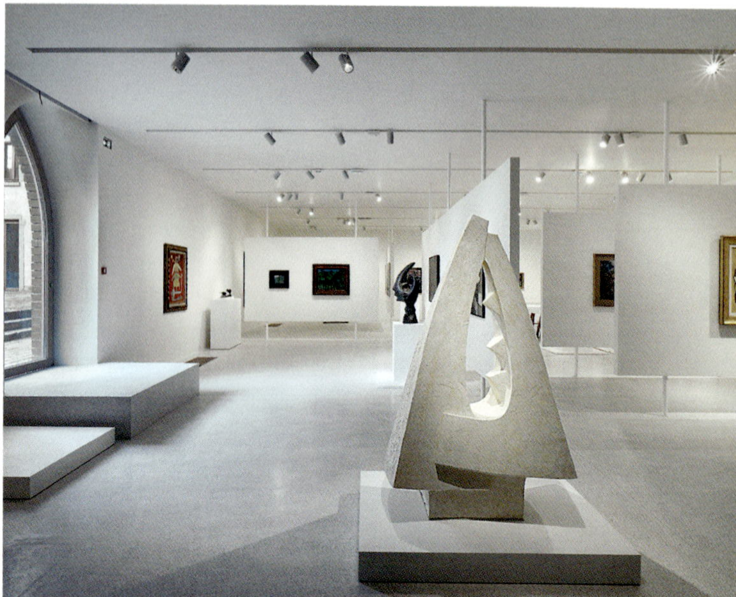

5. Salle consacrée aux collections d'art moderne, ici les années 1930-1960. Colmar. Musée Unterlinden.

Trois salles thématiques inscrites dans cette chronologie viennent néanmoins la rompre afin d'éviter toute monotonie : la salle consacrée à Martin Schongauer (Colmar vers 1445-Breisach 1491), celle dédiée au *Retable d'Issenheim*, et une dernière à la collégiale Saint-Martin de Colmar. Les anciennes salles ont été restructurées, proposant au rez-de-chaussée des espaces ouverts sur le cloître permettant de découvrir, sous d'anciens faux-plafonds maintenant détruits, des éléments de boiseries anciens, des colonnes en fonte (XVIIe, XVIIIe, XIXe siècles), et préservant la variété des sols – travertin, grès, carrelage – pour rythmer la déambulation des visiteurs, avec même, dans l'ancienne église, l'adjonction d'un parquet. Ce dernier volume donne à voir, dans l'ancienne nef, des œuvres des années 1510, contemporaines du *Retable d'Issenheim* qui, lui, occupe tout le chœur. Le parquet de chêne fait écho à la salle de musée qu'est devenue l'ancienne église, de même que la structure métallique sobre du retable délaisse l'ancienne image de dévotion posée sur de fausses marches pour mettre en avant le chef-d'œuvre (fig. 4). Les volets de retable exposés dans le musée sont ainsi présentés dans des structures métalliques aux cadres rouge vif, autoportants qui renvoient à la légèreté et à la flexibilité des ces panneaux. Ces principes se retrouvent dans les espaces dédiés à l'art moderne où les œuvres sont exposées sur des cimaises qui ne descendent pas sur toute la hauteur des murs (3,50 ou 4,50 m), permettant de réelles connexions entre des artistes qui ont travaillé à une même période. À l'opposé de murs fixes, ces structures, maintenues par un système de quadrillage au plafond, peuvent évoluer et être positionnées différemment en fonction des accrochages (fig. 5). Entre l'art ancien et l'art moderne, le cloître et l'Ackerhof, la galerie souterraine marque le passage entre l'art des années 1830 et des années 1930. La transition se fait par une salle consacrée à l'histoire du lieu, ancien couvent puis musée enrichi par les séquestres révolutionnaires, les dépôts d'État et les nombreuses acquisitions. Au-delà des œuvres, un support multimédia offre de multiples informations sur la chronologie du musée, la Société Schongauer, les œuvres majeures… Un dispositif semblable est installé sur l'ancienne tribune de l'église ; surplombant le *Retable d'Issenheim*, il en raconte l'histoire, le contexte de création et en commente les panneaux.

Le musée, conçu grâce à un fructueux dialogue entre la maîtrise d'ouvrage (Ville de Colmar), la Société Schongauer, la conservation et l'agence bâloise H&dM, propose un parcours harmonieux où l'architecture guide le visiteur en renforçant la trame muséographique offerte par les collections. Il reste un musée chaleureux à échelle humaine, ouvert sur la ville, invitant à la visite, à la contemplation comme à l'action, devenant un lieu de rencontres.

Pantxika De PAEPE

NOTES

1 S. Lecoq-Ramond (dir.), *Histoire du musée d'Unterlinden et de ses collections, de la Révolution à la Première Guerre mondiale*, cat. exp., Colmar, 2003.

2 Les quatre lauréats du concours sont les agences Herzog & de Meuron ; Moatti et Rivière ; Philippon ; Riciotti.

3 Dans le projet initial étaient prévus deux bassins, l'un pour les hommes, l'autre pour les femmes ; F. Goerig-Hergott, *Le Temps des Bains*, Colmar, 2011.

PARIS. Musée de l'Armée
Les cabinets insolites

Depuis sa création, le musée de l'Armée conserve et enrichit régulièrement des ensembles thématiques importants tels que les instruments de musique, les figurines historiques et les modèles d'artillerie. Souvent exceptionnelles par leur facture, ces collections n'ont pas toujours eu une destination exclusivement militaire mais contribuent à l'évocation du métier des armes.

Afin de mettre en valeur ces trois ensembles exceptionnels, le musée de l'Armée a décidé de leur consacrer un espace d'environ 300m^2 situé au premier étage de l'aile Orient de la cour d'honneur des Invalides. Ce nouvel espace est ouvert au public depuis le 17 décembre 2015.

L'enjeu principal de ce projet, confié à l'agence MAW architecture, était d'intégrer dans le parcours général de visite la présentation de trois collections, à la fois riches et très différentes, à proximité immédiate des salles du Département Moderne. Pari tenu par Philippe Maffre et son équipe qui ont su tirer le meilleur parti des collections en présentant, dès l'entrée de ces cabinets, un modèle d'artillerie offert à Louis XIV. Pièce maîtresse des collections du musée de l'Armée, ce petit canon assure en quelque sorte la liaison entre ces espaces thématiques et le parcours chronologique. Ainsi, après une découverte ponctuée de surprises et d'émerveillement lors de son passage dans les cabinets insolites, le visiteur est invité à suivre le fil du parcours historique qui, à l'étage supérieur, le mène du XVIIe siècle à la fin du XIXe siècle.

La musique militaire

Qu'elle transmette des ordres, qu'elle galvanise les troupes avant l'assaut ou qu'elle célèbre de glorieuses victoires, la musique rythme la vie des soldats, et les collections du musée de l'Armée, qui rassemblent de précieux instruments anciens, témoignent de cette pratique.

Constituée en majorité d'instruments à vent et à percussion, cette collection a bénéficié d'un important dépôt de trente instruments provenant de la Cité de la Musique-Philharmonie de Paris, particulièrement significatifs par leur facture ou leur affectation à un usage militaire.

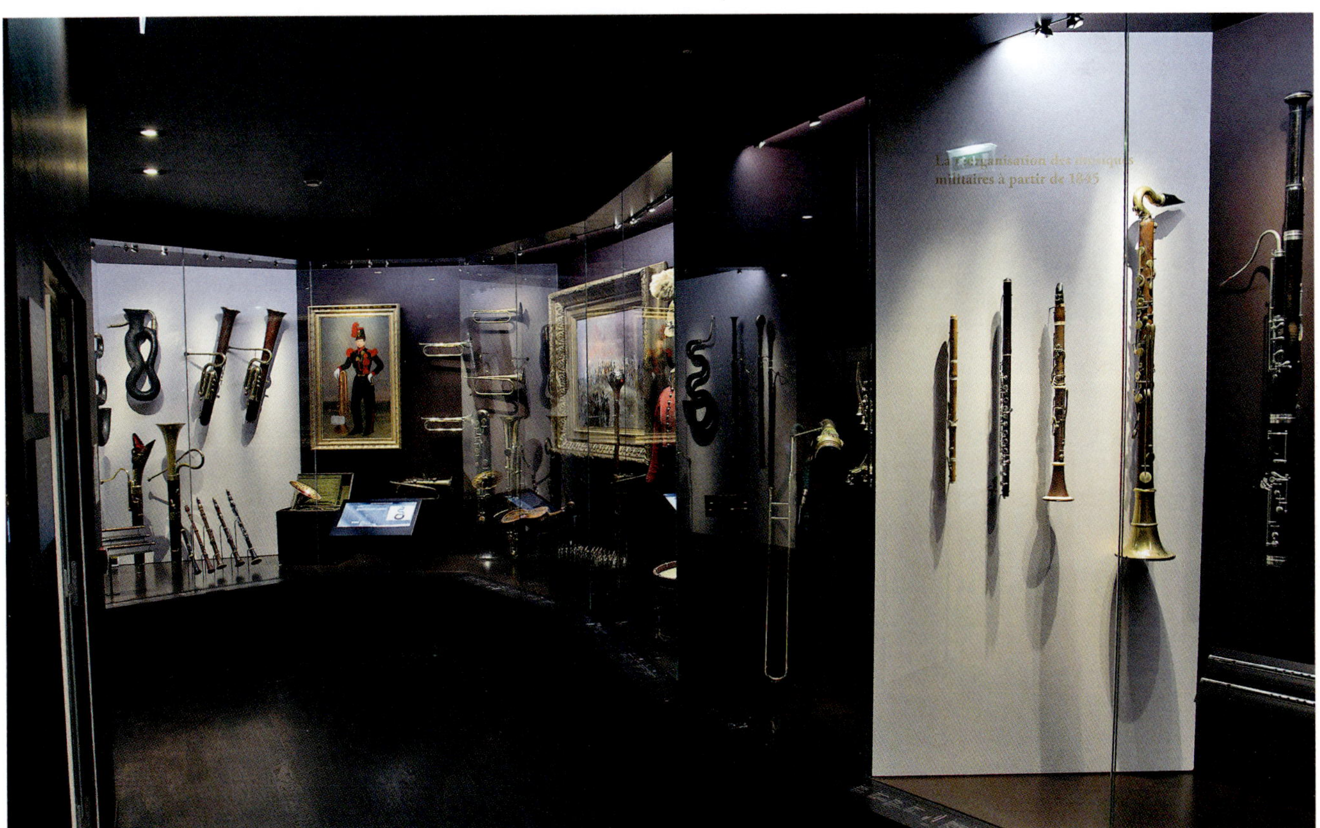

1. Le cabinet « musique ». Paris. Musée de l'Armée.

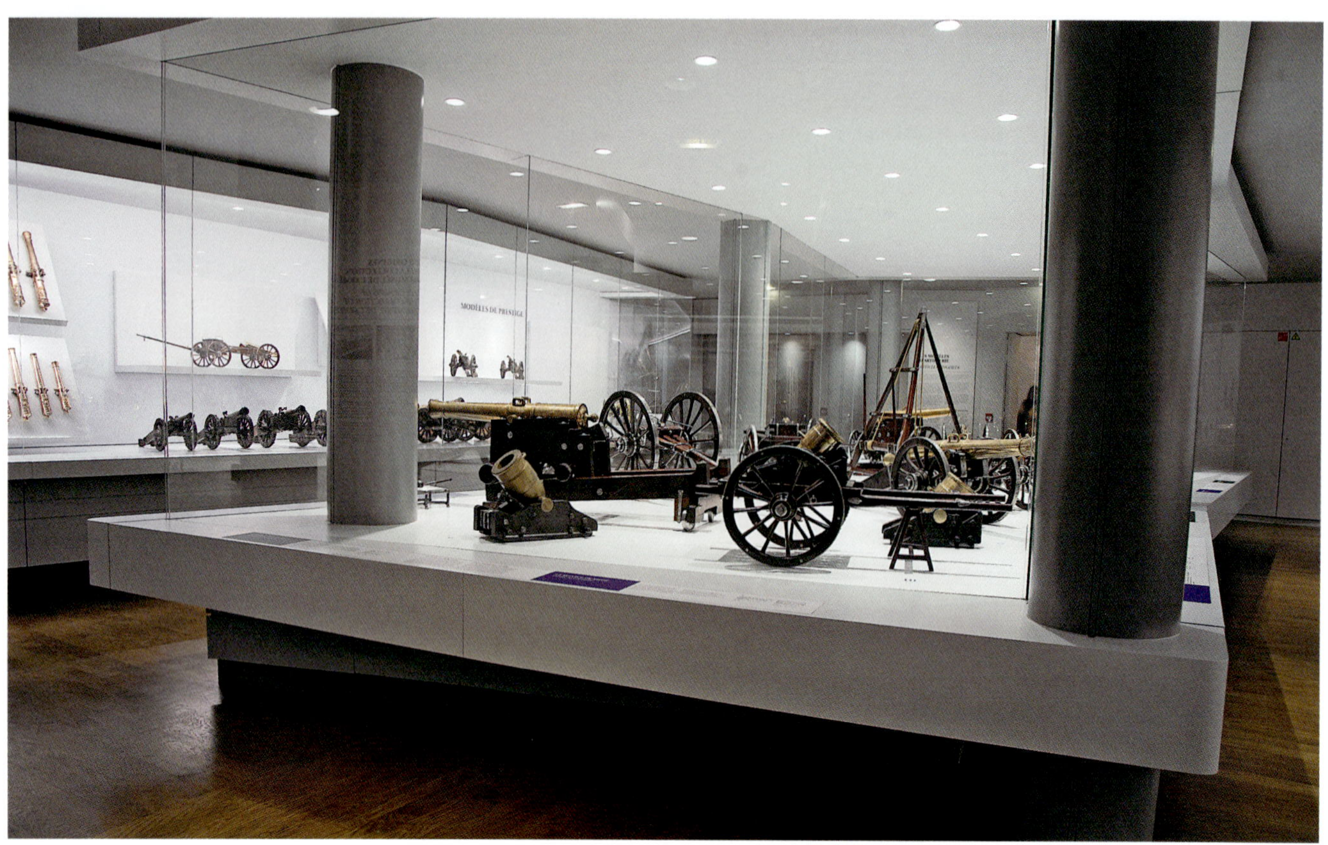

2. Le cabinet « artillerie ». Paris. Musée de l'Armée.

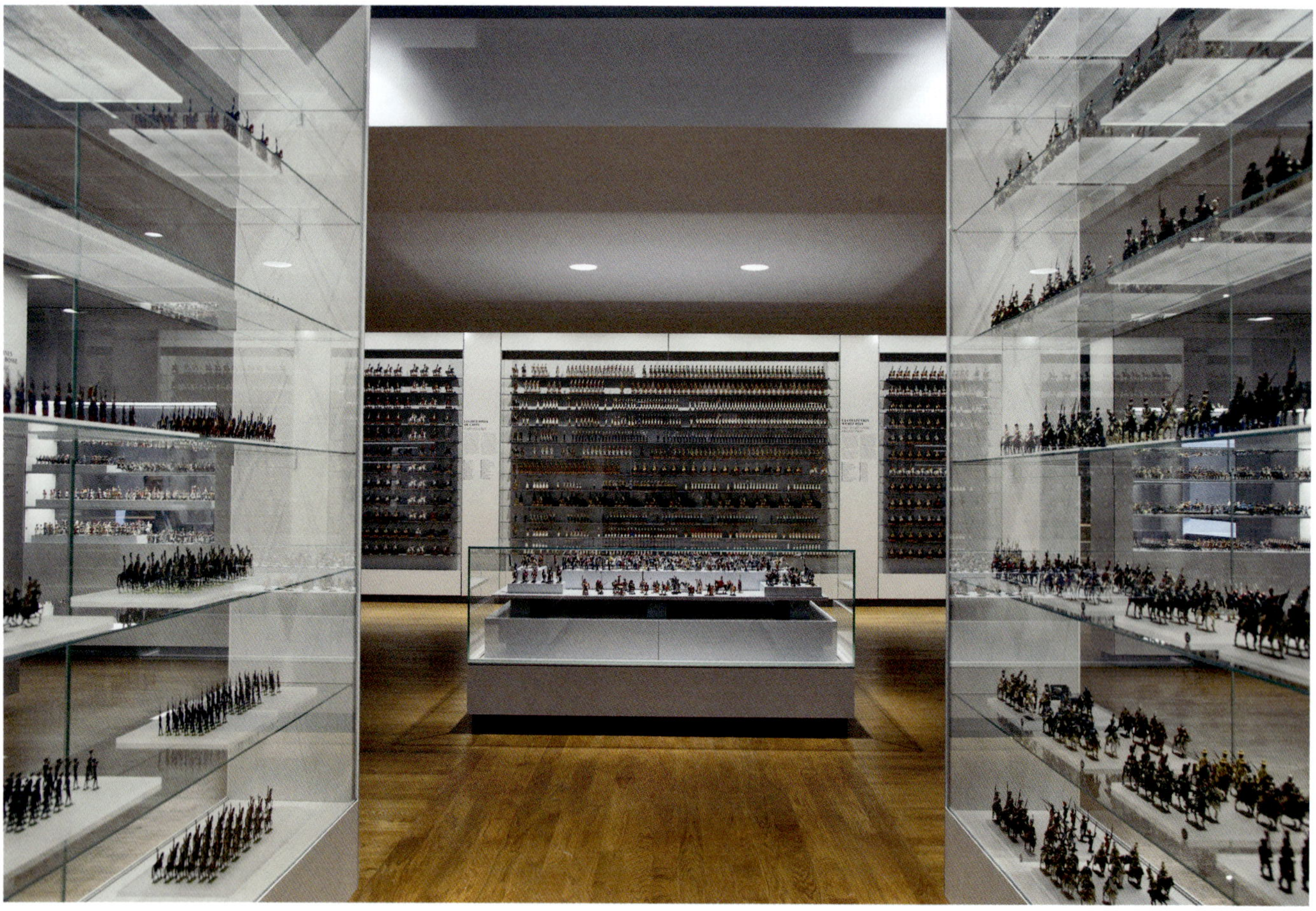

3. Le cabinet des figurines. Paris. Musée de l'Armée.

En écho au fonds instrumental, une sélection de peintures et d'uniformes permet de replacer dans son contexte l'évolution de la musique militaire de la Révolution à la Troisième République. Pour en expliciter les enjeux, le parcours s'attache à présenter l'état de la facture instrumentale en France au début du XIXe siècle, mais aussi les instruments imaginés et réalisés par Adolphe Sax (1814-1894), qui transforment le paysage sonore dès 1845.

Afin de proposer au visiteur une immersion totale dans l'univers musical, ce cabinet est occupé par une seule et grande vitrine murale aux couleurs sombres, qui magnifie les objets présentés. Du buccin à pavillon zoomorphe au spectaculaire trombone à six pistons créé en 1852 par Adolphe Sax et grâce auquel le musicien peut jouer juste toutes les notes, la présentation propose une introduction particulière au monde militaire (fig. 1).

Les petits modèles d'artillerie

Les modèles d'artillerie constituent un ensemble insolite d'objets reproduisant avec exactitude les matériels en service dans les armées d'autrefois. Le plus souvent réalisés par des inventeurs qui souhaitaient en améliorer certaines fonctions, ils étaient aussi parfois offerts en récompense lors d'un glorieux fait d'armes.

Exécutés avec précision dans une échelle bien déterminée, ces objets reproduisent avec exactitude les moindres détails des bouches à feu en service dans les armées et sont, pour certains, le seul témoignage matériel de pièces d'artillerie aujourd'hui disparues. Même si la plupart d'entre eux sont aptes au tir, ils n'y sont pas destinés.

Certains petits canons porteurs d'armoiries privées constituaient des récompenses remises après un glorieux fait d'armes ou au terme d'une carrière militaire exemplaire. Miniaturisés à l'extrême ou réalisés dans des matériaux précieux, ils étaient, jusqu'au début du XIXe siècle, des objets d'art très appréciés dans les intérieurs de la noblesse, comme en témoigne la miniature d'orfèvrerie réalisée par Michel Mann à la fin du XVIe siècle dans son atelier de Nuremberg.

Plus d'une centaine de modèles d'artillerie sont présentés dans cette salle (fig. 2). Leur aspect et leurs dimensions, parfois très différents, permettent d'identifier les intentions qui ont présidé à leur réalisation. Pour susciter la curiosité des visiteurs autour de cette collection insolite, la scénographie propose, de part et d'autre d'un vaste îlot central, deux grandes vitrines murales. Leurs formes épurées et leur tonalité gris pâle s'effacent pour mieux laisser le visiteur aller à la rencontre de ces objets étonnants.

Dans la première vitrine, les pièces royales sont rassemblées avec quelques présents diplomatiques offerts aux souverains français. Fondeurs, graveurs, doreurs et ébénistes ont mis tout leur savoir-faire et leur talent dans la réalisation de ces objets, dans le but d'honorer leurs destinataires. D'autres modèles privés sont présentés à la suite de ces pièces prestigieuses.

L'îlot central, consacré au système Gribeauval, donne un aperçu d'une collection de modèles réduits du premier système d'artillerie adopté par l'armée française.

Enfin, la vitrine des *Inventions et projets* et de la *Mémoire de l'artillerie* présente d'une part des maquettes de projets d'armes jamais adoptés et d'autre part des reproductions fidèles des matériels de l'artillerie française du XIXe siècle.

Les figurines historiques

La collection des figurines historiques rassemble d'impressionnants ensembles de petits soldats de papier, d'étain et de plomb, le plus souvent destinés à des collectionneurs et parfois réalisés par eux-mêmes (fig. 3).

Ces collections, dites de « figurines », relèvent de deux catégories principales : les figurines « historiques », objets de la passion des collectionneurs, et les figurines-jouets, conçues pour les enfants ; il existe quatre grands types de figurines.

Les figurines dites de « carte » (fig. 4), fabriquées en carton rigide par et pour des adultes, dès la fin du XVIIIe siècle.

Les figurines de « plat d'étain », fabriquées dans la seconde moitié du XIXe siècle, dont l'intérêt réside dans le fait que les soldats sont représentés dans une grande diversité d'attitudes, à genoux, couchés ou debout. Ils évoluent individuellement ou en groupes, au milieu de décors et d'accessoires.

Les figurines de « plomb », ou en ronde bosse, à l'origine des jouets destinés aux enfants, incarnent encore de nos jours « le petit soldat ».

Enfin, les figurines de plastique sont fort répandues au XXe siècle, car plus solides et moins coûteuses.

L'enjeu principal de cette nouvelle présentation qui, pour la première fois, permet d'exposer plus de cinq mille pièces de la collection du musée (près de cent quarante mille pièces au total) est d'émerveiller le visiteur par une présentation qui évoque par certains aspects le thème de l'enfance. La diversité des techniques utilisées et le nombre important des figurines exposées reflètent la richesse de la collection et participent à la mise en valeur de leur statut anthropologique et sociologique ; en effet, au-delà d'une histoire de l'uniformologie, elles témoignent de la vie du soldat en campagne, mais également de la place importante qu'il occupait encore dans la société du siècle dernier.

Sylvie LELUC

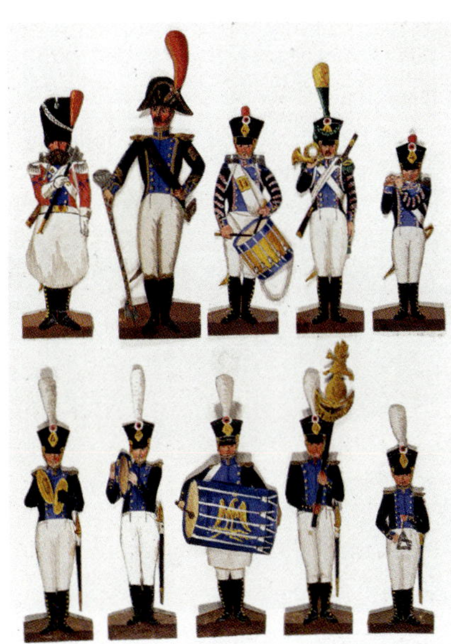

4. *Figurines de cartes de la collection Wurtz-Pees représentant des musiciens d'ordonnance et d'harmonie du 4e régiment suisse.* 1806-1812. Paris. Musée de l'Armée. Inv. 2747.

PONT-AVEN. Musée

Un nouvel écrin pour l'école de Pont-Aven

L'inauguration du nouveau musée de Pont-Aven, le 26 mars 2016, a marqué l'achèvement de plus de trois ans de travaux[1]. Complètement repensé et agrandi, il succède à un premier musée créé en 1985 à l'initiative de quelques bénévoles, membres des Amis du musée, mais aussi de la municipalité.

Le musée de Pont-Aven a une histoire atypique puisque le lieu a précédé la collection. En effet, alors que les touristes se pressaient toujours plus nombreux dans la cité des peintres depuis la venue de Paul Gauguin à la fin du XIXe siècle, l'idée d'un espace pouvant accueillir archives et expositions temporaires s'est progressivement imposée. C'est à Catherine Puget qu'est confiée la première direction du site jusqu'en 2006. En quelques années, le musée est devenu une destination incontournable en Bretagne, construisant sa notoriété à la fois sur la qualité de ses événements culturels et sur celle de ses acquisitions régulières, mais son exiguïté ne permettait plus d'accueillir ni les œuvres, ni les quelque 50 000 visiteurs annuels dans de bonnes conditions.

En 2006, la Ville de Pont-Aven confie au nouveau conservateur, Estelle Guille des Buttes-Fresneau, la rédaction du projet scientifique et culturel permettant de préparer le chantier à venir. Le projet, validé deux ans plus tard par la Ville de Pont-Aven et l'État, propose, parmi d'autres hypothèses, l'implantation du nouveau musée dans l'ancien hôtel Julia qui abritait, depuis la dernière guerre, les services municipaux et des bureaux associatifs. C'est cette option, en plein cœur de leur commune, qui est retenue par les élus de Pont-Aven. Le choix de cet emplacement offre ainsi une meilleure vue sur le musée depuis la place nouvellement baptisée « Julia ».

Le concours d'architecture mobilise quatre-vingt-une agences : c'est l'Atelier de l'Île qui est retenu à l'unanimité du jury. Forts de leurs expériences muséales après avoir rénové le pavillon Amont du musée d'Orsay et le musée Rodin à Paris, les architectes Dominique Brard, Olivier Le Bras et Marc Quélen emportent l'adhésion grâce à la cohérence de leur projet. Le nouvel édifice se dessine selon trois corps de bâtiments reliés en « U », chaque niveau correspondant à une fonction, tout en respectant les besoins en surfaces exprimés dans l'étude de programmation du cabinet Ap'Culture. À l'accueil, à l'espace pédagogique et au centre de ressources du rez-de-chaussée, succèdent, au premier étage, la salle de conférences et de concerts, puis les expositions temporaires au niveau 2, les collections permanentes au niveau 3, et enfin les bureaux de la conservation au dernier étage. Les réserves ont été installées dans la partie réaménagée de l'ancien musée et intégrées sur trois niveaux. L'originalité du projet tenait par ailleurs à la proposition d'un espace paysager au cœur du musée (fig. 1), libre transposition végétale d'une œuvre de Charles Filiger, *Paysage rocheux, Le Pouldu*, conservée en collection permanente.

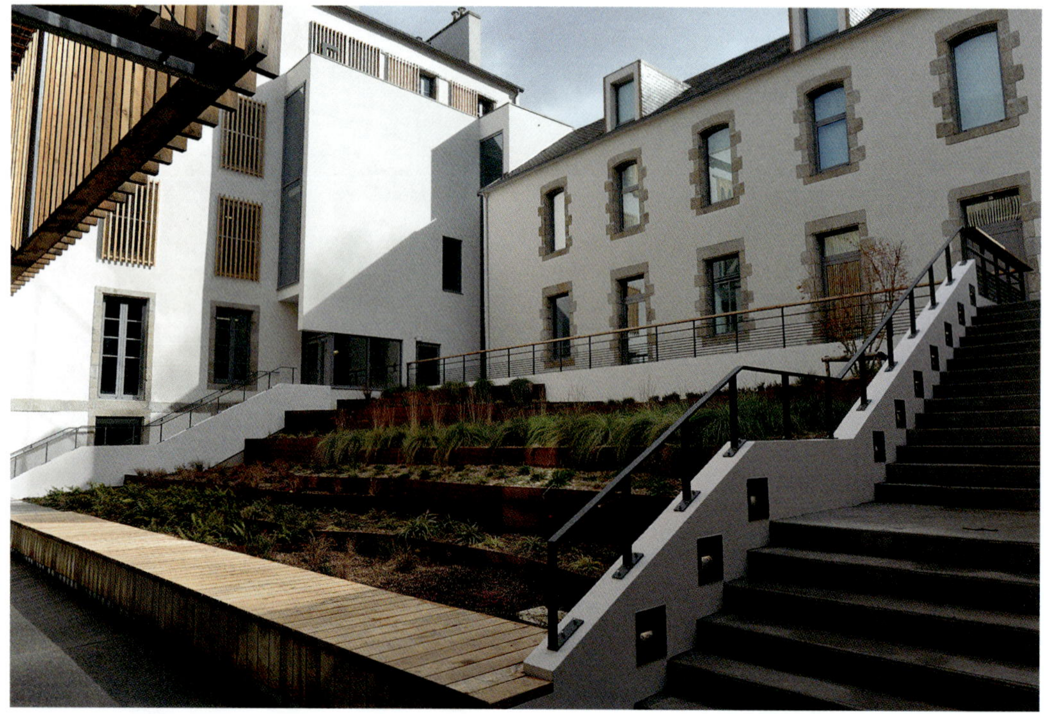

1. Vue du jardin Filiger. Pont-Aven. Musée.

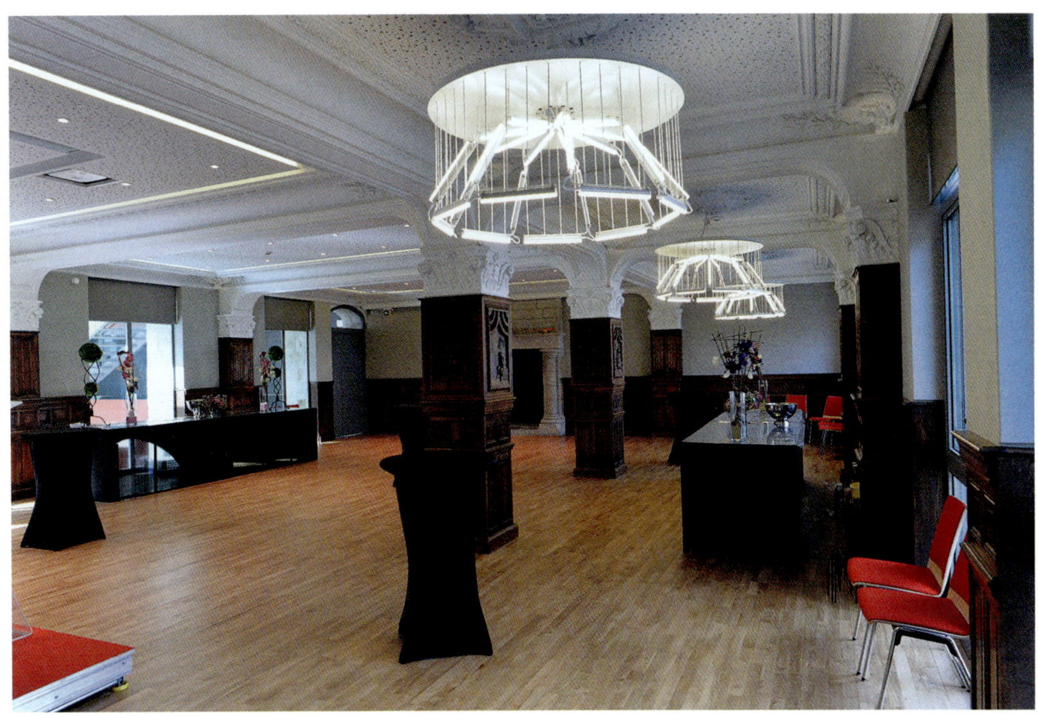

2. Salle Julia avec les luminaires de Matali Crasset. Pont-Aven. Musée.

Un soin particulier a été porté à la réhabilitation de l'ancien hôtel Julia, du nom de sa fondatrice, Julia Guillou. Cette dernière, visionnaire et mécène, a facilité le séjour des peintres en leur proposant non seulement chambres et couverts, mais aussi des ateliers aux verrières bien lisibles, orientées au nord. En concertation avec l'architecte des musées de France, ces dernières ont été restituées dans leurs dimensions d'origine. De même, l'ancienne salle de restaurant de l'hôtel Julia, qui a accueilli une clientèle prestigieuse d'artistes et de collectionneurs, comme Maurice Vlaminck et le docteur Barnes, a été restaurée pour accueillir désormais les conférences, concerts et inaugurations du musée. Elle est aussi l'écrin de la commande artistique 1 % avec l'implantation de trois lustres surplombant autant de tapis réalisés par Matali Crasset (fig. 2).

Le parcours au sein des collections permanentes, enrichies de nouvelles acquisitions, dons et dépôts, a été complètement repensé et décliné selon une succession de thématiques traduites par différentes couleurs de cimaises, toutes inspirées du tableau *Le Talisman* (musée d'Orsay) peint en 1888 par Paul Sérusier à Pont-Aven sous la dictée de Gauguin. Le public peut y découvrir l'histoire artistique de Pont-Aven et de la Bretagne entre 1850 et 1950. Ainsi, sur fond aubergine, sont présentés les « pionniers » des États-Unis et d'Europe du nord venus parfaire leur formation en Finistère. La facture de ces artistes correspond à une expression réaliste des paysages préservés de Pont-Aven : le port, le Bois d'Amour et la chapelle de Trémalo, les abords du manoir de Lézaven, ponctués ici et là de moulins. La beauté des coiffes et des costumes, notamment ceux des jours de fête, accentue l'attrait du village réputé authentique et accueillant. Grâce à l'activité du port de commerce, les habitants parlent le français en plus du breton et les aubergistes favorisent le séjour des peintres en proposant chambres et ateliers pour des prix modiques. C'est ainsi que Marie-Jeanne Gloanec et Julia Guillou ont inscrit leurs noms dans l'histoire de l'art : leurs établissements (fig. 3) sont souvent mentionnés dans la correspondance des artistes, et les pages de livres d'or, dont certaines sont conservées aujourd'hui au musée, témoignent de l'attachement des pensionnaires pour celles qui facilitaient leurs séjours.

Le musée de Pont-Aven n'a pas vocation à devenir un musée Paul Gauguin mais a déjà acquis onze œuvres sur papier du maître. Les achats faits par la municipalité avec le soutien des Amis du musée, des mécènes et des pouvoirs publics visent à faire connaître l'école de Pont-Aven et ses caractéristiques principales : la simplification des formes, les aplats

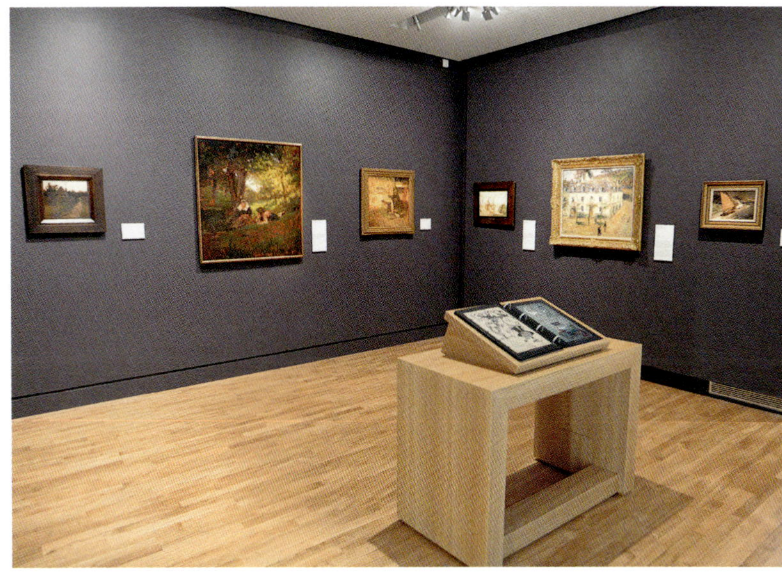

3. Salle consacrée aux auberges et pensions. Pont-Aven. Musée.

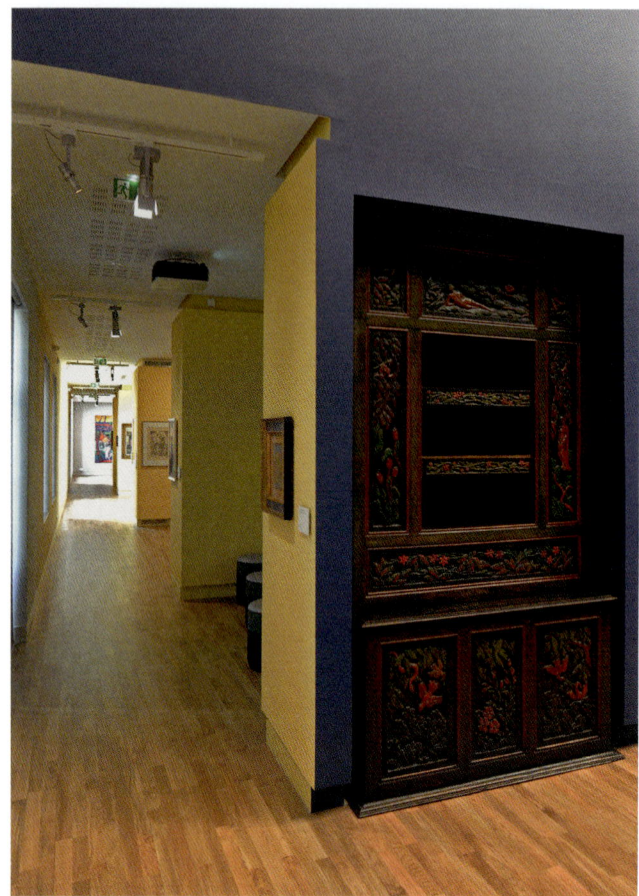

4. Vue des salles du parcours permanent. Pont-Aven. Musée.

Avant leur nouvelle présentation, les œuvres ont toutes été auscultées dans le cadre du chantier des collections conduit avec le cabinet en conservation préventive « Futur antérieur ». Après l'accrochage, les œuvres du musée ont toutes été mises en valeur par un éclairage très respectueux de leur conservation, le système DALI. Les led, réglées individuellement pour chaque œuvre, composent selon les salles avec l'éclairage naturel, latéral ou zénithal. Des stores électriques sont programmés pour être baissés ou remontés selon l'intensité lumineuse provenant de l'extérieur du musée.

Des outils multimédia ont été ponctuellement intégrés au parcours permanent : ainsi, à partir du fonds de cartes postales anciennes conservées au musée, est proposé un film permettant d'appréhender Pont-Aven autour de 1900 ; des lectures enregistrées de lettres d'artistes conservées au musée offrent une approche originale sur le séjour des artistes à Pont-Aven. Quelques outils de médiation sont plus interactifs, comme le livre des auberges et pensions de Pont-Aven, comportant notamment des photographies et des pages du livre d'or de la pension Gloanec numérisées et accompagnées de commentaires. Par ailleurs, afin de bien illustrer les techniques de l'estampe présentes dans les collections permanentes, six films courts ont été tournés au musée de l'Imprimerie à Nantes en présence de graveurs contemporains. Pour en savoir davantage sur le processus créatif, le visiteur est ainsi invité à appuyer sur la matrice correspondant à la technique qui l'intéresse pour déclencher un film en couleurs de deux minutes.

Fort de sa nouvelle identité, le musée de Pont-Aven rencontre un franc succès : près de quarante mille visiteurs l'avaient déjà visité deux mois après son ouverture.

Estelle GUILLE des BUTTES-FRESNEAU

de couleurs délimités par des traits de contour bien marqués et l'absence de perspective. Pour l'ouverture du nouveau musée, la conservation du musée d'Orsay a accordé le prêt des *Lavandières*, tableau correspondant au premier séjour de Gauguin à Pont-Aven en 1886, et le dépôt du *Village breton sous la neige*, daté du dernier séjour de l'artiste en 1894.

Les fondateurs de l'école de Pont-Aven, aux côtés de Paul Gauguin, sont présentés sur les cimaises jaunes, selon une succession d'alcôves qui reprennent l'ancien tracé des chambres de l'hôtel Julia (fig. 4) : on y retrouve les œuvres d'Émile Bernard, Paul Sérusier et Maurice Denis. Puis sont exposés, sur fond bleu, les artistes du groupe de Pont-Aven, comme Charles Filiger, Meijer de Haan et Maxime Maufra. Le japonisme est évoqué en contrepoint avant de conduire à l'aile du parcours abritant les Nabis, ces « prophètes » d'un art nouveau qui ont repris les idées de Gauguin par l'intermédiaire de Sérusier en choisissant d'investir différents supports de création.

Le nouveau parcours s'achève (fig. 5) avec l'artiste Jean Deyrolle, qui a toujours revendiqué le passage de la figuration à l'abstraction après avoir découvert avec enthousiasme les œuvres de Paul Sérusier dans l'atelier de Châteauneuf-du-Faou. Le visiteur peut ainsi apprécier toute la richesse de l'école de Pont-Aven, reconnue aussi pour l'influence qu'elle a pu exercer auprès de grands mouvements de l'art moderne comme le Fauvisme, l'Expressionnisme et l'Abstraction.

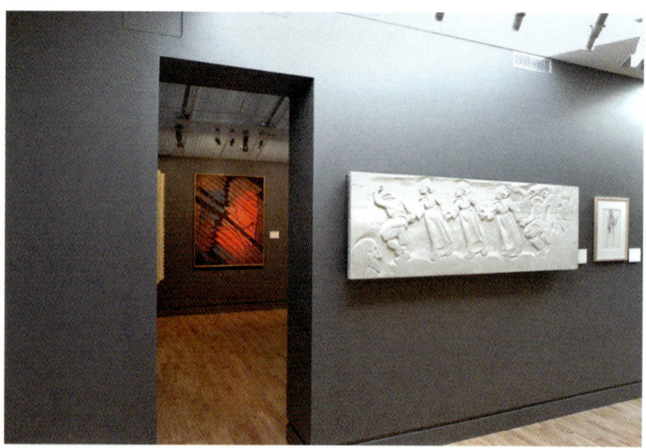

5. Vue des dernières salles du parcours permanent. Pont-Aven. Musée.
Au premier plan : Georges Lacombe (1868-1916). *Danse bretonne*. Vers 1892. Bas-relief en plâtre, moulage. Dépôt du musée d'Orsay, 2016. Inv. RF. 3223.
Au fond : Jean Deyrolle (1911-1967). *Hernet, opus 637*. 1960. Tempera sur toile. Donation sous réserve d'usufruit de MM. G. Richar-Rivier et M. Fontana. Inv. 2014.7.2

NOTE

1 Le nouveau musée de Pont-Aven doit sa rénovation et le doublement de ses surfaces au maire, Isabelle Biseau, et aux présidents d'intercommunalité, Jean-Claude Sacré, puis André Fidelin, lesquels, depuis juin 2012, ont intégré et géré le musée à l'échelle de la communauté d'agglomération de Concarneau.

PARIS. Musée national Jean-Jacques-Henner

La rénovation du musée

Situé au cœur de la plaine Monceau qui fut, au XIXe siècle, un quartier très prisé des peintres, musiciens, écrivains et comédiens, le musée Jean-Jacques-Henner fut originellement l'hôtel particulier d'un autre peintre, Guillaume Dubufe (1853-1909), qui en fit son habitation et son atelier. Bâti par l'architecte Nicolas Félix Escalier, qui construisit sur la même parcelle la demeure de Sarah Bernhardt, il est ensuite acquis en 1921 par Marie Henner, nièce par alliance de Jean-Jacques Henner (1829-1905) pour l'offrir à l'État en sus de la collection. Il devient alors un musée national dédié au peintre. Son intérêt est double. Il permet en effet de connaître de manière approfondie l'œuvre de Jean-Jacques Henner, mais aussi d'appréhender la spécificité d'un hôtel particulier construit sous la Troisième République et marqué par un décor éclectique dont il reste encore des éléments significatifs. Il obéissait alors à une triple vocation : lieu de création, d'habitation et de réception.

Depuis son ouverture au public en 1924, le musée Jean-Jacques-Henner a bénéficié de nombreux travaux. Tout d'abord par la donatrice, qui fit ouvrir le salon néo-Renaissance sur le jardin d'hiver par une colonnade en stuc. En 2009, Rodolphe Rapetti, alors directeur de l'établissement, inaugure avec bonheur le retour à l'ambiance originelle, notamment la remise en couleur des salles d'exposition, avec le concours de Pierre Carron et le retour dans le circuit de visite de la salle d'accueil et de la salle à manger avec ses magnifiques carreaux de faïence de Delft. L'agence de Jean-François Bodin en est alors le maître d'œuvre. La découverte fortuite d'une mosaïque dans le jardin d'hiver l'amena à proposer sa restauration, ainsi que celle du salon aux colonnes, et la création de réserves aux normes actuelles de conservation au sein même du musée. Le projet de rénovation a ensuite débuté, en 2014, avec Marie-Hélène Lavallée, alors directrice du musée ; Sylvie Jodar en est l'architecte et le maître d'œuvre. Le programme a consisté principalement à remettre le jardin d'hiver (fig. 1), surmonté d'une nouvelle verrière, et le salon aux colonnes (fig. 2) au cœur du parcours de visite et à doter le musée d'espaces mieux adaptés à l'accueil du public et à la conservation des collections. Hubert le Gall, muséographe, a entièrement repensé l'ensemble de la

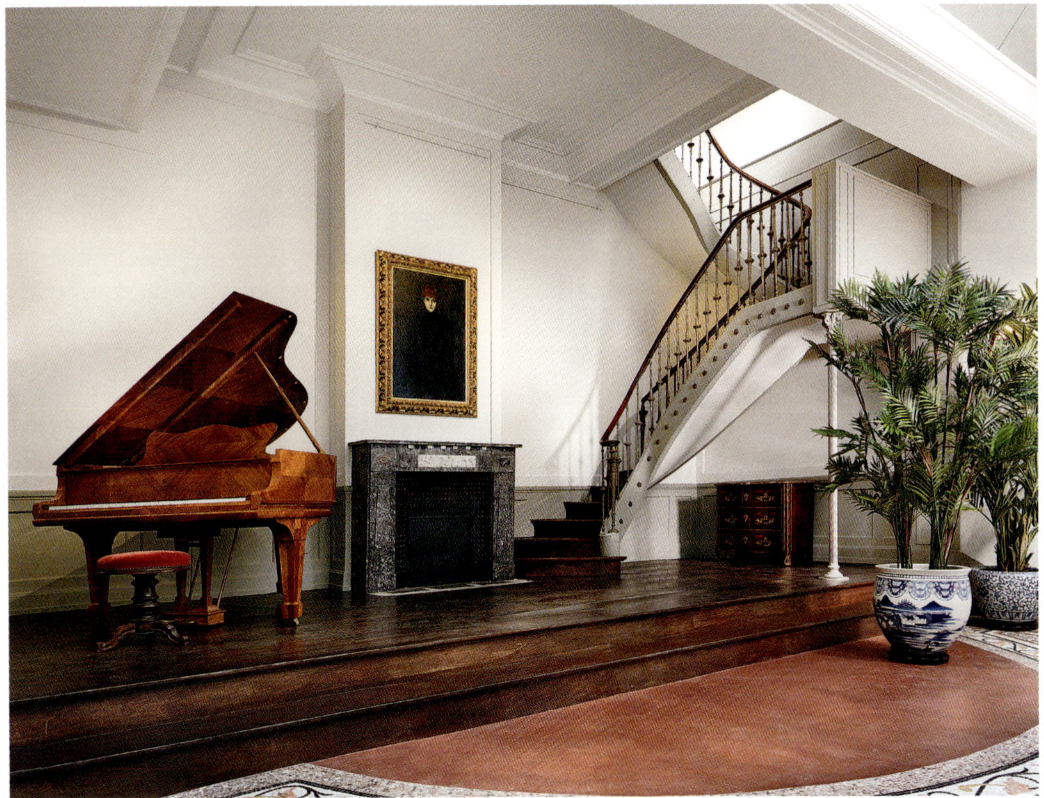

1. Le jardin d'hiver. Paris. Musée national Jean-Jacques-Henner.

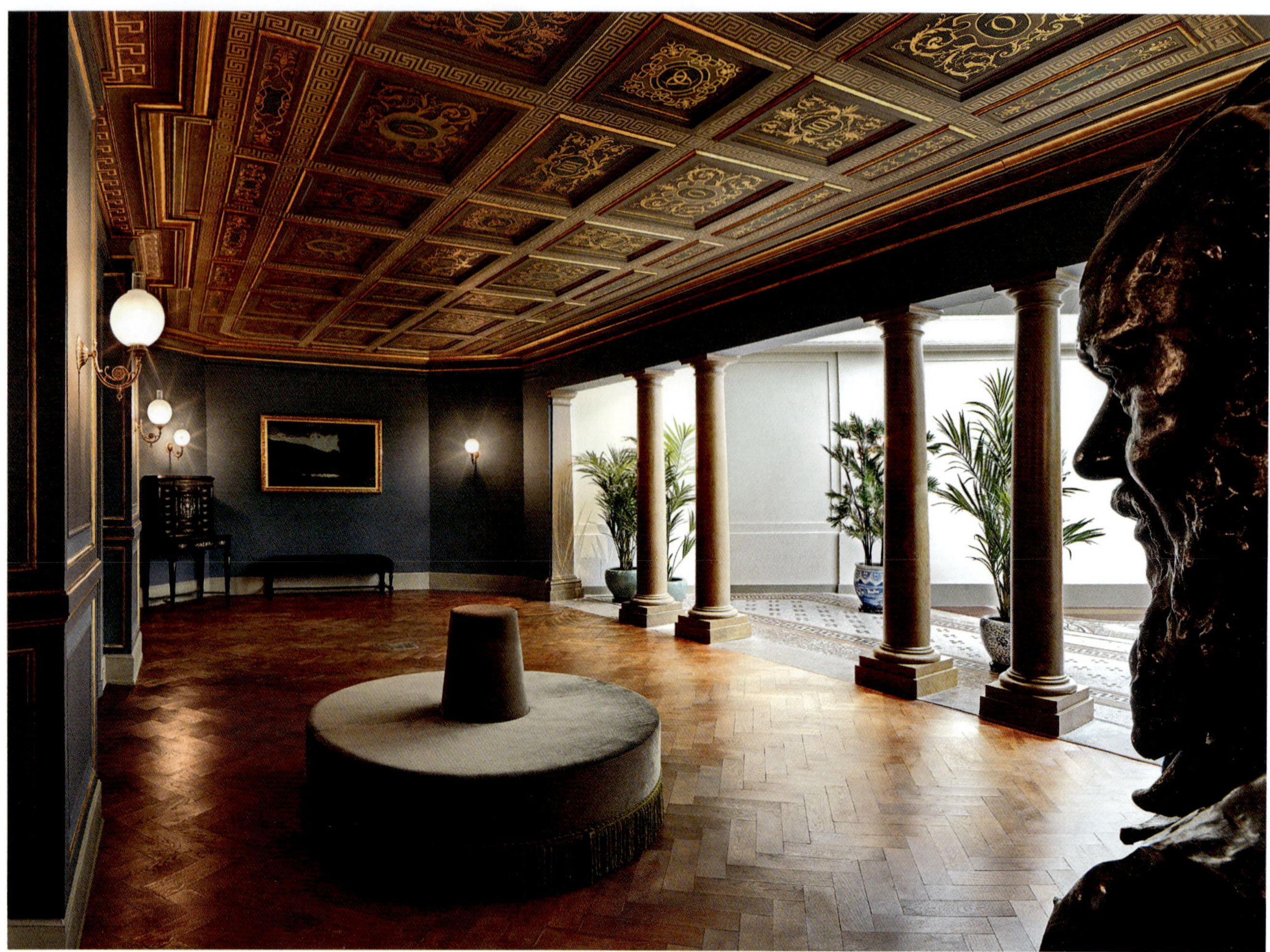

2. Le salon aux colonnes. Paris. Musée national Jean-Jacques-Henner.

muséographie et redéployé la collection, qui a été très notablement augmentée. La cohérence de l'ensemble repose sur la polychromie et le mobilier caractéristique du XIXe siècle : luminaires en bronze, bornes en velours, etc... Grâce à cette approche talentueuse, le visiteur peut désormais apprécier tout autant l'architecture du lieu que l'œuvre de Jean-Jacques Henner, enrichie de dépôts majeurs de l'École nationale supérieure des Beaux-arts, du musée d'Orsay, du musée du Petit Palais et du Mobilier national.

L'objectif était de préserver le charme très prégnant de l'édifice tout en lui conférant, notamment au rez-de-chaussée, de nouvelles fonctions. Le salon aux colonnes et le jardin d'hiver sont désormais dédiés à la programmation culturelle et accueillent concerts, conférences, expositions, alors que la salle à manger permet de découvrir l'histoire du musée et de la plaine Monceau. Le musée devient ainsi le point de départ de la visite passionnante de ce quartier encore trop méconnu alors qu'il fut un quartier artistique majeur au XIXe siècle. Les étages sont réservés plus particulièrement à la mise en valeur de l'œuvre de Jean-Jacques Henner.

L'année 2016 a vu également la mise en œuvre d'un partenariat privilégié avec l'École nationale supérieure des Beaux-arts, celle-là même où Jean-Jacques Henner apprit son métier. Ainsi, une jeune artiste sortie de l'École, Christelle Téa, dispose d'un atelier-bureau, le temps d'une année, et ceci grâce à la proposition novatrice de l'équipe de direction de l'École des Beaux-arts. Si la rénovation a permis de rendre à ce musée sa beauté intrinsèque, il se tourne aussi résolument vers l'avenir et redevient un lieu de création en plus d'être un lieu de délectation.

M.-C. F.

Un nouveau regard sur l'œuvre de Jean-Jacques Henner

Le musée, qui avait entre 2011 et 2013 principalement consacré ses espaces à la présentation d'expositions temporaires, a souhaité, pour sa réouverture, remettre en valeur ses collections permanentes dans toute leur diversité. Sont ainsi présentés trois cents œuvres, meubles et objets, soit deux fois plus que dans l'accrochage précédent. Les murs où s'accumulent les petits formats évoquent l'esprit d'un atelier d'artiste au XIXe siècle mais sans chercher à en faire la reconstitution, puisque Jean-Jacques Henner, dont l'atelier était situé place Pigalle, n'a jamais travaillé au 43 avenue de Villiers. Peintures, sculptures, meubles, objets et cadres ont été restaurés tandis que les murs retrouvaient leurs couleurs d'origine.

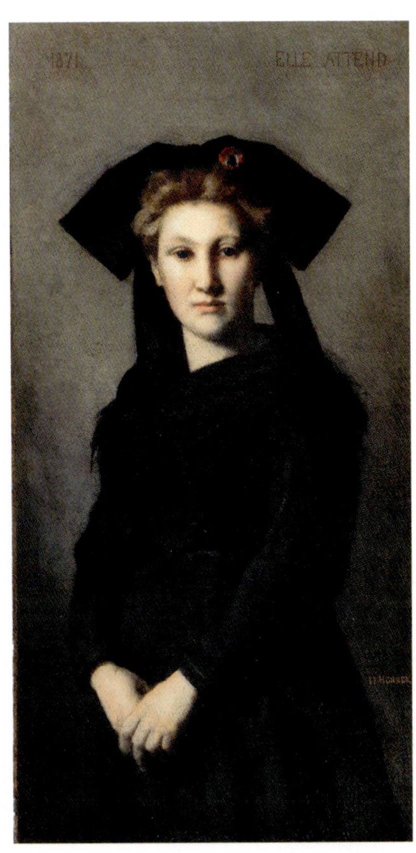

3. Jean-Jacques Henner. *L'Alsace. Elle attend.* 1871. Huile sur toile. H. 0,60 ; L. 0,30. Paris. Musée national Jean-Jacques-Henner. Inv. JJHP 1972-15.

Le parcours de visite suit l'itinéraire artistique de Jean-Jacques Henner, de son Alsace natale à Paris où il a fait l'essentiel de sa carrière, en passant par Rome où il a séjourné entre 1859 et 1864. Les deux petites salles rouges du premier étage sont consacrées aux débuts de la carrière de l'artiste en Alsace, à ses années de formation, son Prix de Rome et son séjour en Italie. Pour la carrière parisienne, les deux anciens ateliers du premier et du troisième étage permettent d'évoquer la carrière d'un artiste officiel au XIXe siècle et l'atelier du peintre.

Autour du portrait de sa nièce, *Eugénie Henner en Alsacienne tenant un panier de pommes*[1], la salle « Alsace » illustre les liens restés très forts entre l'artiste et sa région natale par des portraits de famille ou de commande, des scènes de la vie quotidienne et des paysages alsaciens.

La salle « Italie » met en valeur le Prix de Rome, *Adam et Ève trouvant le corps d'Abel*, dont le dépôt a été accordé par l'École des Beaux-arts de Paris, et le grand paysage du Pincio, *Rome, terrasse de la Villa Médicis*, ainsi que des ensembles de petits formats : esquisses préparant les envois de Rome, copies réalisées dans les musées et églises de Naples, Florence ou Venise, et surtout de lumineux paysages italiens.

Sur les deux niveaux du patio sont exposés des portraits de famille, des œuvres de la collection de Jean-Jacques Henner, dont un tableau qu'il croyait être de Corot, et une peinture de Many Benner, qui a été le premier conservateur du musée, *Jean-Baptiste enfant*.

Autour de son tableau le plus célèbre, *L'Alsace. Elle attend* (fig. 3), le salon rouge du premier étage (fig. 4) est consacré à la présentation de la carrière officielle de Henner avec des œuvres présentées au Salon des

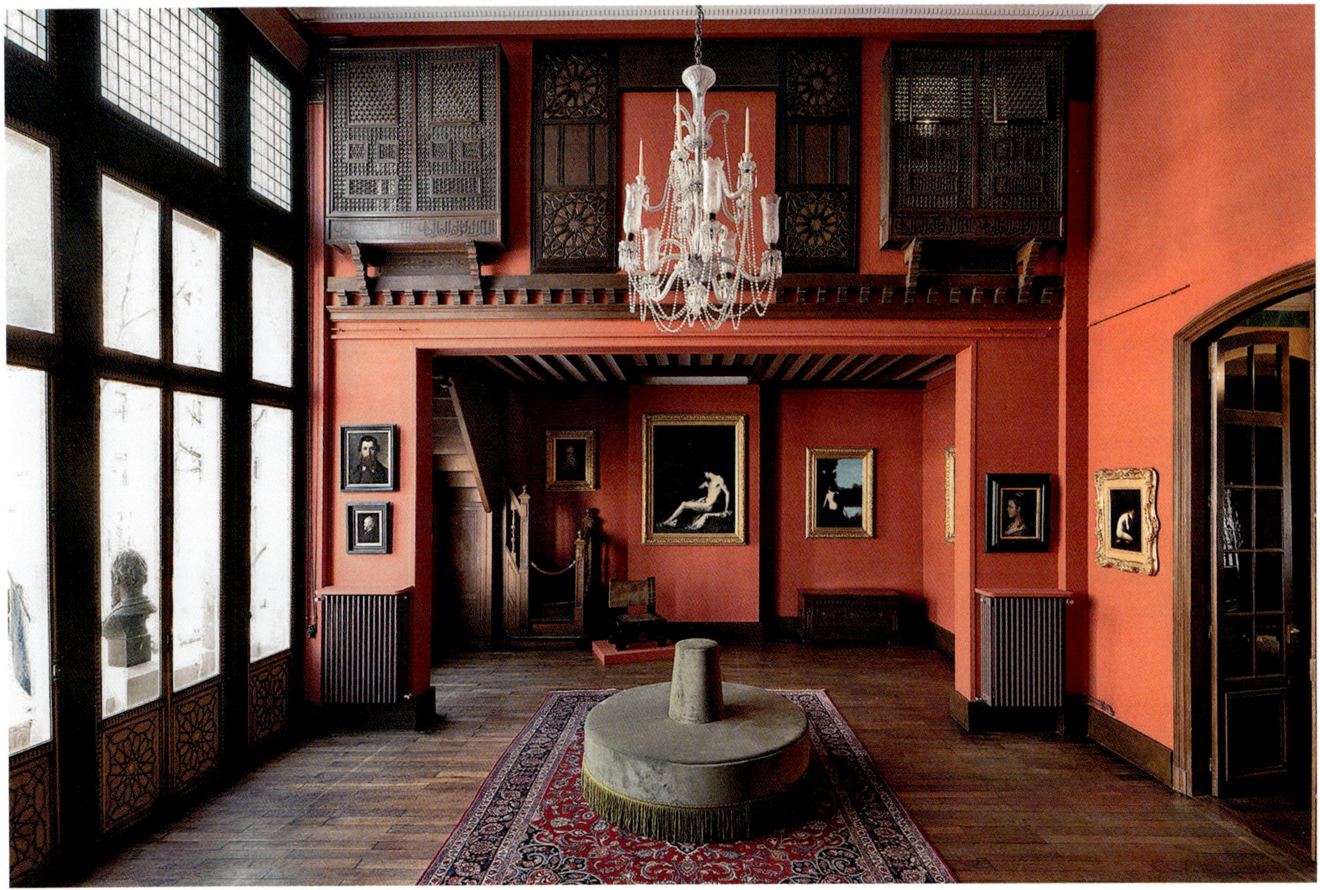

4. Le salon rouge. Paris. Musée national Jean-Jacques-Henner.

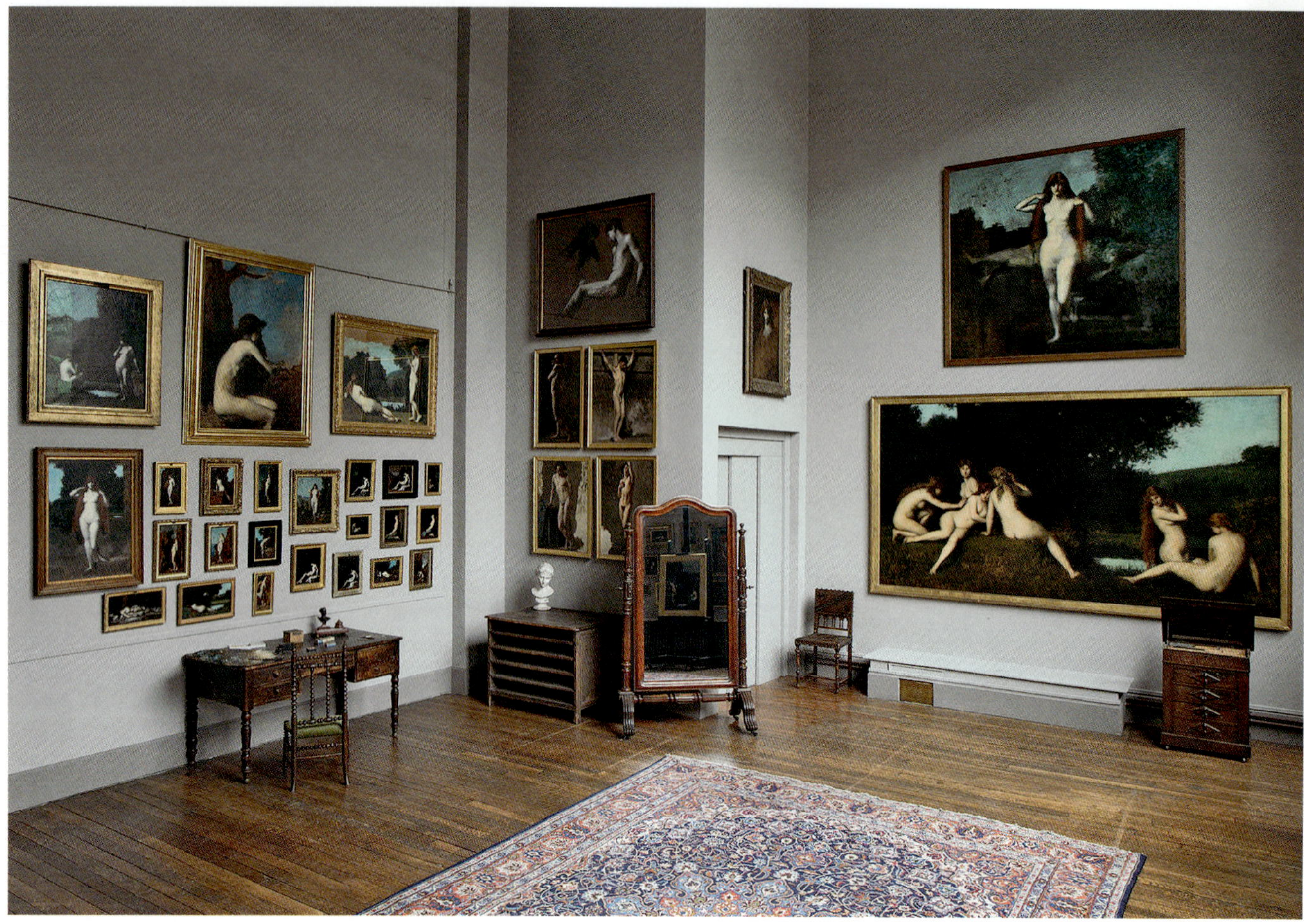

5. L'atelier gris. Paris. Musée national Jean-Jacques-Henner.

Artistes français (*Joseph Tournois, Portrait de Mme **** dit « La femme au parapluie », *Le Sommeil, Mme Séraphin Henner, Saint Sébastien, La Liseuse*, ces deux derniers tableaux étant des dépôts du musée d'Orsay...), des esquisses et des répliques permettant d'évoquer ses tableaux majeurs – *Églogue* aujourd'hui au Petit Palais à Paris, *La Fontaine* ou *La Source* dont on ignore où elles sont actuellement conservées... C'est aussi le lieu qui évoque la vie sociale de l'artiste à travers son activité de portraitiste. Ont posé dans son atelier l'astronome Jules Janssen, le député Gaston Marquiset, comme la fille de l'écrivain Edmond About.

Au deuxième étage, la petite salle derrière les moucharabiehs permet de proposer par rotation des expositions-dossiers d'arts graphiques. À l'occasion de la réouverture, a été présentée une sélection de dessins sur le thème du travail dans l'atelier ainsi qu'un dessin à la plume, *Saint Jérôme*, qui a été acquis en 2015 par le musée.

L'atelier gris du troisième étage (fig. 5) montre la fabrique de l'œuvre au travers d'esquisses – avec la présentation des « séries » de *Saint Sébastien* et *Andromède* –, d'œuvres inachevées ou montrant une étape du travail du peintre – *Hérodiade, Rébecca, L'Enfant prodigue, La Vérité*... –, ainsi que de meubles, plâtres et objets provenant de l'atelier de Jean-Jacques Henner place Pigalle. L'accrochage permet également d'évoquer l'atelier par des œuvres plus intimes : esquisses montrant les modèles en train de poser, natures mortes, portraits d'élèves ou de modèles...

Complétant ce parcours, au-rez-de-chaussée, des portraits sont accrochés dans l'ancienne salle à manger, tandis que *La Comtesse Kessler* domine la petite scène du jardin d'hiver. Le salon aux colonnes, dont le plafond néo-Renaissance a été restauré, présente dans un esprit intime et décoratif un choix d'œuvres de la collection, dont un grand et mystérieux *Paysage alsacien*.

C. B.

Claire BESSÈDE, Marie-Cécile FOREST

NOTE

1 Sauf mention contraire, toutes les œuvres citées sont conservées au musée national Jean-Jacques-Henner.

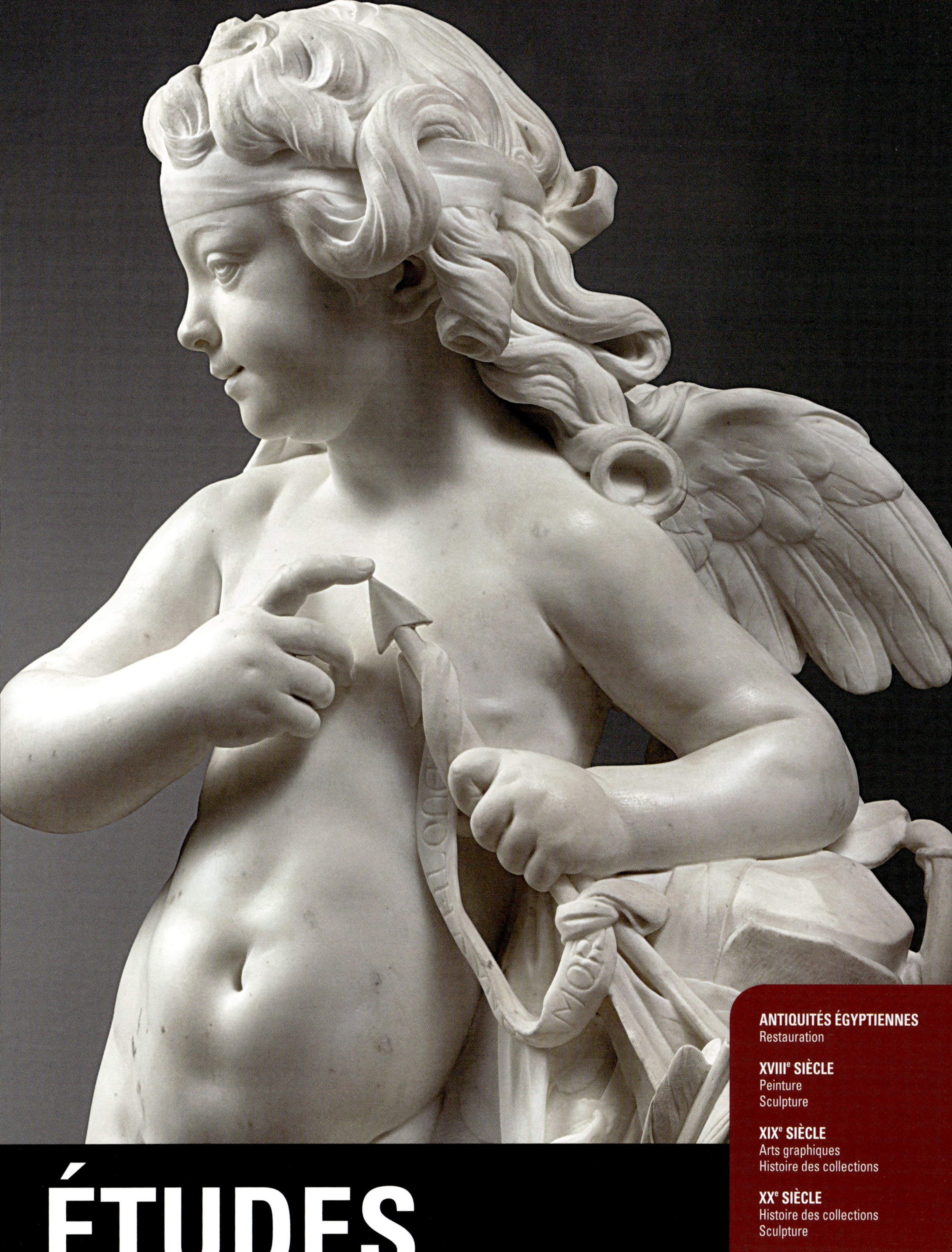

ÉTUDES

détail fig. 6, p. 63

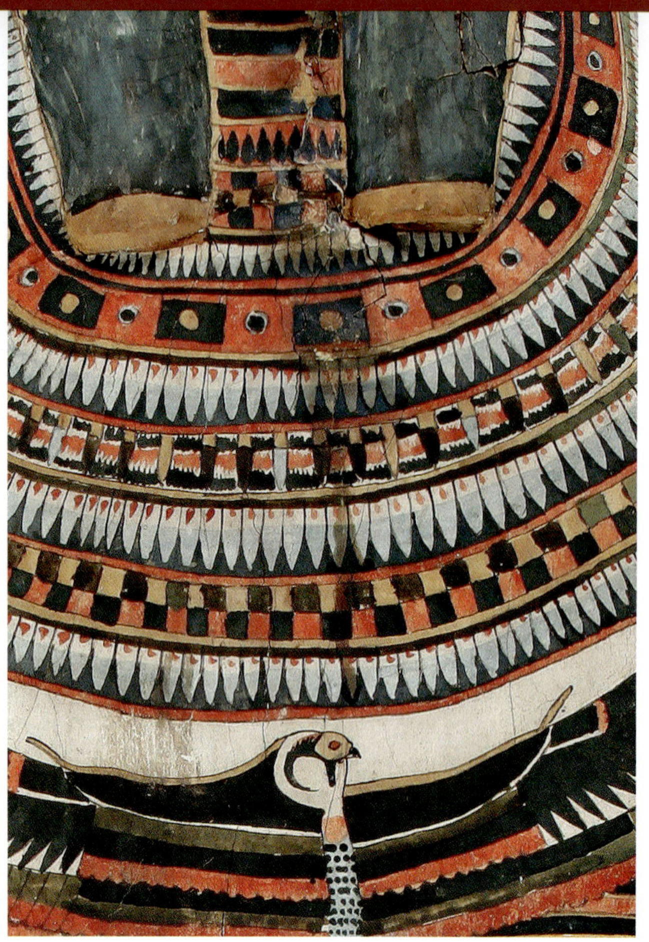

Étude et conservation d'une momie égyptienne anonyme de la XXIIe dynastie, musée départemental Anne-de-Beaujeu, Moulins-sur-Allier

par Marie Bèche-Wittmann,

Violaine Blaise, Pauline Carminati,

Judith Henon et Noëlle Timbart

Dans le cadre d'un projet muséographique, la collection égyptienne du musée Anne-de-Beaujeu a bénéficié d'une campagne d'étude et de restauration exemplaire menée en collaboration étroite avec le Centre de recherche et de restauration des musées de France. Le cas précis d'une des momies, qui posait des questions complexes de conservation et de présentation, témoigne de la complémentarité des approches et des compétences.

La collection égyptienne du musée Anne-de-Beaujeu se compose de deux ensembles funéraires complets – momie, cartonnage et cercueil –, d'une tête et d'un pied humains, d'une tête de canidé ainsi que d'une série de masques, d'oushebtis, d'amulettes et de céramiques. Dans le cadre du réaménagement du musée et de la création d'un espace permanent consacré à l'archéologie classique, cette collection a fait l'objet d'une campagne de conservation-restauration qui s'est déroulée de 2011 à 2013. Cet article se propose de présenter l'une de ces momies (inv. 4.2.2), les différents aspects de sa préparation funéraire et les problématiques soulevées par sa restauration[1] et sa présentation muséographique.

Le contexte

L'ensemble funéraire

À l'instar des autres pièces constituant les collections égyptiennes du musée, la momie dont est ici présentée l'étude appartient à son fonds ancien et le contexte archéologique de sa découverte est inconnu. Seul son propriétaire, Victor André Cornil (1837-1907), professeur agrégé à la faculté de Médecine de Paris et successeur de Jean-Martin Charcot à la chaire d'anatomie pathologique, est mentionné dans l'inventaire. Les recherches menées par Nicolas de Larquier, alors conservateur stagiaire, ont permis d'établir que la momie et son cercueil avaient sans doute été donnés au musée, entre 1908 et 1915, par la femme du docteur Cornil, après le décès de celui-ci[2].

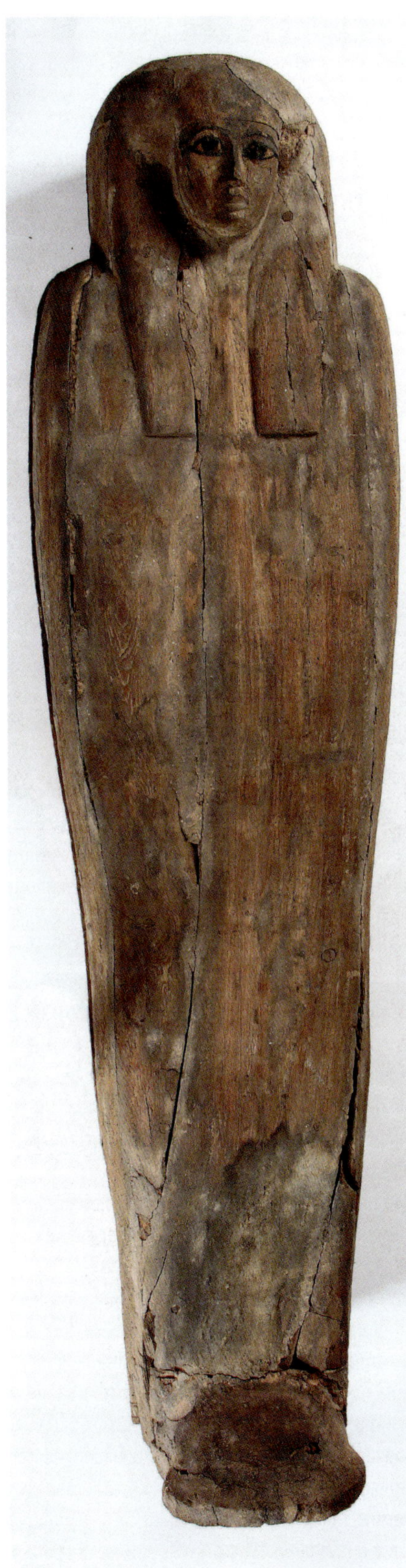

1. Couvercle du cercueil. Fin du IXe-début du VIIIe siècle avant J.-C. Bois de figuier sycomore. Moulins-sur-Allier. Musée départemental Anne-de-Beaujeu. Inv. 4.2.2.

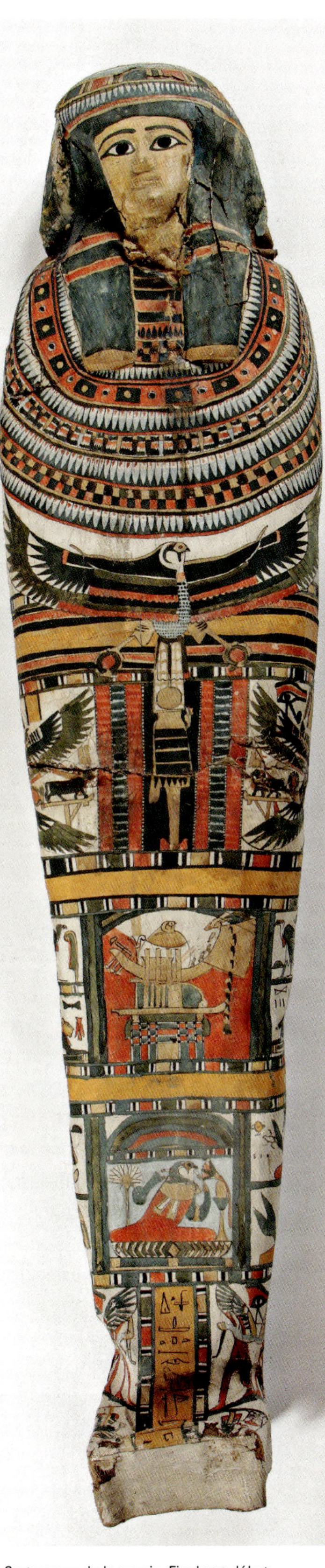

2. Cartonnage de la momie. Fin du IXe-début du VIIIe siècle avant J.-C. Toiles de lin, couche de préparation et polychromie. Moulins-sur-Allier. Musée départemental Anne-de-Beaujeu. Inv. 4.2.2.

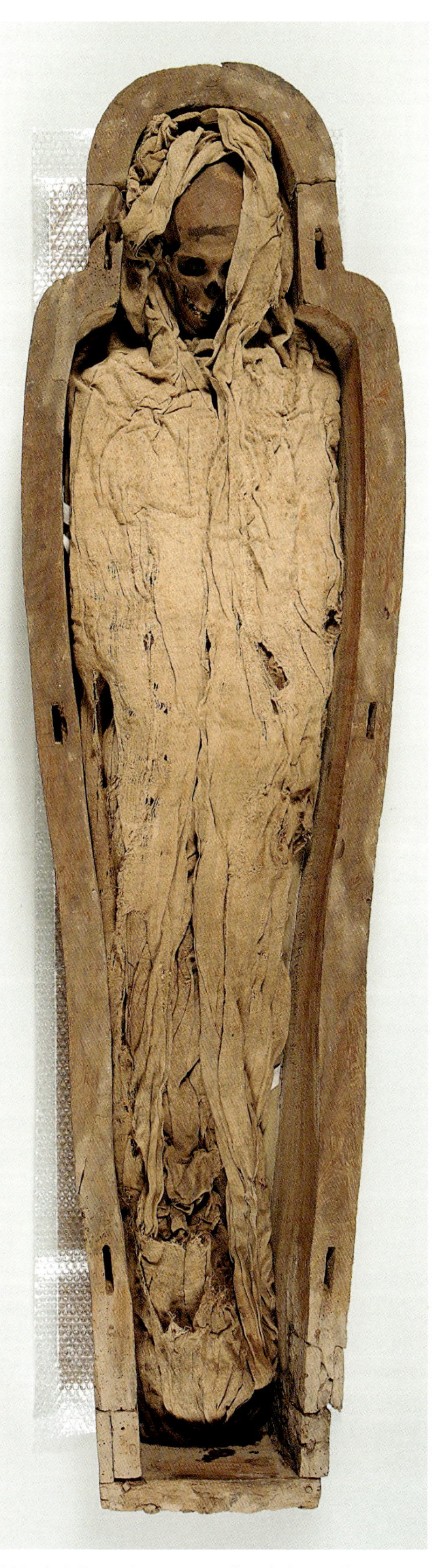

3. Momie de femme dans son cercueil, après intervention. Fin du IXe-début du VIIIe siècle avant J.-C. Moulins-sur-Allier. Musée départemental Anne-de-Beaujeu. Inv. 4.2.2.

L'ensemble funéraire concerné est daté de la Troisième Période Intermédiaire, XXIIe dynastie (945/715-713 avant J.-C.). Il comporte un cercueil anthropomorphe en bois, une enveloppe de cartonnage anthropomorphe et une momie. Le cercueil, en bois de figuier sycomore, ne possède aucune inscription. Le couvercle représente la défunte coiffée d'une perruque tripartite. Quelques traces de polychromie ont été mises en évidence : noir pour figurer les yeux (contours et pupille), orpiment pour les carnations du visage et du cou. Le bois est couvert d'un enduit grossier pour combler les manques et les jonctions entre les morceaux de bois[3] (fig. 1). Sur le cartonnage se développe au contraire un décor entièrement polychrome qui recouvre toute la surface visible : visage de la défunte avec perruque tripartite, collier *ousekh*, faucon Horus, fétiche d'Abydos, et de multiples représentations de divinités protectrices se rapportant notamment à Osiris et Sokar (fig. 2). Le cartonnage a été découpé au niveau du dos afin d'en extraire la momie lors d'une première étude en 1996. À cette date, la momie a été « débandelettée ». Elle se présente aujourd'hui sous la forme d'un squelette enveloppé d'un linceul, les bandelettes enlevées étant conservées à part (fig. 3).

Les seuls documents à disposition avant l'étude et la restauration de 2011-2012 se résumaient au rapport sommaire établi par le médecin de l'hôpital de Moulins qui avait procédé à la radiographie de la momie en 1996 (radiographie standard et tomodensitométrie). Ce rapport était accompagné de clichés radios et de planches présentant les coupes du scanner, ainsi que de quelques diapositives de l'opération de « débandelettage » réalisée dans le même temps à l'hôpital. Cette première étude avait permis d'établir qu'il s'agissait d'une femme d'âge adulte.

La conservation des œuvres

À la suite du réaménagement du musée en 1986, les collections égyptiennes étaient exposées dans une salle en sous-sol. Cette salle, très humide et aux murs salpêtrés, présentait par temps de pluie des remontées d'humidité. Il s'est donc rapidement avéré que le climat ne convenait pas aux momies. Une odeur forte a commencé à se dégager des corps et le choix a été fait de les replacer en réserve.

En 1998, lors d'une exposition consacrée à l'Égypte, les momies ont de nouveau été présentées au public. Celle qui avait été « débandelettée » en 1996 en vue de cette exposition a ensuite été enveloppée dans un drap et conservée dans une caisse en bois pendant plusieurs années afin de contenir l'odeur qui s'en dégageait. Les bandelettes ont été conditionnées à part dans des sacs plastiques.

L'état des momies et leurs conditions de conservation avaient alerté les différents conservateurs en charge des collections. En 2008, une première évaluation de la collection par des restaurateurs a eu lieu. En 2010, le musée a contacté le Centre de Recherche et de Restauration des musées de France (C2RMF) afin qu'il lui apporte ses conseils et son expertise en matière de conservation et de restauration des collections égyptiennes, et notamment des restes humains. Une mission, menée au musée le 12 mars 2010, a permis d'effectuer un premier constat d'état de ces collections et de déterminer les interventions nécessaires pour assurer une bonne conservation à l'ensemble. Toutefois, en l'absence de lieux de stockage et d'exposition adéquats, mais surtout de fonds, le projet n'a pas pu être mené dans la foulée. Il a néanmoins été convenu que les collections pourraient être restaurées dans les ateliers de restauration du C2RMF à Versailles.

En 2011, la validation du projet de réaménagement du musée, incluant la création d'un espace permanent consacré à l'archéologie classique, a permis de mobiliser les moyens nécessaires à l'étude et à la restauration de la collection égyptienne. La collaboration avec le C2RMF a repris avec l'aide à la rédaction du cahier des charges pour les interventions de restauration, à l'analyse des offres et au choix des restaurateurs. Les œuvres sont arrivées à Versailles en novembre 2011 et ont été anoxiées car l'on soupçonnait une infestation. Un dossier d'imagerie scientifique a ensuite été réalisé afin que toutes les informations nécessaires à la restauration soient rassemblées. Le suivi scientifique et technique des interventions a été mené par le département Restauration en collaboration avec le musée et les restaurateurs spécialisés dans chaque domaine. Le département Conservation préventive a apporté son expertise pour la réalisation de la vitrine d'exposition.

La momie

Objectifs et méthodes

En l'absence d'informations sur le contexte de découverte de cette momie et sur les conditions exactes de son entrée dans les collections du musée, l'étude s'est attachée à dater le corps et les éléments de sa sépulture, à tenter d'en préciser la provenance et, d'une manière générale, à approfondir la connaissance de son histoire dans les collections. D'autre part, dans une démarche d'identification de l'individu momifié, la détermination du sexe, de l'âge au moment du décès, de l'état de santé, des causes de la mort, ainsi que la méthode d'embaumement suivie, ont été recherchées.

Bien que la momie ait déjà fait l'objet d'examens en 1996, les conclusions parfois hâtives de cette étude méritaient d'être révisées et complétées. L'investigation a suivi un protocole organisé selon quatre axes, privilégiant d'abord les méthodes d'analyse non destructives : l'étude exhaustive de la documentation conservée par le musée ; la couverture photographique, les mesures et les observations à l'œil nu et sous loupe binoculaire ; l'imagerie médicale ; enfin, l'analyse d'échantillons obtenus par micro-prélèvements.

Le C2RMF est intervenu au cours de cette étude par le biais de son département Recherche[4], mais aussi de collaborateurs extérieurs[5], et a assuré la coordination de tous les partenaires scientifiques.

Ces campagnes d'examens et d'analyses étaient essentielles pour documenter la momie et aider, quand cela était possible, aux choix des interventions. Ainsi, des micro-prélèvements ont été réalisés afin d'identifier les matériaux présents et déterminer si certains correspondaient à des matériaux d'embaumement, à des restes humains ou à des sédiments.

En outre, le Dr Mérigeaud, radiologue, a été sollicité pour commenter les scanners anciens fournis par le musée et les nouvelles radiographies réalisées par le C2RMF. Il a ainsi pu mettre en évidence les caractéristiques physiques de l'individu, mais également les pathologies et les traces liées à l'embaumement.

Enfin, la découverte de nombreux insectes emprisonnés dans les bandelettes a conduit à se rapprocher d'un archéo-entomologiste, qui a pu rattacher ces insectes à différents moments des opérations d'embaumement[6].

La connaissance du défunt

La datation radiocarbone réalisée à partir de deux échantillons, l'un de textile issu d'une bandelette, l'autre de bois prélevé sur le cercueil, a indiqué une date calibrée comprise entre 810 et 750 av. J.-C.[7] (XXIIe dynastie). Ce résultat, cohérent avec les caractéristiques stylistiques du cartonnage, a confirmé par ailleurs que ce cercueil appartient bien à cette momie. En revanche, aucune découverte au cours de l'étude n'a permis d'établir avec certitude l'origine géographique de l'ensemble[8].

L'individu momifié est un adulte de sexe féminin. Son nom, absent des inscriptions figurant sur le cartonnage, n'est pas connu. Les causes de son décès n'ont pas pu être identifiées, aucune pathologie osseuse ou fracture *ante mortem* n'ont été constatées. Le sujet avait toutes ses dents au moment de son décès, y compris les dents de sagesse. Quelques caries et signes d'infection ont été relevés, mais aucun signe de parodontose ni de déchaussement. La défunte souffrait par contre d'une sévère ectoparasitose[9] : un très grand nombre de lentes et de poux ont en effet été retrouvés dans ses cheveux.

La préparation du corps

En dépit des altérations, les principales étapes de la préparation du corps en vue de sa momification ont pu être retracées grâce aux analyses et aux observations. Les procédés identifiés sont caractéristiques des techniques originales qui ont été développées au cours des XXIe et XXIIe dynasties (1069/945 av. J.-C. et 945/715-713 av. J.-C.), puis abandonnées.

Lors de sa préparation, le corps a été éviscéré ; aucun organe n'est identifiable dans la cavité thoraco-abdominale, qui apparaît comblée par un matériau dense et granuleux. Dans la boîte crânienne, le scanner permet d'observer une première couche d'un matériau peu dense et homogène, peut-être des restes cérébraux, et une deuxième couche du même matériau granuleux observé dans la cavité thoraco-abdominale. Il est possible qu'une excérébration ait été pratiquée, non par les fosses nasales car l'os ethmoïde est intact, mais par le *foramen magnum*[10]. Le corps a ensuite fait l'objet d'une dessiccation dans un mélange de sels de sodium, probablement du natron[11].

Les analyses minérales ont révélé que le matériau remplissant la cavité thoraco-abdominale correspondait en majeure partie à de la terre. Des fibres textiles et des sels de sodium ont également été identifiés en moindres proportions, sans qu'il soit possible d'affirmer s'ils ont été ajoutés au même moment que la terre. La terre, de même que le sable, la sciure de bois, le lin, ou la résine, était utilisée pendant les XXIe et XXIIe dynasties comme matériau de rembourrage, dans le but de rendre au corps son volume et ses contours arrondis, perdus à la suite de la dessiccation[12]. Ces matériaux, employés pour combler les cavités éviscérées, étaient parfois également introduits sous la peau après incision. Il est possible que la bouche de la défunte ait elle aussi été remplie de terre pour donner du volume aux joues. La présence de terre dans le crâne de la momie pourrait être la conséquence de la disparition des tissus mous et de la dislocation du squelette, la terre remplissant la bouche s'étant alors infiltrée dans la boîte crânienne par l'intermédiaire du *foramen magnum*.

Aucune preuve d'un traitement de la peau n'a pu être apportée, les analyses organiques effectuées à partir de deux prélèvements sur deux zones distinctes – jambe et abdomen – n'ayant pas mis en évidence la présence de résine. On ne peut cependant pas exclure la possibilité qu'une résine ait été appliquée sur la peau, car c'est généralement le cas à cette période. Enfin, un corps gras d'origine animale ou humaine a été identifié dans les deux prélèvements. Il se peut qu'il s'agisse d'un produit de dégradation du corps momifié.

Bandelettage

Le bandelettage d'origine a été presque entièrement détruit lors du « débandelettage » de 1996 et seules sept pièces de tissu sont encore visibles sur le corps. Les autres pièces, au nombre de vingt et une, avaient été roulées et partiellement numérotées selon leur ordre de retrait. À supposer que les bandelettes restées sur la momie puissent en recouvrir d'autres, non visibles, nous pouvons estimer le nombre total de pièces textiles enveloppant initialement le corps à une trentaine.

Tous les textiles conservés sont des toiles de lin écru et la plupart des pièces nous semblent provenir du même tissage, déchiré dans le sens de la chaîne, de manière à créer des bandelettes d'une quinzaine de centimètres de large. Seule une pièce de tissu de réduction plus importante et ornée d'un liseré bleu, enveloppant le crâne, se distingue clairement de l'ensemble (fig. 4). Sur certaines bandelettes, on observe

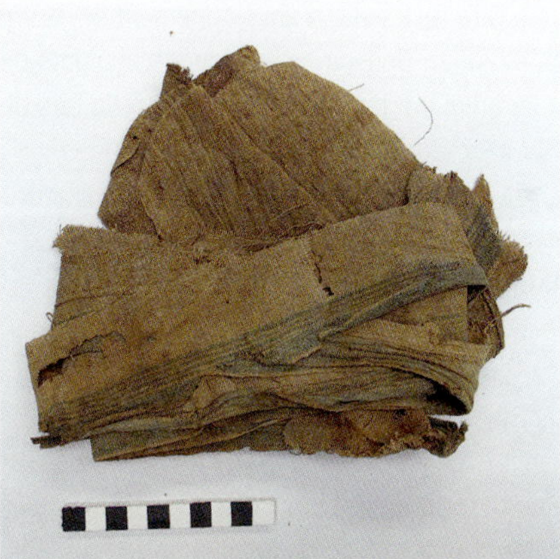

4

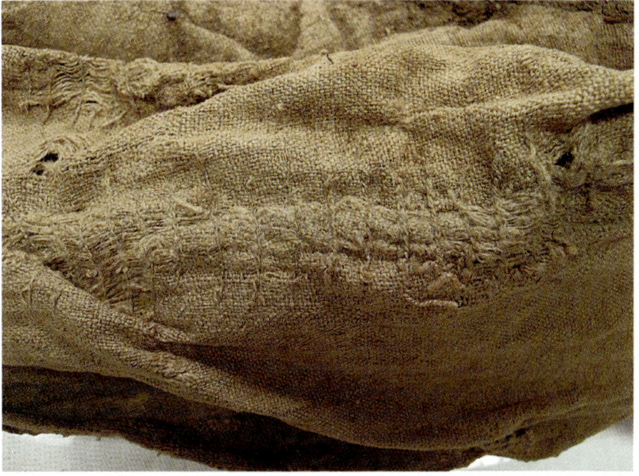

5

4. Fine bandelette ornée d'un liseré bleu enveloppant initialement la tête de la défunte (avant intervention). Moulins-sur-Allier. Musée départemental Anne-de-Beaujeu.

5. Reprises observées sur la pièce textile qui enveloppe le corps dans son entier. Moulins-sur-Allier. Musée départemental Anne-de-Beaujeu.

une lisière parallèle à la trame, ce qui indique une technique particulière de tissage permettant de finir un tissu par quatre lisières. En outre, l'observation révèle des indices de réemploi (fig. 5). D'une part, certaines bordures sont dotées de coutures de finition, ourlets ou points de surjet. D'autre part, des zones d'usure, où la trame est altérée ou lacunaire, ont été renforcées par des reprises prenant la forme de lignes parallèles réalisées au point de surjet, de manière à rassembler des fils de chaîne par faisceaux.

L'étude de la technique d'enveloppement de la momie se fonde principalement sur les photographies faites au moment du « débandelettage » en 1996 et sur les indications, malheureusement non-systématiques, laissées sur les papiers de soie qui avaient servi à emballer les bandelettes retirées. Les pièces textiles sont de trois types : des pièces couvrantes de format rectangulaire qui enveloppent, ou sont posées, sur le corps, les bandelettes proprement dites, d'une longueur de 150 à 550 cm, et les amas textiles destinés à rendre du volume au corps. La tête et les membres ont d'abord été enveloppés séparément, après que les orbites et les fosses nasales ont été bouchées avec des tampons de textiles, puis le corps a été recouvert de pièces de rembourrage et enveloppé d'un linceul, maintenu serré par une longue bandelette enroulée en 8 et formant un X sur le thorax. Suit à nouveau une série de bandelettes transversales, partant chaque fois du haut du corps pour aller vers les pieds, d'amas textiles et de pièces couvrantes, enfin maintenues par une bande longitudinale partant des pieds et attachée autour du cou de manière à former un Y sur la poitrine. Des bandelettes transversales achèvent l'enveloppement et des traces de ouate sont également présentes. Ce bandelettage est en grande partie conforme à la technique d'enveloppement qui a été décrite par Salima Ikram et Aidan Dodson[13]. Développée au cours de la XXIe dynastie[14], cette technique a progressivement disparu lors de la XXIIe dynastie.

Le traitement de conservation-restauration

État de conservation

Au moment de sa prise en charge, la momie était en très mauvais état de conservation au triple point de vue du squelette, des tissus mous et des textiles (fig. 6). La confrontation de la documentation de 1996 à celle réalisée en 2012 au C2RMF a permis d'observer l'évolution de l'état de conservation de la momie, et d'évaluer les dégradations liées au « débandelettage ».

Certaines altérations observées aujourd'hui sont déjà identifiables sur le scanner et les radiographies de 1996 : désagrégation des tissus mous, effondrement de la partie antérieure du thorax et de l'abdomen, dislocation des vertèbres cervicales, des clavicules et de la mandibule, séparation de la tête. Aucun organe n'est alors reconnaissable et certaines dents se trouvent en position intracrânienne. En outre, un certain nombre de « dégradations » semblent remonter à l'époque même de la momification ou être liées aux conditions de conservation de la momie dans sa tombe : désagrégation des tissus mous[15], usures, dépôts organiques et remontées salines sur les textiles, présence d'insectes nécrophages.

La plupart des dégradations visibles aujourd'hui sont cependant dues au « débandelettage » et aux manipulations et conditions de

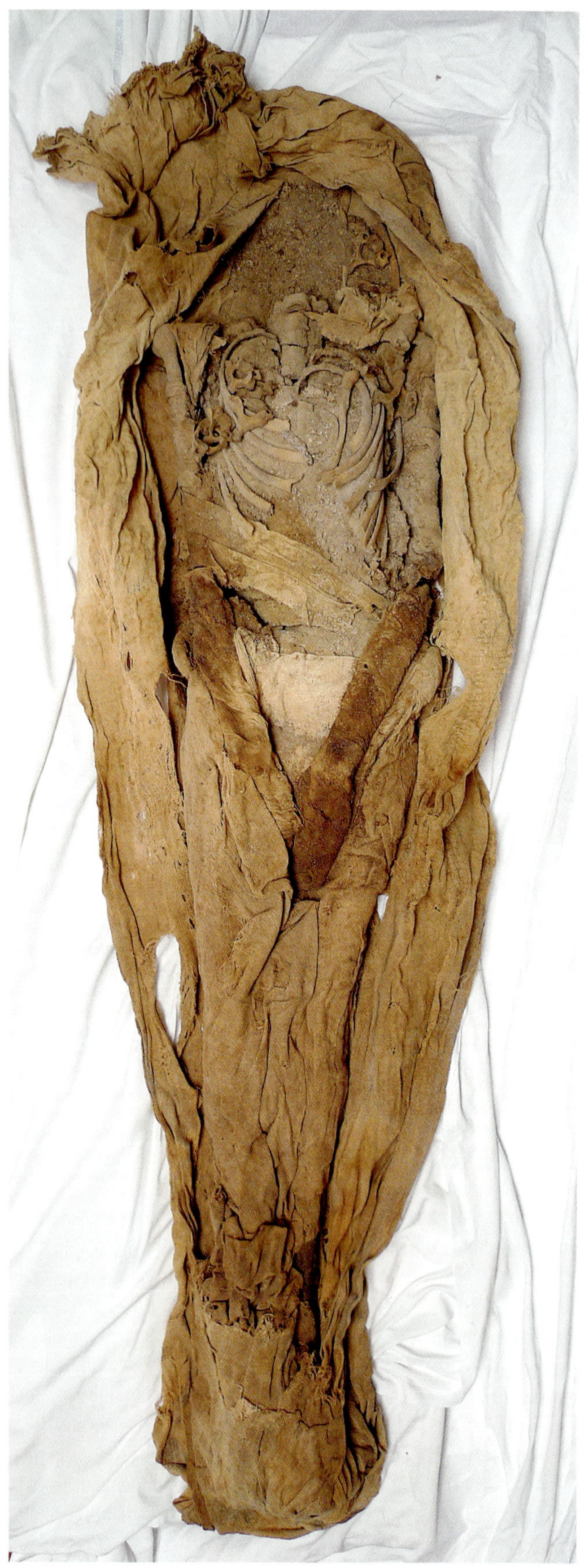

6. Momie avant intervention. Moulins-sur-Allier. Musée départemental Anne-de-Beaujeu. Inv. 4.2.2.

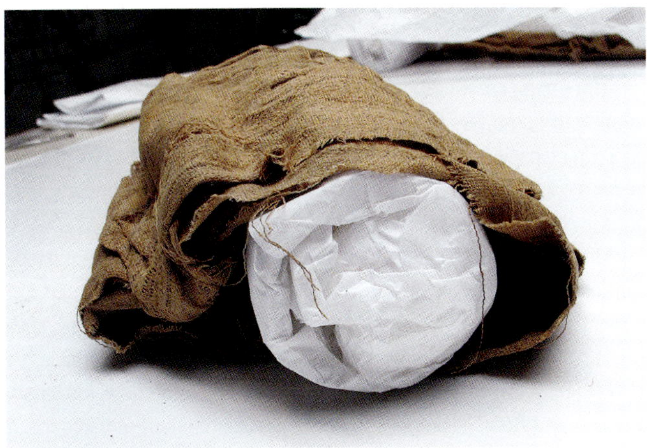

7. Conditionnement réalisé lors du « débandelettage » de la momie, à l'origine de déformations sur les bandelettes. Moulins-sur-Allier. Musée départemental Anne-de-Beaujeu.

8. Bandelette en cours de remise en forme, maintenue étendue par un ruban de poids gainés. Moulins-sur-Allier. Musée départemental Anne-de-Beaujeu.

conservation qui ont suivi. En premier lieu, l'intégrité de la momie a été détruite de manière irréversible : le retrait des bandelettes est à l'origine de la dispersion des éléments se rapportant à la momie, le cercueil, le cartonnage, une grande partie des textiles ; le corps et le crâne ont été dissociés et conservés séparément, rompant l'unité physique et conceptuelle du « cocon » originel.

Sur le plan matériel, la destruction du maintien qu'offraient les bandelettes a eu pour conséquence la dislocation du squelette en plusieurs endroits. Le crâne et la mandibule sont séparés du corps, et la plupart des restes de cuir chevelu et de terre qui y étaient associés sont conservés à part. La masse de poudre assez compacte formée du mélange de terre, de sels de sodium et des restes de tissus mous dégradés présente une fissure importante à hauteur de la taille, et la poudre ainsi libérée se répand autour du corps et sur les textiles.

Le retrait des bandelettes a eu des conséquences néfastes également sur ces derniers, rendus plus vulnérables. Des découpures récentes dans certaines bandelettes témoignent de l'emploi de ciseaux lors de l'intervention, et les conditionnements réalisés à son issue – les bandelettes ont été roulées lâchement sur des rouleaux en carton acide – ont causé d'importantes déformations (fig. 7).

Le cadre déontologique de l'intervention

L'intérêt scientifique d'une momie et l'importance accordée aux examens et analyses de laboratoire pour l'étude des restes humains impliquent, lors d'un traitement de conservation-restauration, de respecter leur potentiel informatif et par conséquent de limiter au maximum les contaminations ainsi que les interventions invasives, tant sur le corps que sur les éléments qui lui sont associés. La restauration de la momie du musée Anne-de-Beaujeu a donc été envisagée essentiellement comme une intervention de stabilisation et de conservation, sans aucune opération de « rebandelettage » ou de remise en place des textiles retirés en 1996. Dans cette perspective, trois objectifs principaux ont été définis : améliorer les conditions de conservation de la momie et de ses textiles, réunir toutes les parties du corps en replaçant la tête, élément particulièrement important symboliquement, et permettre la mise en place de la momie dans son cercueil. L'intervention a été réalisée avec un minimum de manipulations de manière à garantir la conservation d'un maximum d'informations scientifiques, conserver les traces de l'histoire de la momie et éviter d'imposer à la dépouille, déjà malmenée par le passé, une nouvelle série de modifications directes.

Le traitement des textiles

La première intervention réalisée sur les textiles a été de rassembler la poudre provenant du corps et qui s'était répandue, dans l'objectif de faciliter la manipulation et le conditionnement mais aussi d'éviter de perdre la matière, constitutive de la momie. Un dépoussiérage a donc été réalisé sur les parties extérieures du linceul resté sur la momie et sur les textiles dissociés. La poudre ainsi aspirée a été conservée à part, conditionnée et étiquetée.

Une remise en forme des plis liés au conditionnement des textiles après le « débandelettage » a ensuite été réalisée en procédant à une humidification légère et localisée à travers une membrane de Sympatex®[16] et un séchage soit sous poids souples, soit sous papier buvard et plaques de verre (fig. 8). Ayant nous-même redéployé les bandelettes, il nous était possible de distinguer les plis de conditionnement des plis liés à la momification – empreinte du crâne, zones de tensions – et de veiller à conserver ces derniers.

Toutes les pièces textiles retirées de la momie et conservées à part ont fait l'objet d'un reconditionnement, dans la mesure où le « rebandelettage » était exclu et le volume des textiles déployés trop important pour qu'ils soient placés dans le cercueil aux côtés du corps. Les textiles ont été reconditionnés de deux manières selon leur format. Les bandelettes, parfois longues de plus de cinq mètres, ont été roulées sur des pavés en ouate de polyester couverts de Tyvek®[17], assez fermes pour éviter les écrasements mais assez souples pour imprimer le minimum de déformations sur les textiles. Contrairement au conditionnement précédent, les textiles ont été roulés assez fermement et maintenus pour éviter les affaissements. Une interface de Bondina®[18] empêche l'abrasion, et des tampons locaux en mousse ont été insérés dans les déformations des textiles jugées significatives du bandelettage. Les textiles de plus petite taille ont été conditionnés à plat dans des chemises de Tyvek® sur des supports de préhension en Melinex®[19].

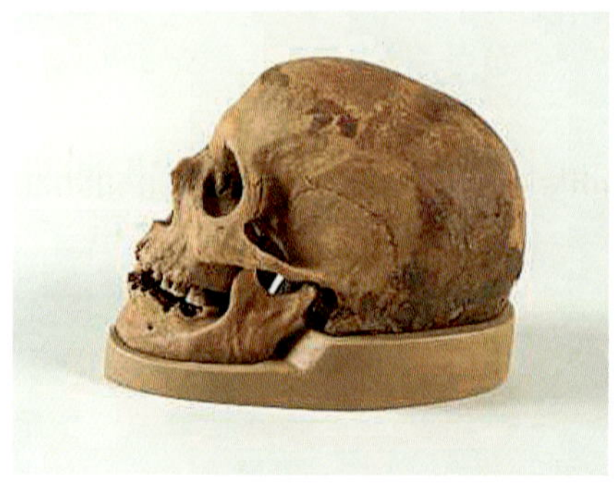

9. Crâne et mandibule de la momie remis en connexion grâce à un support spécifique. Moulins-sur-Allier. Musée départemental Anne-de-Beaujeu.

Le traitement du corps

La momie, extrêmement fragilisée par le retrait des bandelettes et dépouillée de sa tête, était conservée dans une caisse en contreplaqué, sans support indépendant. Elle posait d'emblée un problème de manipulation dans la mesure où elle ne pouvait être sortie de la caisse et déplacée sans risquer d'aggraver la dislocation du squelette, le déchirement des textiles et la dispersion de la poudre répandue dans le linceul, les risques étant en outre accentués du fait du poids important de la momie. Un support indépendant et ajusté à la cuve du cercueil dans laquelle la momie allait être conservée a donc été conçu. Il consiste en un plateau d'aluminium alvéolé à la fois léger, fin et rigide, qui a été matelassé puis couvert d'une toile de lin teinte, et muni de poignées sécurisant son introduction dans la cuve très étroite.

Le crâne et la mandibule, prélevés pour étude en 1996, n'avaient pas été replacés et étaient stockés à part dans une boîte en carton avec une série de prélèvements. Leur remise en place a été envisagée dans une double perspective de conservation et de respect de l'intégrité du corps. Un support spécifique a été prévu pour permettre la remise en connexion du crâne et de la mandibule, sans intervention directe sur l'os ou les dents, et assurer un maintien stable dans le linceul (fig. 9).

Le choix de présentation

Parallèlement à la restauration et à l'étude de ces ensembles, différentes hypothèses de présentation ont été envisagées par l'équipe scientifique en lien avec le scénographe en charge du réaménagement du musée, Jean-Michel Fiori. Le musée a également investi dans un système de relevé du climat afin de dresser une carte climatique du bâtiment.

Très rapidement, l'équipe s'est orientée vers la conception d'une vitrine étanche et dotée d'un système de régulation de l'hygrométrie et d'une climatisation. Au vu des relevés de température de la salle, qui présentaient de grandes variations, il s'est très vite avéré que l'installation d'une climatisation dans les vitrines risquait de créer de la condensation. Le choix a donc été fait de renoncer à la climatisation mais de travailler sur l'hygrométrie et sur l'étanchéité des vitrines. Le C2RMF a apporté son expertise en la personne d'Isabelle Colson, qui a accompagné le projet de conception de vitrine. La vitrine devait se composer de deux cloches capables d'accueillir les deux ensembles de cercueil, cartonnage et momie présentés à plat, mais être aussi dotée d'un espace de réserve afin de pouvoir conserver dans une atmosphère contrôlée d'autres restes humains et animaux de la collection.

Le statut particulier des restes humains présents dans les collections de musées et la déontologie qui doit présider à leur présentation ont en effet été au cœur des choix muséographiques. Afin de respecter les défunts et de ne pas choquer le public, l'équipe scientifique a fait le choix de ne pas présenter les corps démembrés – une tête et un pied de momies – mais de leur offrir des conditions de conservation satisfaisantes dans le compartiment réserve de la vitrine.

Dans un même souci de respect des corps et afin de ménager la sensibilité du public, l'équipe scientifique souhaitait pouvoir repositionner la momie, ses bandelettes et son cartonnage au sein de son cercueil, sans que le corps ne soit visible. Mais le volume représenté par les bandelettes et la fragilité du cartonnage, qui s'était déformé du fait de sa découpe, ne l'ont pas permis. Il a donc été décidé de positionner le corps dans la cuve du cercueil avec le couvercle légèrement entrouvert et de présenter son cartonnage à proximité sur un support conçu spécialement (fig. 10 et 11). Les bandelettes reconditionnées sont désormais conservées dans le compartiment réserve, situé au revers de la vitrine, qui bénéficie du même climat que les deux cloches de présentation (fig. 12).

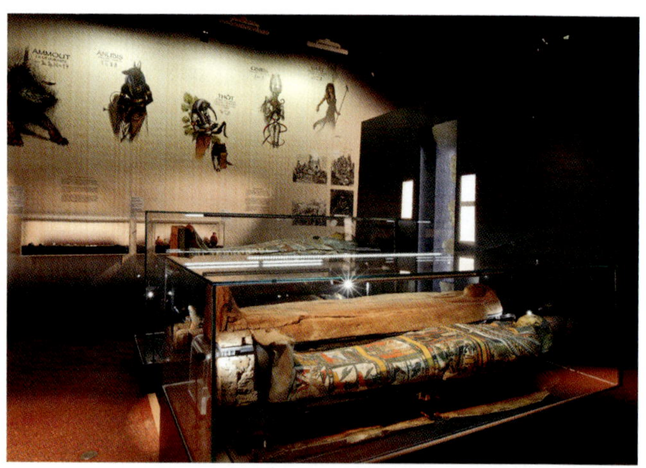

10. La momie, son cercueil et son cartonnage dans la vitrine. Moulins-sur-Allier. Musée départemental Anne-de-Beaujeu.

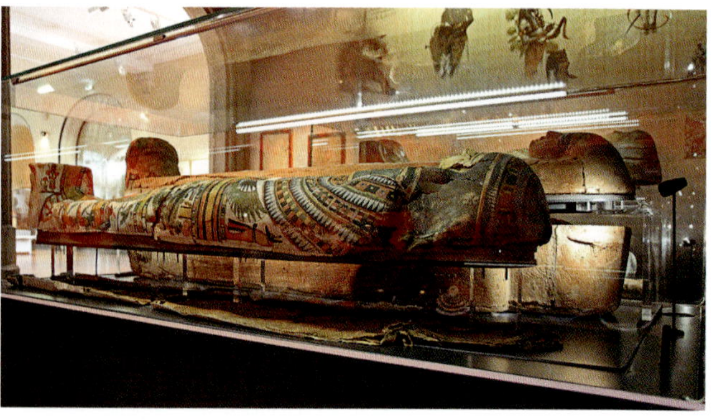

11. Détail du soclage du cartonnage et du cercueil. Moulins-sur-Allier. Musée départemental Anne-de-Beaujeu.

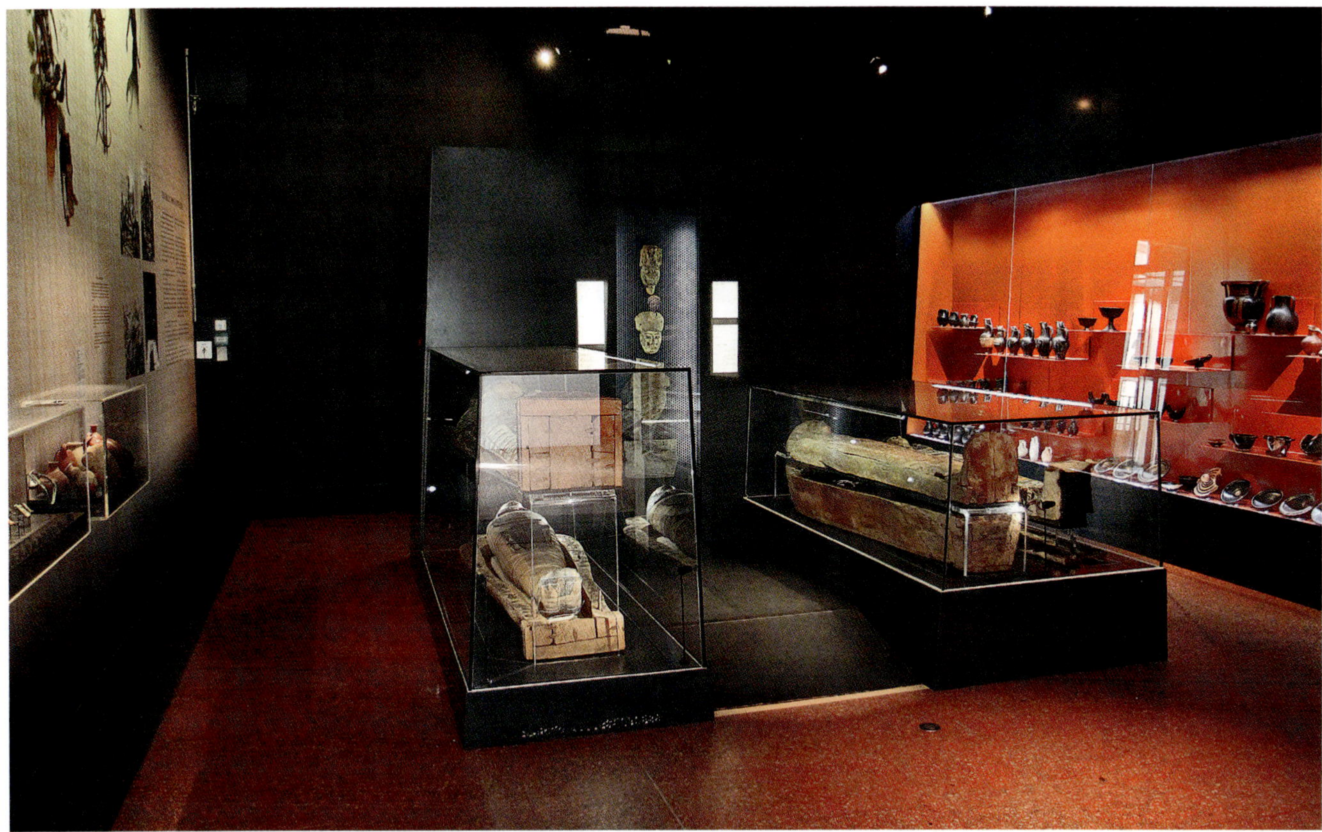

12. Vue de la vitrine achevée dans la salle d'exposition permanente du musée.

Opération irréversible et source d'altérations multiples, le « débandelettage » de la momie en 1996 n'a pourtant pas donné lieu à l'étude exhaustive qui aurait dû l'accompagner. Le projet de conservation et de valorisation de cet ensemble morcelé a néanmoins permis de commencer à en exploiter le potentiel, dans la limite des moyens disponibles, et d'apporter des éléments supplémentaires à l'étude des techniques complexes développées au cours des XXIe et XXIIe dynasties, dont peu de cas similaires sont documentés en France.

NOTES

1 La restauration de la momie et l'étude qui l'a accompagnée ont été réalisées par Pauline Carminati, Violaine Blaise et Thomas Bonneau.
2 J. Henon, M. Bèche-Wittmann, N. de Larquier (dir.), *Les collections égyptiennes du musée Anne-de-Beaujeu*, Moulins, 2015.
3 S. Pagès-Camagna, *Étude de la polychromie*, Rapport de laboratoire C2RMF, n° 25672, 13 février 2013.
4 Analyses organiques : Juliette Langlois ; analyses minérales : Yannick Vandenberghe ; C14 : Pascale Richardin et Nathalie Gandolfo ; radiographies : Gérard de Puniet de Parry.
5 Outre les partenaires cités dans la suite de l'article, sont intervenus le Laboratoire d'Hygiène de la Ville de Paris pour une recherche de COV (composés organiques volatils) et le laboratoire Xylodata (Dr Victoria Asensi Amoros) pour les analyses micrographiques d'identification du bois (cercueil).
6 Étude menée par Jean-Bernard Huchet, MNHN, PACEA Bordeaux (De la Préhistoire à l'Actuel, Culture, Environnement, Anthropologie). J.-B. Huchet, « Des momies, des insectes... L'apport de l'entomologie à l'étude des pratiques funéraires dans l'Égypte ancienne », dans I. Catron *et al.* (éd.), *De corps en corps. Traitement et devenir du cadavre*, Bordeaux, 2010, p. 33-55.
7 Date non calibrée : 2575 ± 30 ans BP.
8 Une provenance d'Akhmim a été proposée pour le cartonnage par le Dr Jonathan P. Elias, directeur du *Akhmim Mummy Studies Consortium*, à Carlisle (communication personnelle).
9 Ectoparasitose : affection cutanée due à un parasite.
10 *Foramen magnum*, ou trou occipital : trou naturel du crâne perçant l'os occipital.
11 Seuls du chlorure et du sulfate de sodium ont pu être identifiés ici. Pour rappel, le natron est composé en majeure partie de carbonate de sodium et de bicarbonate de sodium, avec parfois du sulfate de sodium et du chlorure de sodium en proportions variables. G. Abdel-Maksoud, A.-R. El-Amin, « A review on the materials used during the mummification processes in ancient Egypt », *Mediterranean Archaeology and Archaeometry*, vol. 11, n° 2, 2011, p. 129-150.
12 A. Aufderheide, *The Scientific Study of Mummies*, Cambridge, 2003, p. 242-244.
13 S. Ikram, A. Dodson, *The Mummy in Ancient Egypt, Equipping the Dead for Eternity*, London, 1998, p. 160-162.
14 D. P. Dawson, S. Giles, M. W. Ponsford, *Horemkenesi. May He Live Forever. The Bristol Mummy Project*, Bristol, 2002.
15 La dégradation des tissus mous pourrait être due à la manière dont la momification a été exécutée, aux techniques ou aux produits employés lors du traitement du corps, ou aux conditions de conservation postérieures à la momification. Une durée insuffisante de dessiccation dans le natron, une quantité insuffisante de natron utilisée par rapport au volume du corps, ou un renouvellement insuffisant du natron au cours de la dessiccation, sont des facteurs de mauvaise conservation des tissus mous. La présence de chlorure de sodium et de sulfate de sodium diminuerait la qualité de la dessiccation. Les conditions environnementales dans lesquelles a été conservé le corps en Égypte peuvent aussi avoir joué un rôle dans cette désagrégation (forte humidité relative, cycles d'humidification et de dessiccation, température élevée).
16 Sympatex® : tissu dont une face est constituée de polytétrafluoroéthylène, l'autre d'un feutre synthétique, et qui possède la double propriété d'être imperméable aux liquides tout en restant perméable aux gaz.
17 Tyvek® : intissé de fibres de polyéthylène haute densité.
18 Bondina® : intissé de polyester.
19 Melinex® : film polyester (polyéthylène téréphtalate).

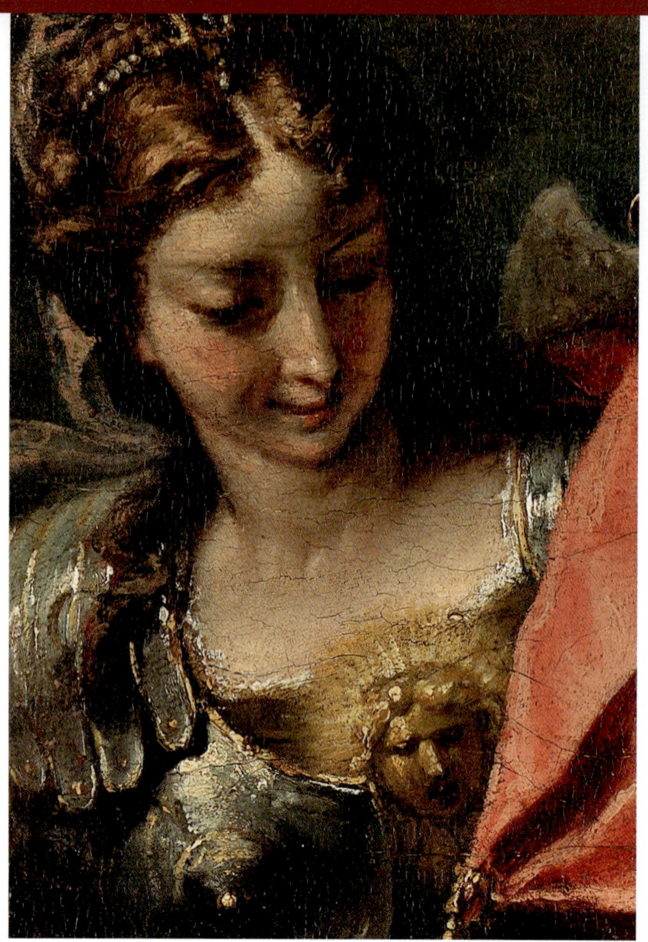

La France terrassant l'Ignorance et protégeant les Arts ? À propos du morceau de réception de Sebastiano Ricci à l'Académie royale de peinture et de sculpture (1718)

par Bruno Mottin

Le 28 mai 1718, le peintre vénitien Sebastiano Ricci (1659-1734) était reçu comme membre à part entière par l'Académie royale de peinture et de sculpture de Paris, sur présentation d'un tableau allégorique aujourd'hui conservé au musée du Louvre. Cet article propose une lecture sémantique renouvelée et approfondie du tableau, s'appuyant notamment sur l'étude matérielle de son processus d'exécution.

Les équipes du laboratoire du Centre de recherche et de restauration des Musées de France (C2RMF) procèdent depuis quelques années à l'examen d'une sélection de peintures italiennes du XVIIIe siècle conservées au musée du Louvre, afin d'enrichir d'observations techniques leur catalogue raisonné préparé par Stéphane Loire, conservateur en chef au département des Peintures. Les examens de laboratoire passent par la réalisation d'un dossier d'imagerie scientifique sous différentes lumières – éclairage rasant, fluorescence d'ultraviolets, photographie infrarouge, réflectographie infrarouge, radiographie – qui permet de mieux connaître les matériaux constitutifs et les méthodes d'exécution des œuvres. Ils donnent lieu à un rapport qui enrichit bien souvent de façon appréciable la connaissance des œuvres et qui peut même, dans certains cas, modifier fortement la compréhension de leur genèse et de leur contexte : l'examen du morceau de réception (fig. 1) offert par Sebastiano Ricci à l'Académie royale de peinture et de sculpture (1718) en constitue un exemple singulier.

1. Sebastiano Ricci. *La France terrassant l'Ignorance et protégeant les Arts* (titre proposé par l'auteur). 1717. Peinture sur toile. H. 1,123 ; L. 0,837. Paris. Musée du Louvre. Département des Peintures. INV. 562.

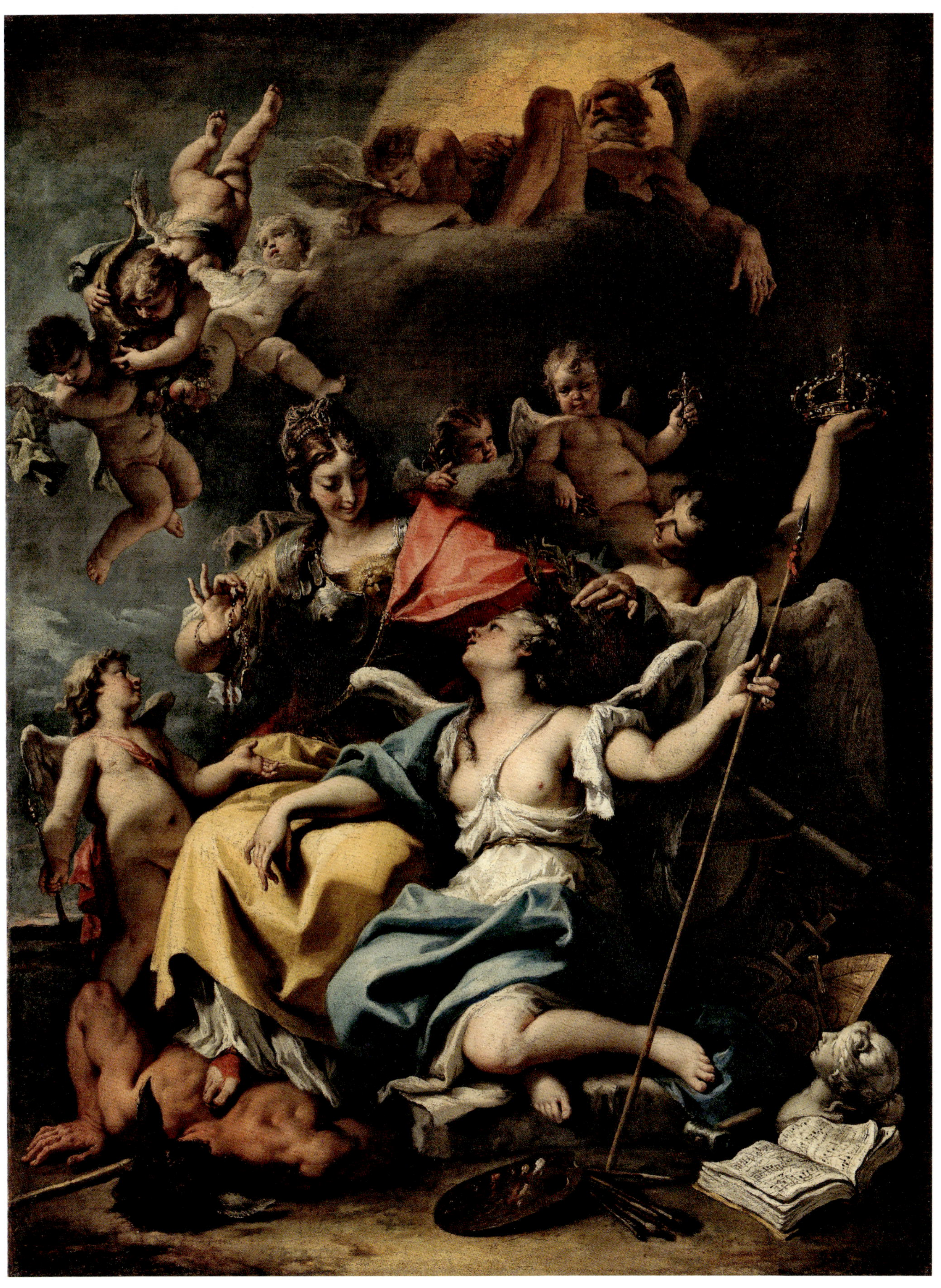

Itinéraires d'un artiste vénitien

Sebastiano Ricci (Belluno 1659-Venise 1734) est considéré comme l'un des artistes les plus importants du XVIIIe siècle vénitien[1]. C'est l'un des inventeurs de la peinture rococo, claire et gaie, aux formes déliées, que plusieurs autres Vénitiens vont adopter, tels Gian Antonio Pellegrini (1675-1741), de 16 ans son cadet, ou Giambattista Tiepolo (1696-1770), de 37 ans plus jeune. Baptisé le 1er août 1659 à Belluno, Ricci débute son apprentissage à 14 ans, à Venise, auprès des peintres Federico Cervelli (1625-avant 1700) et Sebastiano Mazzoni (vers 1611-1678). Il choisit de s'installer à Bologne où il est remarqué par le duc Ranuccio Farnese qui devient son protecteur et le fait travailler à Parme et à Plaisance – *Histoire de Paul III Farnese*, 1687-1688, Plaisance, Museo civico. Il quitte cependant Bologne, abandonnant femme et enfant, pour s'installer à Turin avec l'épouse d'un autre peintre : c'est le début d'une vie itinérante qui le mène dans les plus grandes cours d'Europe, Rome, Milan, Modène, Padoue, Vienne – plafond du salon bleu du palais de Schönbrunn –, Florence – salons du palais Marucelli-Fenzi et du palais Pitti –, puis Venise. Entre 1711 et 1715, il est à Londres avec son neveu Marco Ricci (1676-1730), où il travaille notamment pour Juliana, veuve du deuxième comte de Burlington, et pour son fils, Richard Boyle, le futur Lord Burlington. En 1715, il quitte Londres pour Paris où il rencontre le banquier Antoine Crozat et les grands peintres de son temps comme Charles de La Fosse (1636-1716), Jean Jouvenet (1644-1717) et Antoine Watteau (1684-1721)[2]. Il ne reste guère dans cette ville car il est à Milan en septembre 1715, et à Venise en mai 1716, où il achète une demeure dans les *Procuratie Vecchie*[3]. Dès lors, il ne se déplace plus mais répond à des commandes variées émanant de la Sérénissime, de la cour de Savoie, du consul Smith ou de l'Autriche. Il meurt à Venise le 15 mai 1734.

La candidature de Ricci à l'Académie royale de peinture et de sculpture

Le séjour de Sebastiano Ricci à Paris n'est donc qu'une brève étape au cours d'un grand voyage. L'artiste y rencontre toutefois des personnalités influentes qui le poussent à solliciter son agrément auprès de l'Académie royale de peinture et de sculpture. La demande est singulière, car il est rare qu'un artiste étranger fasse cette démarche alors qu'il n'envisage pas de s'installer en France. Peut-être a-t-il souhaité s'ouvrir des possibilités de carrière en honorant cette institution. Son initiative est nouvelle, mais sera reprise par d'autres peintres italiens dont certains ont une carrière itinérante, comme Rosalba Carriera (1675-1757) qui est reçue en 1720, Giovanni Antonio Pellegrini en 1733 et Francesco Giuseppe Casanova (1727-1802) en 1763, ou qui parfois ne franchiront jamais les Alpes, comme Giovanni Paolo Pannini (1691-1765), reçu en 1732, et Giuseppe Baldrighi (1723-1803) en 1756[4].

La candidature de Ricci est examinée lors de l'assemblée de l'Académie du 20 mars 1717 : « Agrément de Mons. Sébastien Ricci. – Monsieur Sébastien Ricci, peintre illustre d'Italie, a écrit une lettre à Mess. de l'Académie, dattée de Venise, par laquelle il fait connoistre avec quelle ardeur il souhaitte être reçeu Académicien. La Compagnie connoissant son mérite et sa capacité, a accordé sa demande, et le Secrétaire est chargé de luy écrire sur ce sujet, et que sa lettre d'Académicien lui sera envoyée lorsqu'il aura envoyé un tableau pour sa réception, le reconnoissant pour un Peintre illustre d'Italie »[5]. Une lettre de remerciements du peintre parvient à l'Académie dès le 5 juin 1717. Ricci annonce avoir commencé le tableau qu'il compte offrir comme morceau de réception, dont il indique le sujet : *La Science qui foule aux pieds l'Ignorance*[6]. L'artiste est officiellement déclaré membre de l'Académie le 28 mai 1718, après l'arrivée de son tableau : « Reception de Ricci. – Le Sr Sébastien Ricci, peintre illustre d'Italie, qui a été agréé le 20 mars 1717, a envoyé un tableau qu'il a fait à Venize représentant une allégorie. L'Académie, en confirmant l'Agrément qu'elle luy a donné a sa présentation, l'a reçeu Académicien, afin de jouir des honneurs attachés à cette qualité, et a ordonné que ses Lettres d'expéditions luy seroient envoyées gratis, attendu son mérite »[7].

L'œuvre est exposée avec les autres morceaux de réception dans les salles de l'Académie royale, au premier étage du palais du Louvre. Elle est inventoriée sous le titre donné par l'artiste, *La Science foulant aux pieds l'Ignorance*[8], titre qu'elle conserve dans l'inventaire de l'an II[9], puis à son entrée en 1798 au Museum Central des Arts, futur musée du Louvre[10]. Elle semble avoir été présentée sans interruption dans les salles du Louvre depuis son entrée dans les collections. Peinte sur une toile d'armure sergée[11], son format est assez modeste par rapport aux autres morceaux de réception relevant de la « peinture d'histoire » : ses dimensions de 112,3 cm de haut par 83,7 cm de large correspondent plutôt à un format de portrait. La scène allégorique est à plusieurs personnages. Une femme ailée, poitrine nue, est assise au premier plan ; ses ailes la désignent comme une Vertu, selon les ouvrages iconologiques du temps[12]. Elle tient une lance de la main gauche et pose son bras droit sur les jambes d'une jeune femme se tenant derrière elle. Des attributs dispersés à ses pieds se rapportent aux Arts : une palette et des pinceaux, une partition musicale, un buste et un maillet, un livre, un sextant, un globe et probablement une longue-vue. La jeune femme qui se tient derrière la Vertu est une représentation de Minerve. Elle est ceinte d'un diadème, drapée d'un manteau rouge et porte une cuirasse timbrée d'une tête radiée. Elle s'apprête à couronner de lauriers la Vertu ailée et à lui offrir un collier. Son corps est étrangement peint et l'on peine à expliquer pourquoi son buste est si long et comment elle est assise. Elle foule aux pieds un homme demi-nu tombé à terre, que ses oreilles d'âne désignent comme une allégorie de l'Ignorance. À gauche, un enfant ailé tient un sceptre fleurdelisé et montre de la main la Vertu assise. À droite, deux enfants et un jeune homme ailés tiennent deux fleurs de lis et une couronne. Plus haut, Saturne est assis sur un nuage, près d'un jeune homme ailé, tandis que trois enfants déversent des fruits d'une corne d'abondance. La composition est savante, clairement structurée par la répartition des lumières.

Une interprétation controversée

Si l'identification des personnages dépeints peut sembler simple, l'interprétation d'ensemble de l'allégorie a pourtant vite troublé les commentateurs : où se trouve la Science signalée par Sebastiano Ricci dans sa lettre du 5 juin 1717 et pourquoi le peintre n'a-t-il pas indiqué la

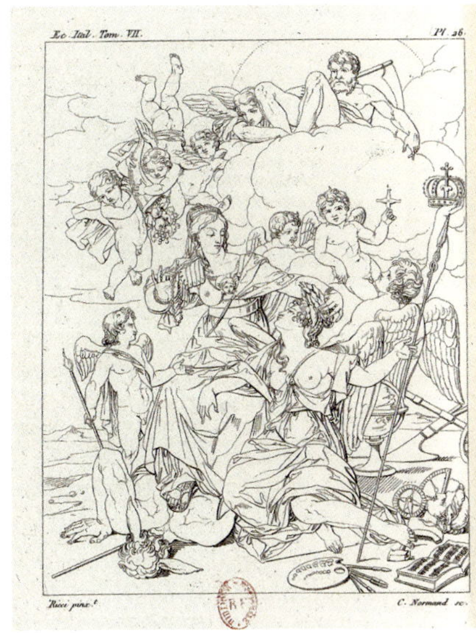

2. Charles Normand, d'après Sebastiano Ricci. *La France sous les traits de Minerve foule aux pieds l'Ignorance et couronne la Vertu guerrière.* Charles-Paul Landon, *Annales du Musée et de l'École moderne des Beaux-Arts* (1832), planche 26.

présence de Minerve ? Dès 1762, Antoine-Joseph Dezallier d'Argenville préfère décrire l'œuvre comme « un sujet allégorique en l'honneur de la France », probablement en raison des fleurs de lis tenues par les jeunes gens[13]. C'est la première d'une série d'interprétations divergentes.

En 1832, Charles-Paul Landon, conservateur des peintures du musée du Louvre, décrit ainsi l'œuvre : « La composition en est compliquée, et néanmoins facile à saisir. La France est représentée sous un costume moitié civil et moitié militaire ; elle foule à ses pieds l'Ignorance, qui se débat en vain, et couronne la Vertu guerrière, assise auprès d'elle et appuyée sur une lance. Le Génie des beaux-arts, armé de son flambeau, contemple cette scène avec admiration. D'autres génies versent sur la France les trésors de l'abondance ; un d'eux semble fixer le Temps, qui laisse reposer sa faux ; quelques-uns portent les divers attributs de la France ; et l'on voit, dans le bas du tableau, plusieurs accessoires relatifs aux sciences et aux arts »[14].

L'auteur accompagne son commentaire d'une gravure de Charles Normand (fig. 2) où plusieurs détails du tableau sont mal reproduits : le génie de gauche porte un flambeau au lieu d'un sceptre, les enfants ailés brandissent des croix et non des fleurs de lis tandis qu'un araire occupe l'emplacement de la longue-vue. Le tableau est désormais inventorié sous un nouveau titre, *La France, sous les traits de Minerve (la Sagesse), foule aux pieds l'Ignorance et couronne la Vertu guerrière.* Ce titre est repris par Charles Blanc dans son *Histoire des peintres de toutes les écoles* (1868) et dans tous les catalogues du musée, depuis Both de Tauzia (1877) jusqu'aux catalogues sommaires de 1981 et de 2007[15].

Plusieurs auteurs ont pourtant proposé des titres différents. En 1913, Seymour de Ricci suggère que la jeune femme assise tenant une lance pourrait être la France, placée sous la protection de Minerve[16]. En 1911, Gino Fogolari interprète l'œuvre comme une allégorie de *Minerve écrasant le Vice et couronnant la Vertu* avant de l'intituler, en 1913, *L'Académie encourageant la Valeur et châtiant l'Ignorance*[17]. Les textes les plus récents reviennent souvent au titre donné par Ricci, mais en remplaçant le mot Science par Sagesse, Savoir ou Connaissance[18].

En 1990, Concetto Nicosia propose toutefois d'abandonner la recherche d'une allégorie de la Science et de reconnaître dans la scène la France, sous les traits de Minerve, protégeant l'Académie royale de peinture et de sculpture[19] : nous parviendrons à une conclusion proche, par un chemin plus long. Ces hésitations démontrent combien l'interprétation d'une peinture allégorique peut être complexe lorsque l'on n'en détient pas les clefs : pour Rosenthal, le sujet de cette œuvre « est typique du vocabulaire baroque, hyperbolique et interchangeable, dans lequel les artistes italiens se sont spécialisés »[20].

L'imagerie scientifique et le décodage de la composition

De premiers indices nous permettant de progresser dans l'interprétation de la scène sont fournis par l'examen de la radiographie (fig. 3). Le document montre en effet que Sebastiano Ricci a peint une première composition qui présentait plusieurs variantes par rapport à l'œuvre achevée. Cette composition est visible sur l'image radiographique car elle est exécutée avec une matière épaisse, chargée en blanc de plomb, alors que les changements ont été peints finement pour ne pas gêner le séchage des couches du dessous (fig. 4 a et b). Le buste de Saturne était davantage redressé ; sa main droite s'agrippait aux nuages, près du génie ailé. Minerve ne portait pas de couronne mais un casque surmonté d'un panache de plumes ; son manteau rouge revenait sur les deux épaules,

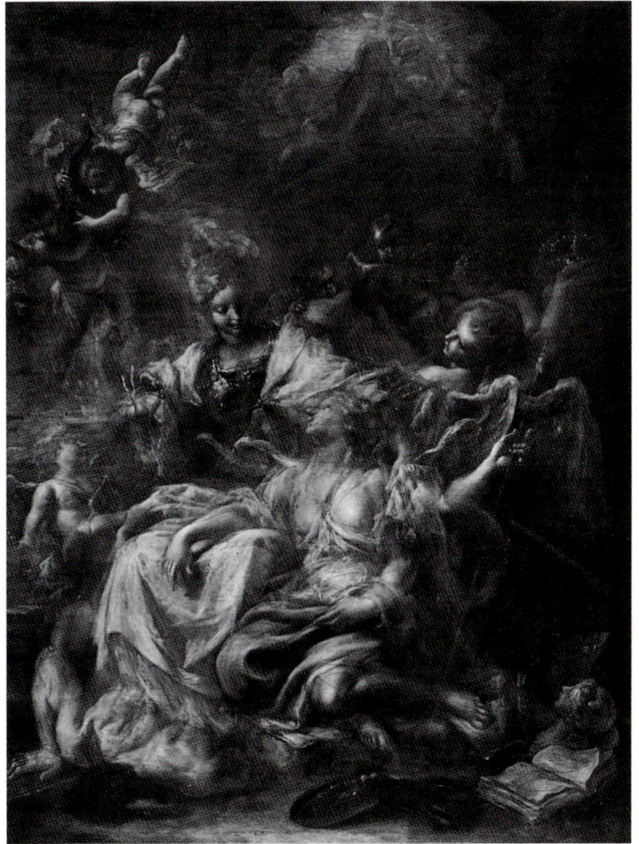

3. Radiographie de la fig. 1.

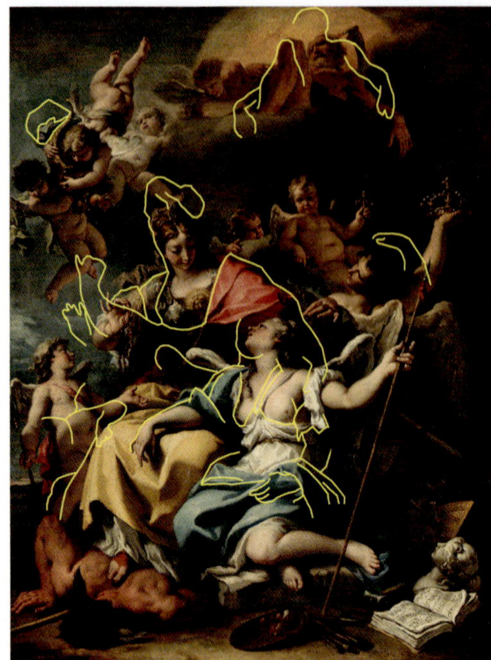

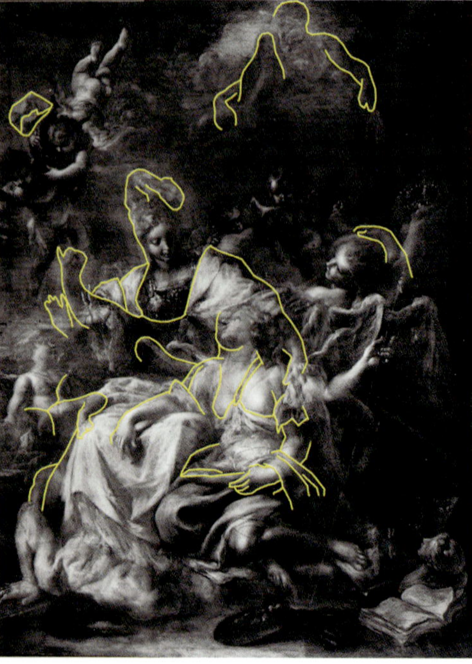

4 a et b. Mise en évidence de la première composition par surlignage, sur la photographie en lumière directe (a), et sur la radiographie (b).

les pans reliés par une cordelette. La main droite de la déesse a été déplacée à deux reprises tandis que sa main gauche ne couronnait pas la Vertu mais reposait sur l'épaule de celle-ci (fig. 5). Un contour sombre, de forme ovale, autour du visage de la Vertu, semble indiquer que celle-ci tournait la tête en direction du spectateur. Elle posait la main gauche sur son giron et ne tenait pas de lance ; sa chemise découvrait déjà la poitrine mais était retenue par une riche attache ; ses ailes étaient placées différemment. Sur la gauche, le génie tenant un sceptre se penchait vers l'Ignorance en se retenant du bras gauche au genou de Minerve. À droite, l'adolescent ailé ne tendait pas une couronne mais ramenait son bras vers l'avant, tandis que les deux enfants assis dans les nuées ne tenaient vraisemblablement pas de fleur de lis. L'exécution de la première composition était déjà fort avancée lorsqu'elle a été transformée, car elle reste visible en réflectographie infrarouge (fig. 6) : on observe notamment le premier bras gauche de la Vertu assise ainsi que le bras droit du génie à la couronne.

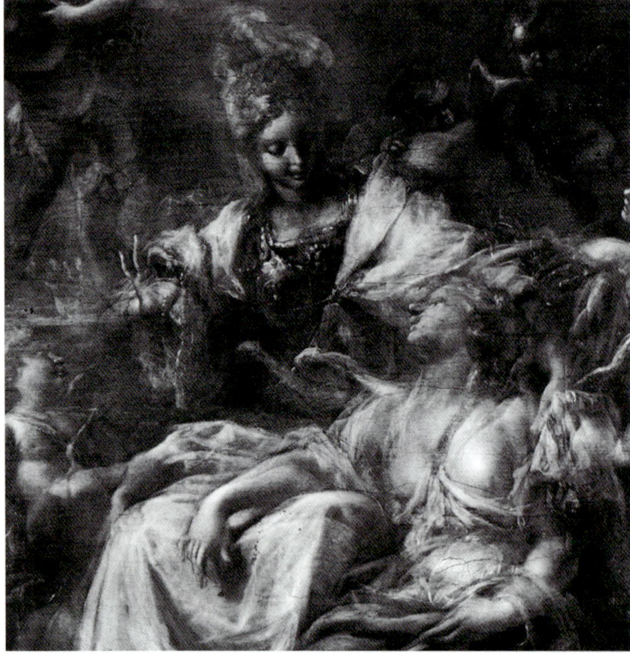

5. Radiographie, détail de la partie centrale.

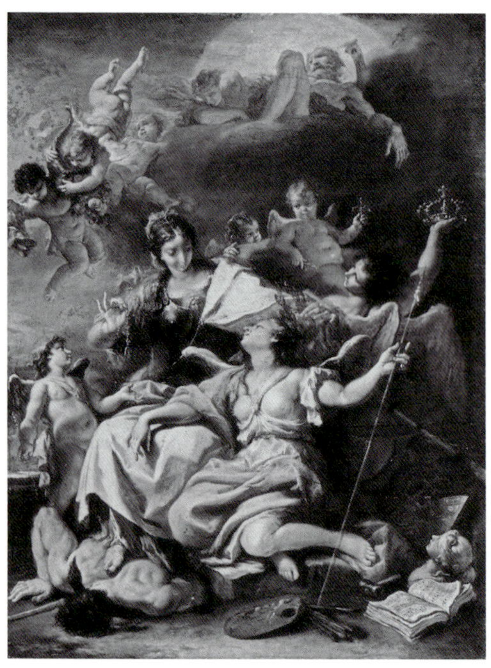

6. Réflectographie infrarouge de la fig. 1.

Deux œuvres en rapport avec le morceau de réception

La découverte de ces changements de composition permet de relier fermement le tableau du Louvre à deux œuvres dont le statut était jusqu'ici encore débattu. Un dessin, conservé à l'Accademia de Venise sous le titre de *Triomphe de la Science* (fig. 7) était généralement considéré comme une étude préparatoire au tableau du Louvre, mais aussi, par certains chercheurs, comme un dessin postérieur, préparatoire à une gravure[21]. Une comparaison avec la première version du tableau suffit à démontrer que ce dessin en constitue l'étude. Le casque empanaché et le manteau revenant sur les épaules de Minerve sont les mêmes, les gestes également. La Vertu, couronnée de lauriers, replie le bras droit sous le menton en un geste contemplatif tandis que son bras gauche repose sur son giron ; autour d'elle sont disposés un globe, une longue-vue, un livre et une palette, augmentés d'un instrument à cordes et d'une équerre. À gauche, un enfant s'agrippe à Minerve pour fouetter l'Ignorance, ce qui précise ce que l'on observe sur la radiographie du tableau. Les figures de l'arrière-plan sont moins nombreuses. La cuirasse de Minerve n'est pas timbrée d'une tête radiée mais d'une croix placée dans un cercle d'où jaillissent des rayons, détail iconographique sur lequel nous reviendrons.

Un tableau, de petites dimensions, conservé dans les collections du duc de Devonshire, à Chatsworth (fig. 8) était également mis en relation avec le tableau du Louvre. Les nombreuses variantes que l'on observe par rapport à la composition finale ont toutefois entraîné la mise en doute de son attribution à Ricci : Jeffery Daniels considère cette œuvre comme une copie[22], opinion rejointe par Annalisa Scarpa qui estime qu'il s'agit d'une copie faite d'après le dessin, peut-être par un élève[23]. Ugo Ruggieri remarque cependant que l'œuvre ne reprend que ponctuellement le dessin de Venise et a donc de grande chances d'être une esquisse originale, préparant le tableau du Louvre[24]. Ce sont en effet ces variantes qui sont intéressantes, car elles démontrent que le tableau de Chatsworth n'est pas une simple mise en couleurs du dessin vénitien, mais une étape ultérieure dans la conception de la première composition du tableau parisien.

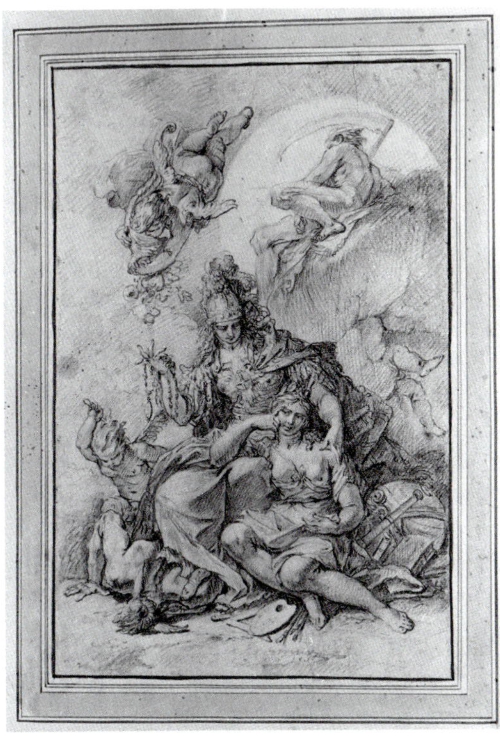

7. Sebastiano Ricci. *La Divine Sapience protégeant les Arts et terrassant l'Ignorance* (titre proposé par l'auteur). Pierre noire sur papier blanc. H. 0,305 ; L. 0,205, Venise. Gallerie dell'Accademia.

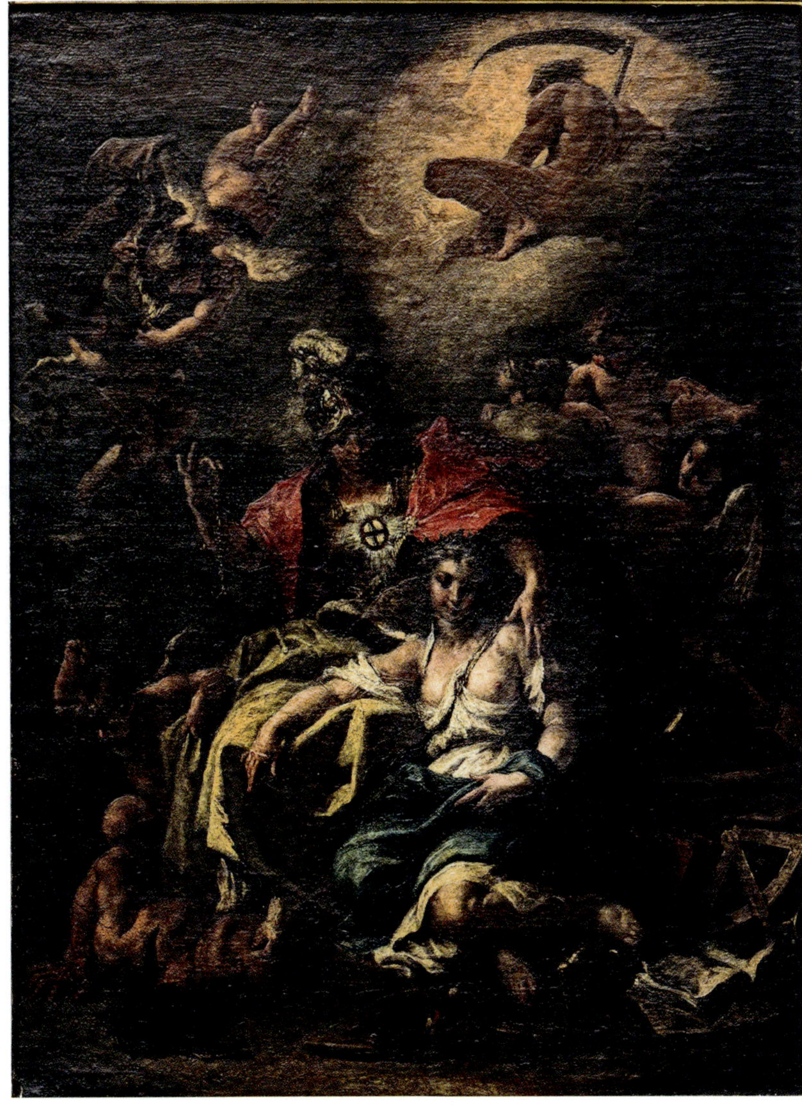

8. Sebastiano Ricci. *La Divine Sapience protégeant les Arts et terrassant l'Ignorance* (attribution et titre proposés par l'auteur). Esquisse sur toile. H. 0,48 ; L. 0,355. Chatsworth. The Devonshire collection. Inv. 631.

Comme sur le dessin de Venise, la cuirasse de la Minerve de Chatsworth est timbrée d'une croix inscrite dans un cercle, entourée de huit groupes de rayons disposés « en diamant ». Selon Jeffery Daniels[25], ce médaillon serait celui de l'ordre de la Jarretière, le plus élevé des ordres de chevalerie britanniques. Il faudrait en conclure que l'esquisse était destinée à honorer cet ordre ou bien l'un de ses membres. Le conservateur des collections de Chatsworth, Charles Noble, a bien voulu réexaminer le tableau pour nous : selon lui, le groupement de rayons est bien celui de l'ordre de la Jarretière, mais les couleurs ne sont pas les mêmes : le cercle aurait dû être bleu, alors qu'il est rouge sur le tableau, tandis que la croix centrale aurait dû être rouge, alors qu'elle est brun sombre. L'emblème a-t-il été repeint, comme une surépaisseur de matière pourrait le laisser penser, ou représente-t-il autre chose que l'ordre de la Jarretière ?

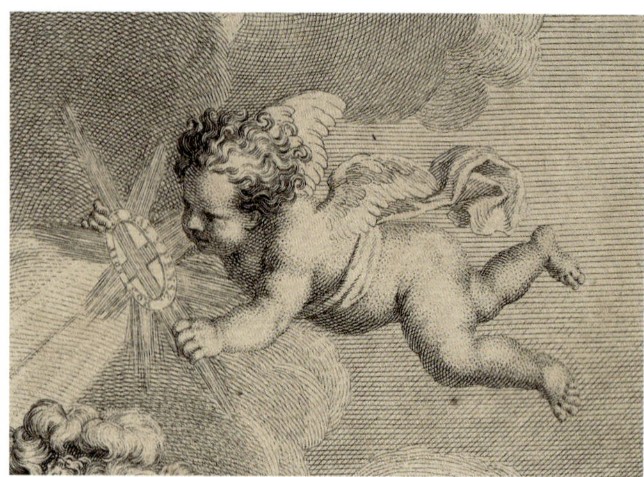

10. Détail de la fig. 9 : emblème de l'ordre de la Jarretière, tenu par un génie.

Sur les traces d'un commanditaire

Nous pensons avoir trouvé une partie de la réponse dans le frontispice réalisé par Sebastiano Ricci pour la première traduction anglaise intégrale des *Quatre livres d'architecture* de Palladio[26]. L'ouvrage est célèbre ; avec le *Vitruvius Britannicus*, publié par Colen Campbell entre 1715 et 1725, *The architecture of A. Palladio, in four books*, publié par l'architecte vénitien Giacomo Leoni entre 1716 et 1726[27], a contribué à réorienter l'architecture britannique en direction d'un style néo-palladien qui devint rapidement le style national de l'Angleterre géorgienne. Il contient deux frontispices[28]. Le premier est placé en regard de la page de titre et représente un buste de Palladio dans une niche. La gravure est datée de 1716 et signée de Bernard Picart, graveur français installé à Amsterdam à partir de 1711 ; elle attribue faussement le portrait de Palladio au peintre Paul Véronèse alors que Sebastiano Ricci en est vraisemblablement l'auteur[29]. Le second frontispice est placé face à la dédicace de l'ouvrage de Leoni au nouveau roi Georges Ier d'Angleterre : « Alla Sacra Real Maestà di Giorgio Re della Gran Bretagna, Francia ed Irlanda, Difensor della Fede, Arcitesoriere et Elettore del S.R.I. Duca di Brunswick e Luneburg etc. » ; il est daté de 1716 et signé par Ricci et Bernard Picart (fig. 9). Il représente Minerve assise, tenant le globe et le sceptre, attributs de la royauté, et portant une armure timbrée d'une Gorgone. Auprès d'elle, deux génies ailés soutiennent les armoiries de Georges Ier. Assise sur le sol, une Vertu ailée tient la trompette de la Renommée ; un enfant au sablier est à ses côtés tandis que des attributs de l'Architecture sont dispersés au sol : livre, règle, équerre, compas, plans. Plus haut, le dieu Saturne soulève un rideau pour découvrir un buste de Palladio. L'iconographie est donc proche de celle du tableau du Louvre où les personnages principaux sont les mêmes, à l'exception de l'Ignorance, absente de la gravure, et du buste du Palladio qui ne figure pas sur le tableau. Minerve est surplombée par un angelot qui tient un médaillon projetant une vive lumière en direction du buste de Palladio. Ce médaillon est constitué d'une croix placée dans un cercle portant la devise « Honi soit qui mal y pense » et cantonnée de huit groupes de rayons disposés en diamant. L'intérieur de la croix est rempli par une série de hachures verticales qui correspondent, en héraldique, à la couleur rouge, « de gueules »[30] (fig. 10), ce qui désigne, sans nul doute, l'ordre de la Jarretière. La présence du médaillon au-dessus de Minerve et des armes royales est surprenante : le plus haut des ordres de chevalerie britannique serait-il plus important que le roi ? Ceci est en partie exact, car le roi Georges Ier n'est monté sur le trône en 1714 que par la volonté de l'assemblée des nobles d'écarter son héritier direct, le catholique Jacques François Stuart. Mais il est vraisemblable que Leoni et Ricci n'aient pas voulu donner une telle signification à la croix : elle rappelle, selon nous, que les souverains comme les grands artistes, tels que Palladio, puisent leur pouvoir et leur génie dans l'inspiration divine, que l'on appelle à l'époque la « Divine Sapience », la source de tous les savoirs. L'emploi de la croix de l'ordre de la Jarretière et de sa devise, « Honi soit qui mal y pense », a permis d'éviter une croix « papiste »

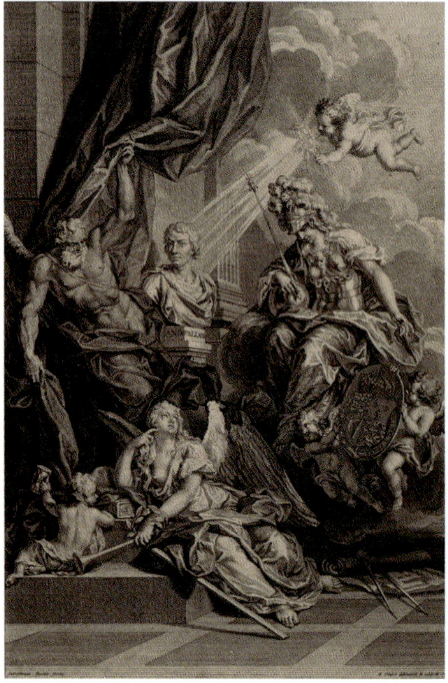

9. Sebastiano Ricci dessinateur, Bernard Picart graveur. Frontispice pour la dédicace de *The architecture of A. Palladio, in four books*, par Giacomo Leoni, Londres, 1716. Exemplaire reproduit : épreuve après la lettre. Londres. British Museum. Inv. 1895, 1031.114.

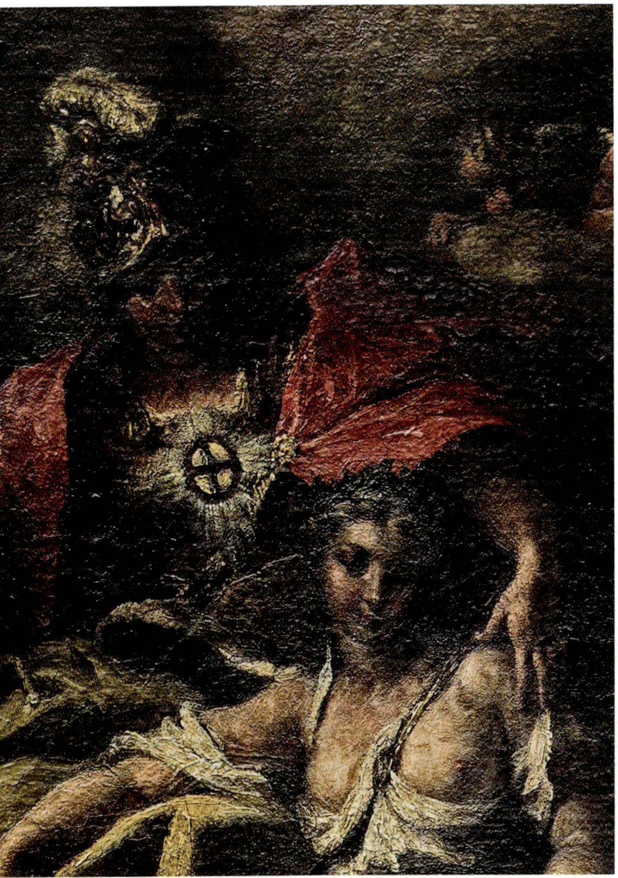

11. Détail de la fig. 8 : la croix.

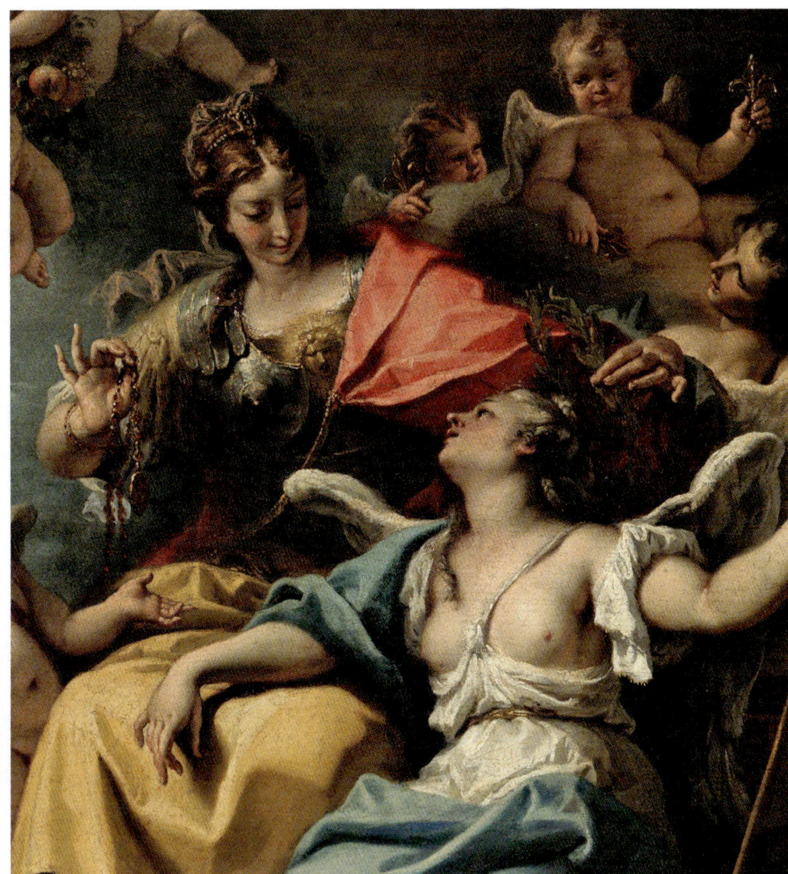

12. Détail de la de la fig. 1 : la partie centrale.

qui aurait pu sous-entendre une allégeance aux Stuart, en rappelant toutefois que savoir et pouvoir émanent du divin, même dans le cas de la Grande-Bretagne qui est une monarchie parlementaire dont le souverain est le chef de l'Église anglicane.

La croix représentée sur le tableau de Chatsworth n'a pas les couleurs de la Jarretière (fig. 11), mais en conserve l'entourage circulaire et les rayons en diamant. Ricci semble avoir cherché à éviter tout risque de confusion avec l'ordre de la Jarretière pour représenter sans équivoque l'inspiration divine. Selon notre interprétation, le sujet du tableau de Chatsworth serait donc *La Divine Sapience protégeant les Arts et terrassant l'Ignorance*, sujet voisin de celui que proposera Ricci à l'Académie royale en 1717, où l'inspiration divine est devenue la Science.

Les sources ne précisent pas comment le tableau de Chatsworth est entré dans les collections des ducs de Devonshire. Il figure dans les inventaires de 1836 et a pu être acquis dès le XVIIIe siècle[31]. Nous pensons qu'il pourrait avoir été destiné à Lord Burlington (1694-1753), car plusieurs indices convergent dans sa direction. En effet, la totalité des biens de Lord Burlington est passée aux Devonshire par le mariage de sa fille ainée, Charlotte Boyle, avec William Cavendish, qui deviendra le 4e duc. Sont ainsi entrés dans le patrimoine de cette famille les propriétés de Chiswick et de Burlington House, l'ensemble des archives et des collections. Or, les Burlington figurent dans la première liste de souscripteurs de *The architecture of A. Palladio, in four books*, comme Sebastiano Ricci[32], et l'on sait que le peintre fit probablement découvrir à Burlington l'art de Palladio à travers cet ouvrage. Cette découverte fera naître une vocation d'architecte chez le jeune homme qui entreprendra un second voyage d'Italie consacré à la découverte de l'architecture palladienne, et qui dessinera lui-même les plans de Chiswick House et contribuera, en tant que *Master of Works*, à imposer le néo-palladianisme comme style officiel du royaume[33]. Le thème développé dans l'esquisse de Chatsworth aurait pu plaire à Burlington si ce dernier avait réellement apprécié l'art rococo de Ricci et ne s'était borné à lui commander des copies d'après Véronèse, néo-palladianisme oblige – *Suzanne et les vieillards*, copie du tableau du Louvre, INV. 137 ; *Martyre des saints Marc et Marcellien*, copie du tableau de San Sebastiano de Venise, œuvres toutes deux à Chatsworth. Ricci pourrait avoir cherché à flatter Burlington, qui aurait accepté l'esquisse de la composition sans commander le tableau définitif.

Le duc de Devonshire figure également parmi les souscripteurs de l'*Architecture* de Palladio et pourrait donc aussi avoir été destinataire de cette œuvre, mais l'hypothèse est plus fragile car cette famille ne joue guère un rôle de mécène à ce moment, n'a fait travailler Ricci que ponctuellement, et n'a pas entretenu de relation suivie avec le peintre, à la différence des Burlington.

Un recyclage allégorique en l'honneur de la France

En 1715, Sebastiano Ricci quitte l'Angleterre pour Venise et s'arrête à Paris. Il a peut-être dans ses bagages l'ébauche du grand tableau qu'il proposera deux ans plus tard à l'Académie. Mais le sujet n'est pas assez flatteur pour le royaume de France et pour l'Académie : il est nécessaire de transformer l'allégorie. Pour cela, Ricci supprime la représentation de la Divine Sapience pour lui substituer celle de la France. Minerve n'est plus casquée, mais couronnée. La croix timbrant sa cuirasse est remplacée par une tête d'Apollon radiée, qui sert d'emblème au royaume de France depuis Louis XIV. Le geste de la main droite de Minerve est conservé, car offrir un collier de perles et de pierreries symbolise la Générosité, selon le dictionnaire iconologique de Cesare Ripa (1593)[34], et convient à l'allégorie. La main est toutefois déplacée pour l'équilibrer au geste de l'autre main, qui ne repose plus sur l'épaule de la Vertu mais couronne celle-ci de lauriers. La Vertu adopte une attitude soumise en levant le regard vers la France ; elle est caractérisée par ses ailes ainsi que par deux attributs décrits par Cesare Ripa, la couronne de lauriers et la lance, dont la présence ne désigne en rien une Vertu guerrière[35] (fig. 12). Les attributs des Arts dispersés aux pieds de la Vertu sont conservés, car ils rendent hommage au mécénat royal et à celui de l'Académie. Mais il était important que le centre de la composition passe au personnage du second plan, c'est-à-dire à Minerve représentant la France. Pour opérer ce glissement, Ricci choisit de tourner tous les visages vers la France, de distribuer aux personnages secondaires les attributs de la royauté, de redresser l'enfant qui fouettait l'Ignorance pour lui confier le sceptre, d'équiper les autres enfants de fleurs de lis et de placer la couronne royale dans la main du jeune homme.

Le présent tableau est donc le fruit d'un curieux recyclage iconographique. Assurément conçu pour un commanditaire britannique, peut-être pour Lord Burlington, il a d'abord représenté *La Divine Sapience (ou Science) terrassant l'Ignorance et protégeant les Arts* puis a été transformé pour ses nouveaux destinataires, la France et l'Académie. Nous proposons de lui donner un titre plus en rapport avec son nouveau sujet : *La France, sous les traits de Minerve, terrassant l'Ignorance et protégeant les Arts.*

NOTES

1 Les principales monographies sur Sebastiano Ricci sont celles de Joachim von Derschau, *Sebastiano Ricci. Ein Beitrag zu den Anfängen der venetianischen Rokokomalerei*, Heidelberg, 1922 ; Jeffery Daniels, *Sebastiano Ricci*, Wayland, 1976 ; Jeffery Daniels, *L'Opera complete di Sebastiano Ricci*, Milan, 1976 ; Annalisa Scarpa, *Sebastiano Ricci*, Milan, 2006.

2 Rodolfo Pallucchini, *La pittura nel Veneto, Il settecento*, 1, Milan, 1995, p. 46-47.

3 Scarpa, cit. n. 1, p. 67.

4 « Répertoire chronologique des morceaux de réception », dans *Les peintres du roi, 1648-1793*, cat. exp., Tours, musée des Beaux-arts/Toulouse, musée des Augustins, 2000, p. 252, n° R. 202, fig.

5 Anatole de Montaiglon, *Procès-verbaux de l'Académie royale de peinture et de sculpture*, tome IV, 1705-1725, Paris, 1881, p. 251-252.

6 *Ibid.*, p. 247-248.

7 *Ibid.*, p. 266.

8 Udolpho van de Sandt, « Note sur les collections de tableaux et leur présentation dans les salles de l'Académie », dans *Les peintres du roi*, cit. n. 4, p. 69-76.

9 André Fontaine, *Les Collections de l'Académie Royale de Peinture et de Sculpture*, 1910, p. 190. (« Inventaire de l'An II, numéro général 475, numéro de genre (tableaux d'histoire) 100 : La Science qui foule aux pieds l'Ignorance ; Séb. Ricci. »).

10 Yveline Cantarel-Besson, *Musée du Louvre (Janvier 1797-Juin 1798) : procès-verbaux du Conseil d'administration du Musée Central des Arts*, 1992 (« Procès-verbaux du Conseil d'administration du Musée Central des Arts, fol. 220 : La Science qui foule aux pieds l'Ignorance : Sébastien Ricci. »).

11 L'armure sergée est caractéristique de la peinture vénitienne du XVIe siècle mais est employée sporadiquement dans toute l'Europe au XVIIIe siècle.

12 Cesare Ripa, *Iconologie ou explication nouvelle de plusieurs images, emblèmes et autres figures hyérogliphiques, des vices, des arts, des sciences... Tirée des recherches et des figures de Cesar Ripa, desseignées et gravées par Jacques de Bie et moralisées par I. Baudouin*, 1643, I, 167, p. 196 (réédition de l'ouvrage publié en italien en 1593).

13 Antoine-Joseph Dezallier d'Argenville, *Abrégé de la vie des plus fameux peintres*, Paris, 1745-1752, rééd. 1762, 1, p. 309.

14 Charles-Paul Landon, *Annales du Musée et de l'École moderne des Beaux-Arts, écoles italiennes*, Paris, VII, 1832, p. 39-40, pl. 26.

15 Charles Blanc, *Histoire des peintures de toutes les écoles : École vénitienne, VII, Appendice*, Paris, 1884, p. 45-46 ; Léon Both de Tauzia, *Notice des tableaux exposés dans les galeries du musée national du Louvre, 1e partie, écoles d'Italie et d'Espagne*, 1888, p. 191 ; Arnauld Brejon de Lavergnée, Dominique Thiébaut, *Catalogue sommaire illustré des Peintures du Musée du Louvre, Italie, Espagne, Allemagne, Grande-Bretagne et divers*, Paris, 1981, p. 227 ; Stéphane Loire, dans Élisabeth Foucart-Walter (éd.), *Catalogue des peintures italiennes du musée du Louvre*, Paris, 2007, p. 208.

16 Seymour de Ricci, *Description raisonnée des peintures du Louvre...*, Paris, 1913, p. 113.

17 Gino Fogolari, « Dipinti Veneziani settecenteschi della Galleria del Conte F. Algarotti », *Bollettino d'arte*, 5, 1911, p. 317 ; Gino Fogolari, « Accademia veneziana di pittura e scultura », *L'Arte*, 16, 1913, p. 243.

18 Daniels, cit. n. 1, 1976/1, p. 87, n° 297, fig. 221 ; Daniels, cit. n. 1, 1976/2, p. 120, n° 349, fig. 349 ; Scarpa, cit. n. 1, 2006, p. 268-269, n° 358, fig. 493.

19 Concetto Nicosia, « Accademie e artisti nel Settecento », dans Giuliano Briganti (éd.), *La Pittura in Italia, Il Settecento*, 1990, p. 584-585, fig. 836 repr. coul.

20 Donald A. Rosenthal, *La Grande Manière, Historical and religious painting in France, 1700-1800*, cat. exp., Rochester, Memorial Art Gallery/New Brunswick, Rutgers University ; Atlanta, The High Museum of Art, 1987-1988, p. 47.

21 Aldo Rizzi, *Sebastiano Ricci disegnatore*, cat. exp., Udine, Sala Ajace, 1975, n° 45 repr.

22 Daniels, cit. n. 1, 1976/1, p. 87, n° 297 (« Copie ») ; Daniels, cit. n. 1, 1976/2, p. 119-120, n° 349, repr. (« Copie »).

23 Scarpa, cit. n. 1, 2006, n° 358, p. 269 (« Copie »).

24 Ugo Ruggeri, « Sebastiano Ricci, e no », *Nuovi Studi*, 5, 1998, p. 150-151, note 10.

25 Daniels, cit. n. 1, 1976/1, n° 297.

26 Nous remercions Stéphane Loire pour nous avoir signalé l'existence de cette gravure.

27 Giacomo Leoni, *The architecture of A. Palladio, in four books : containing a short treatise of the five orders, and the most necessary observations concerning all sorts of building : as also the different construction of private and publick houses, high-ways, bridges, market-places, xystes, and temples, with their plans, sections, and uprights : to which are added several notes and observations made by Inigo Jones, never printed before*, 1715 [1716 (?)-1720]. La date de 1715 qui figure en page de titre est erronée ; l'ouvrage est paru à partir de 1716, avec les deux frontispices de Ricci, comme le montre Rudolf Wittkower, « English neoclassicism and the vicissitudes of Palladio's 'Quattro libri' », *Palladio and English Palladianism*, Londres, 1974, p. 71-92.

28 L'ouvrage est rare ; nous avons consulté la version numérisée, disponible en ligne, de l'exemplaire des Smithsonian Institution Libraries de Washington (https ://archive.org/details/architecturePal00Pall).

29 Wittkower, cit. n. 27, 1974, p. 79.

30 British Museum, Londres, Department of Prints and Drawings, état après la lettre, inv. 1895, 1031.114. Le musée possède également une épreuve avant la lettre (inv. 1982, U.1313).

31 Ces informations nous ont été communiquées par M. Charles Noble, conservateur des collections de Chatsworth, que nous remercions sincèrement.

32 Leoni, *The architecture of A. Palladio*, 1716-1720 (« A list of those who have already subscrib'd », non paginé.)

33 Les ouvrages sur Lord Burlington sont très nombreux. Nous nous sommes principalement appuyé sur l'ouvrage rigoureux de Jacques Carré, *Lord Burlington (1694-1753), le connaisseur, le mécène et l'architecte*, Clermont-Ferrand, 1993.

34 Ripa, cit. n. 12, I, 167, p. 79.

35 Ripa, cit. n. 12, I, 167, p. 196.

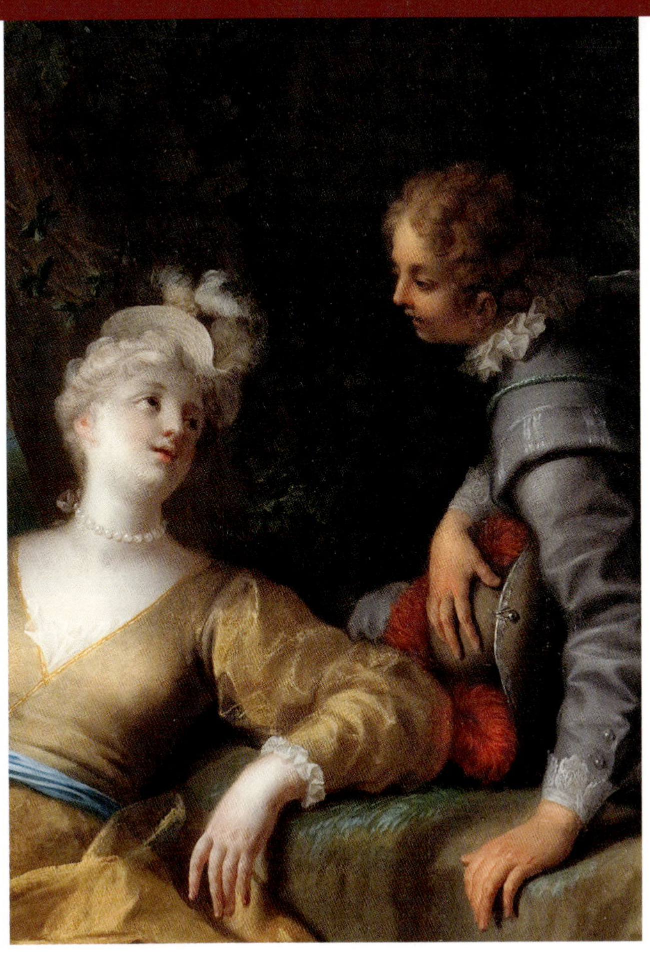

Retour sur les peintures de Jean Raoux au musée Fabre de Montpellier à l'occasion de deux acquisitions : *La Danse* et *Le Retour de chasse*

par Olivier Zeder

Depuis l'exposition monographique qui avait été consacrée au peintre Jean Raoux (1677-1734) en 2009, le musée Fabre de Montpellier a continué à mieux faire connaître l'œuvre de cet artiste important du début du XVIIIe siècle. Des acquisitions récentes, fruits d'une politique attentive, permettent d'apprécier plus finement encore le talent du peintre et la diversité de son inspiration.

Depuis vingt ans, les politiques d'acquisition et d'expositions temporaires du musée Fabre privilégient les grands noms de sa collection, notamment les artistes originaires de Montpellier qui ont incarné avec brio le style de leur époque : Sébastien Bourdon, Jean Raoux, Joseph-Marie Vien, François-Xavier Fabre, Alexandre Cabanel, Frédéric Bazille, pour s'en tenir à la période allant du XVIIe au XIXe siècle.

Jean Raoux (1677-1734) est l'un des peintres emblématiques du Siècle des Lumières, période particulièrement bien représentée au musée. Depuis 1992, plusieurs acquisitions majeures ont enrichi le fonds consacré à ce peintre, qui comportait à l'origine *Une Vestale*[1] et *Pygmalion amoureux de sa statue*[2], tous deux déposés par l'État (1803 et 1955), *Ariane consolée par Bacchus*[3], toile de jeunesse très altérée, ainsi que des copies anciennes de *L'Enfance*[4] et du *Portrait de l'évêque Joachim Colbert*[5]. Avec l'achat de *La Chasse de Didon et Énée*[6] en 1992, du *Jugement de Salomon*[7] en 1998, de la *Diane au bain*[8] en 2009, puis de *L'Offrande à Priape*[9] en 2010 par préemption, le dépôt par le Louvre cette même année du fameux *Portrait du Grand-Prieur de Vendôme*[10] et, enfin, en 2013, l'acquisition en vente publique de *La Danse* et du *Retour de chasse*, le musée Fabre s'est constitué un ensemble conséquent et bien représentatif du peintre. L'exposition rétrospective que le musée Fabre a organisée en 2009-2010 a été accompagnée d'un catalogue, première monographie consacrée à la vie et à l'œuvre de l'artiste[11].

L'Offrande à Priape, *La Danse* et *Le Retour de chasse* n'étaient pas encore localisés lors de la rétrospective, mais étaient reproduits dans le catalogue avec d'anciennes photographies en noir et blanc[12]. Le premier

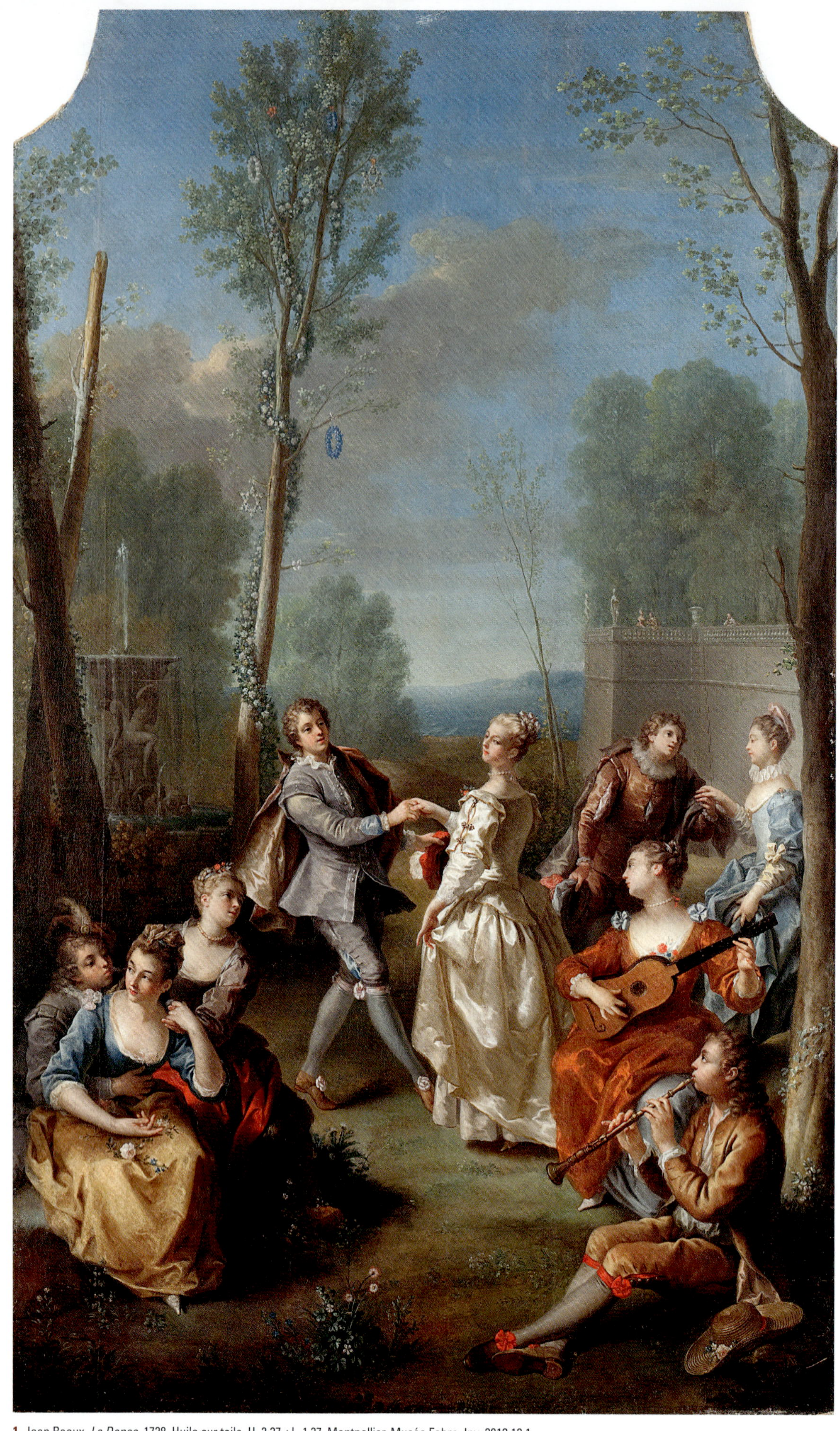

1. Jean Raoux. *La Danse*. 1728. Huile sur toile. H. 2,27 ; L. 1,37. Montpellier. Musée Fabre. Inv. 2013.12.1.

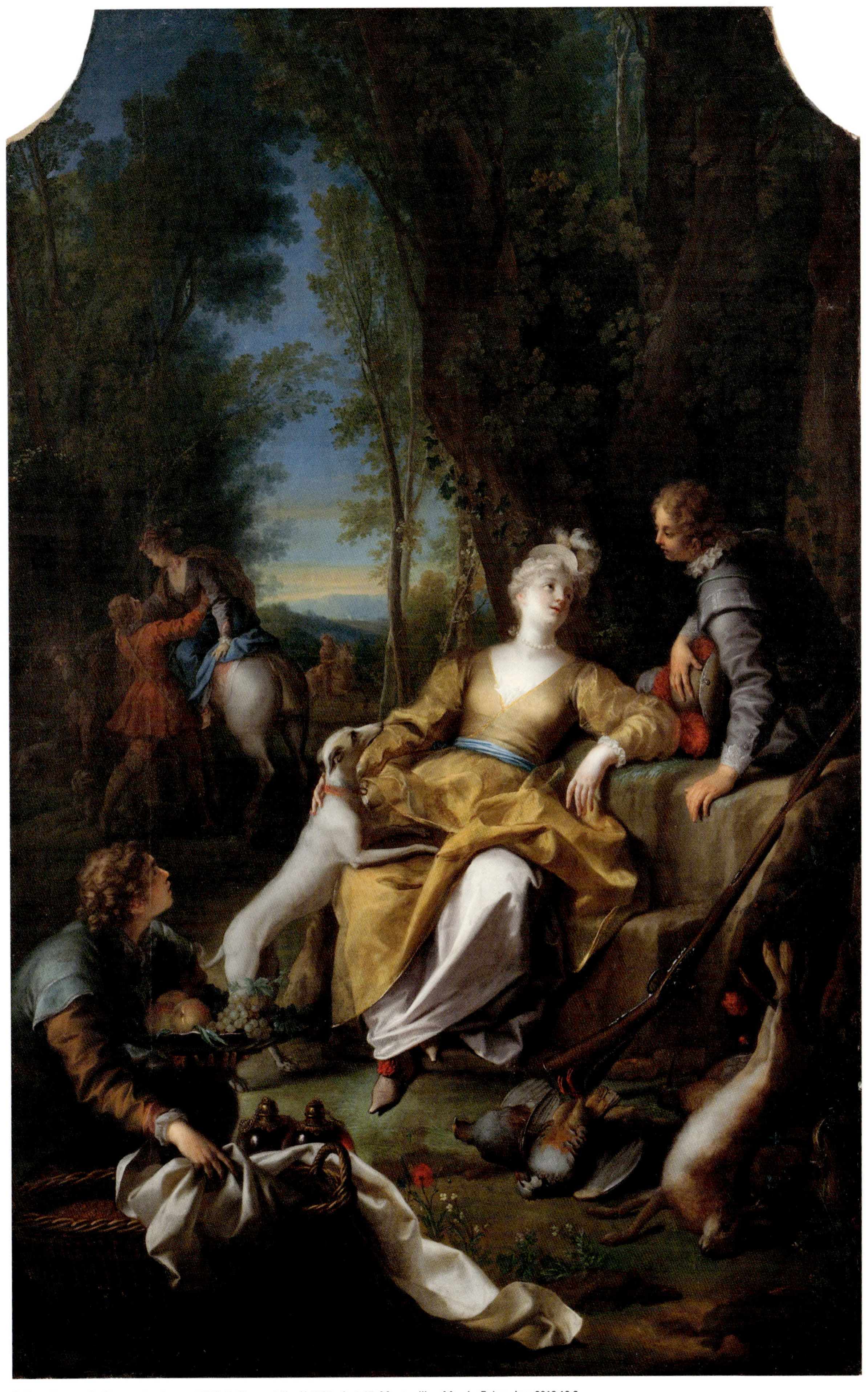

2. Jean Raoux. *Le Retour de chasse*. 1732. Huile sur toile. H. 2,27 ; L. 1,45. Montpellier. Musée Fabre. Inv. 2013.12.2.

fit l'objet d'une notice dans le catalogue raisonné des peintures françaises du musée Fabre paru en 2011[13]. Les deux autres tableaux achetés en 2013, qui sont exceptionnels à plus d'un titre, seront examinés dans le cadre de cet article, en soulevant certaines hypothèses issues de la confrontation souvent décisive avec les œuvres présentes sur les cimaises de l'exposition et en faisant apparaître de nouveaux éléments suscités par cette rétrospective dans la recherche sur Raoux.

Des Raoux à Valenton

Tous deux signés et datés, *La Danse* de 1728 (fig. 1) et *Le Retour de chasse* de 1732 (fig. 2) sont peints sur des supports chantournés de mêmes dimensions[14] et leurs cadres sont anciens, de style Louis XIV, aux décors identiques. Ils ont une histoire commune qui nous est connue avec quelque certitude.

Ces deux grandes toiles apparaissent pour la première fois dans la nécrologie de Raoux dans le *Mercure de France* en 1734[15]. L'auteur liste les grands cabinets en possession d'œuvres de Raoux et cite, dans la maison du Receveur général des Finances, M. Prat, à Valenton, près de Paris : « un grand Tableau qui représente une Vestale, un autre de même grandeur, qui est un Retour de Chasse, et un autre où l'on voit les cinq Sens de la Nature ». On les suit dans la notice *Raoux* du *Supplément à l'abrégé de la vie des plus fameux peintres* de 1752[16], puis de l'*Abrégé de la vie des plus fameux peintres* de 1762[17] d'Antoine-Joseph Dezallier d'Argenville : « On voit de sa main au Village de Valenton près Paris, dans la salle à manger d'une maison, une danse de village en hauteur, avec sept à huit figures ; un retour de chasse de même forme ; on y voit trois figures entieres avec beaucoup de gibier sur le devant. Il a fait une copie du portrait de Mme Boucher en pied, mais plus petit ; quatre dessus de porte, demi-figures ; deux filles qui se mirent, une bergère qui réveille son berger ; une autre qui ramasse des fleurs, avec un homme jouant du luth ; une fille qui dérobe des fruits à un berger ». Enfin, dans le *Voyage pittoresque des environs de Paris* d'Antoine-Nicolas Dezallier d'Argenville de 1779[18], à propos du village de Valenton : « M. Boullenois, Correcteur des Comptes, possède dans ce village une maison délicieuse, bâtie par d'Ulin. Je ne m'arrêterai point à décrire la magnificence du salon, ni l'élégance qui règne dans ses ameublements. Je dirai seulement que l'anti-salon est décoré de six tableaux de Raoux ; à savoir, Un retour de Chasse. Le portrait de Madame Boucher, habillée en Vestale, gravé par C. Dupuis. Quatre dessus-de-porte où cet habile peintre a représenté en demi-figures quatre Sens de nature : celui de la Vue par deux jeunes filles qui se regardent dans un miroir ; le Toucher par une bergère qui passe un épi de blé sur les lèvres de son berger endormi. Une autre tenant une corbeille de fleurs, & attentive au son du luth de son amant, est l'emblème de l'Ouie. Le Goût est désigné par une fille qui prend des fruits dans une corbeille que tient un jeune homme qu'elle embrasse tendrement. On voit dans une autre pièce une Danse champêtre ; ouvrage précieux du même artiste, composé de neuf figures de demi-nature ».

Les deux tableaux du musée Fabre apparaissent sans ambiguïté dans les descriptions précises de 1752 et 1762. *La Danse*, bien décrite en 1779, n'apparaît pas comme telle en 1734, dans le *Mercure de France*, à moins de l'identifier avec le tableau des cinq sens. En 1779, ce sont les quatre dessus-de-porte qui sont mis en rapport avec les sens, *La Danse* étant bien distinguée. Nous sommes donc tentés de considérer cette dernière comme l'allégorie réunissant les cinq sens citée en 1734 : l'Ouïe est évoquée par le hautboïste et la guitariste, l'Odorat par l'omniprésence des fleurs, la Vue par les regards échangés entre les amants, le Toucher par le jeu de la guitariste et par les mains unies des couples de danseurs, enfin, le Goût par le jeune homme qui veut embrasser la jeune femme assise. Raoux a peint de nombreux dessus-de-porte dont certains thèmes sont récurrents : ainsi, le couple avec une corbeille de fruits est cité chez Bonnier de La Mosson[19] et dans l'Hôtel du Temple du Grand-Prieur d'Orléans où se trouvaient aussi des jeunes filles au miroir[20].

Le propriétaire cité par le *Mercure de France*, François de Prat (Paris 1669-Paris 1742), est un homme d'importance, dont la carrière de financier au service du roi est, en 1734, à son apogée puisqu'entre 1708 et sa mort il est Receveur général des Finances de la Généralité de Paris[21]. En 1716, sa fortune s'élève à 1 201 547 livres tournois et il est taxé par le gouvernement du Régent en 1719. Il est aussi connaisseur en musique et mécène de François Couperin qui lui dédie en 1717 son *Deuxième livre de Pièces de Claveçin*. L'inventaire après-décès de Prat est incomplet et ne renseigne pas sur ses biens[22]. Le propriétaire cité à Valenton en 1779 par Dezallier d'Argenville est M. Boullenois, Correcteur des comptes, certainement le fils de Louis Boullenois (1680-1762), avocat au Parlement de Paris[23]. Entre 1742 et 1779, nous ne savons pas à qui appartient la maison de Valenton et ce qu'elle contient. À la mort de Prat en 1742, ses héritiers vendent sa charge à Pierre Louis Nicolas Meulan (1709-1777). A-t-il pu acquérir la maison et la collection ? Après sa mort, son cabinet est vendu en 1778 à son domicile rue Neuve des Capucines à Paris[24]. Deux Raoux apparaissent, en pendants, au n° 40, mais ne sont pas ceux décrits à Valenton : *Hercule filant aux pieds d'Omphale* et *Thétis qui demande à Vulcain des armes pour son fils Achille*. Ce dernier sujet correspond à celui qui est représenté sur un dessin du musée Atger attribué à Raoux[25]. Toujours est-il que les Raoux, peut-être intégrés aux boiseries, demeurent *in situ* et deviennent plus tard propriété de Boullenois en même temps que la maison.

La *Vestale* de Valenton

Le *Mercure de France*, en 1734, recense trois tableaux de même taille : *La Danse* et *Le Retour de chasse*, qui sont effectivement de même format, ainsi qu'*Une Vestale*. Ils sont localisés en 1752 et 1762 dans la salle à manger ; en 1779, *La Danse* est dans une autre pièce. La *Vestale* est décrite en 1752, 1762 et 1779, après la mort de Prat donc, comme une réplique réduite du *Portrait de madame Boucher en vestale* gravé par Dupuis. La toile originale conservée au musée des Beaux-arts de Dijon[26] et datée de 1733 est plus grande que les deux tableaux du musée Fabre et les répliques existantes sont plus petites. Nous pensons donc plutôt reconnaître cette *Vestale* de Valenton dans la peinture attribuée à Raoux, ni signée ni datée, qui est passée en vente publique à plusieurs reprises : *Portrait de femme en vestale* (fig. 3)[27]. La toile est chantournée de la même manière que les deux autres tableaux du musée Fabre, son cadre ancien de style Louis XIV et ses dimensions sont identiques. La composition est celle du *Portrait de madame Boucher en Vestale*, mais le modèle est différent, la jeune femme est brune, un peu plus âgée, son visage est plus fin : ce portrait n'est pas celui de Mme Boucher.

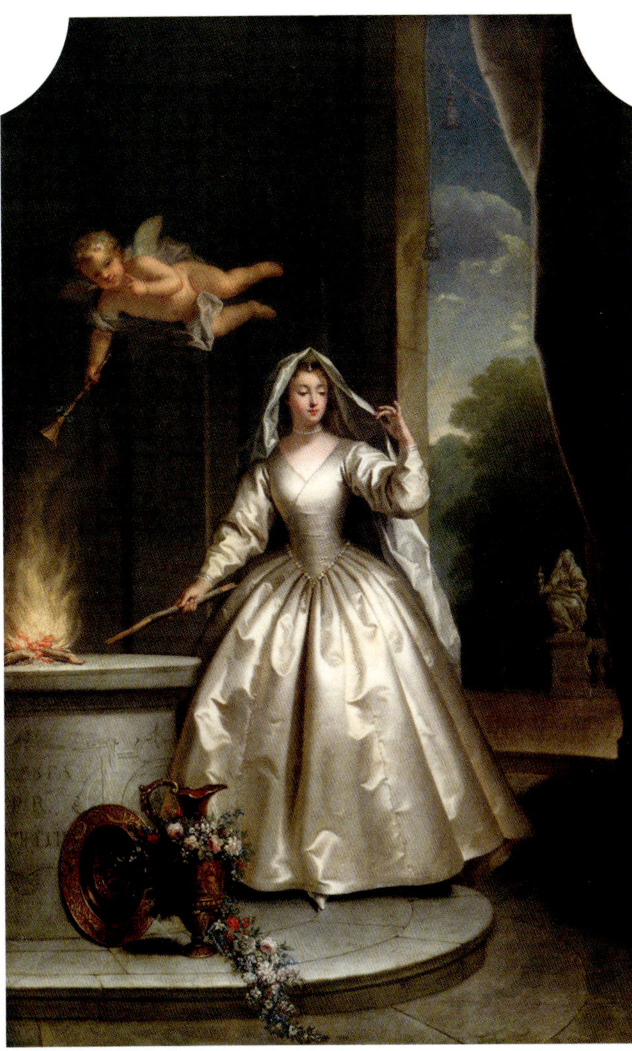

3. Jean Raoux. *Portrait allégorique de femme en vestale*. Vers 1728-1733. Huile sur toile. H. 2,26 ; L. 1,44. Localisation inconnue.

Ce tableau est-il une réplique du *Portrait de Mlle de Sénozan en vestale* dont on sait, grâce aux recherches de Guillaume Faroult[28], qu'il était de même composition que celui de Mme Boucher ? Daté de 1728, saisi en 1794 dans la collection de Montmorency, le *Portrait de Mlle de Sénozan en vestale* fut peut-être détruit dans l'incendie du musée des Beaux-arts de Bordeaux en 1870[29]. Sans reproduction, il est impossible de le comparer avec le tableau de Valenton. Nous n'avons pas retrouvé de liens familiaux ou d'affaires qui justifieraient la présence du portrait de Mlle de Sénozan chez François de Prat.

Toujours est-il qu'il nous paraît bien que la triade est retrouvée. Elle apparaît lors de la vente Stevens, à Paris, en 1847 : *La Vestale* au n° 309, *Un Bal champêtre* au n° 310 et *Le Rendez-vous* au n° 311[30]. Les quatre lots suivants correspondent aux dessus-de-porte décrits par les Dezallier. Il faut attendre 1975 pour retrouver les trois grands tableaux, lors de la vente Christie's, aux numéros 207, 205 et 206, mais les dessus-de-porte n'apparaissent plus ; lors des ventes suivantes, *La Vestale* est séparée de ses deux compagnons[31].

Prat est-il le commanditaire de chacun des trois tableaux ? La scène de chasse s'harmonise bien avec la *Vestale* par les proportions des figures ; les robes sont de même coupe. *La Danse* leur répond moins bien et peut-être est-ce pour cela qu'elle est dans une autre salle en 1779. Ces œuvres célèbrent toutes des moments de la vie élégante : le plaisir de la danse, le noble goût de la chasse, le rôle vertueux de la femme au sein de la sphère domestique symbolisé par la vestale. L'ensemble devait être superbe, sujets nobles, bucoliques et musicaux, grandes toiles chantournées et dessus-de-porte, dans la Salle à manger de la résidence de campagne de François de Prat, mécène de Couperin.

La Danse

Raoux est en accord avec l'évolution de la scène de genre contemporaine dans l'ombre de Watteau, dont il donne une interprétation très personnelle. Il n'a peint à notre connaissance que deux tableaux sur le thème de la danse : la petite toile de Pommersfelden de 1725 : *Couple dansant dans un parc*[32] et le grand tableau du musée Fabre de 1728. L'exemple de Watteau – *Les Plaisirs du bal* de Dulwich[33] ou *Les Bergers* de Charlottenbourg[34] – est omniprésent dans ces couples de danseurs en costumes de théâtre, ces parcs aux hautes frondaisons et ces statues. La fontaine est ornée des sculptures d'une nymphe et d'un homme nus en écho aux désirs qui animent les couples sur le pré. La mer à l'horizon nous situe peut-être dans l'île de Cythère. Cette possible allusion aux tableaux bien connus de Watteau complète cette ambiance onirique : l'assemblée de galants se divertit, isolée du monde profane. Les amants évoluent au pied d'un arbre de Mai orné de guirlandes, de couronnes et d'étoiles de fleurs. L'arbre de Mai précise le sens festif et sensuel de la scène et apparaît entouré d'une ronde de jeunes gens dans le *Portrait du Grand-Prieur de Vendôme* (fig. 4). C'est un élément des fêtes villageoises du printemps et du renouveau peu courant en peinture. Watteau l'a peut-être dessiné dans l'*Allégorie du printemps* de Chicago[35], Quillard et Lancret ont peint sur ce sujet[36]. Il est moins rare chez les Nordiques et chez David Teniers : on peut citer le *Printemps* du cycle des Saisons conservé maintenant à La Haye où l'arbre est situé dans le jardin d'un château peuplé de personnages élégants[37]. Mary Tavener Holmes et Christoph Martin Vogtherr décèlent une propension au réalisme chez les suiveurs de Watteau, tels Jean-Baptiste Pater, Nicolas Lancret et Pierre-Antoine Quillard à la fin des années 1720[38]. Raoux paraît la partager en mêlant les costumes contemporains du hautboïste, de la guitariste et des jeunes femmes assises aux costumes de théâtre des trois hommes et de la danseuse en espagnolette. Cette toile de grand format produit l'effet lisse et précieux de ses petites œuvres dont l'esthétique dérive des peintres fins hollandais. À distance, l'illusion opère et le modelé, les satins évoquent Dou et Netscher ; de près, l'exécution est large et brillante. Cette adaptation du style des *Fijnschilder* aux sujets de Watteau distingue Raoux parmi ses suiveurs. Il répond à la vogue croissante pour les tableaux de cabinet hollandais tout en satisfaisant au goût montant pour la Fête galante.

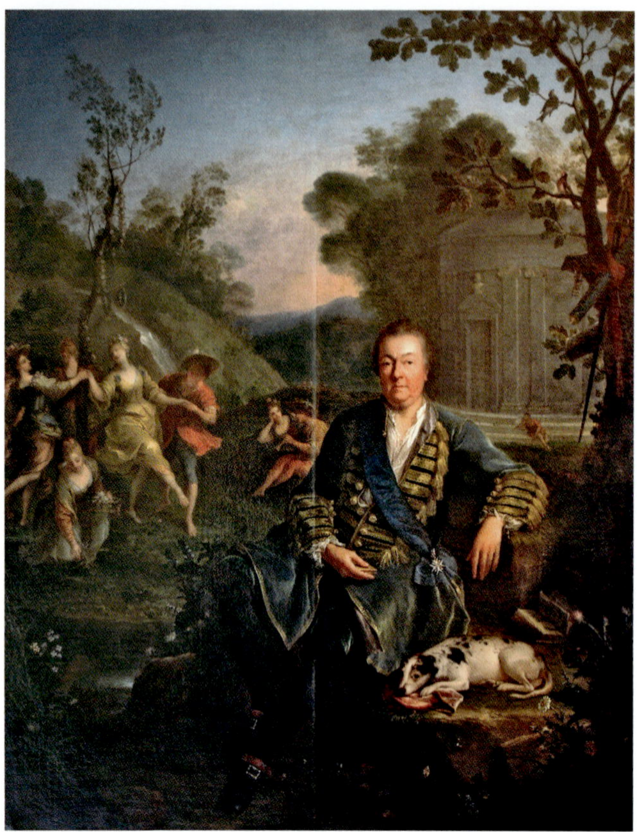

4. Jean Raoux. *Portrait du Grand-Prieur de Vendôme*. 1724. Huile sur toile. H. 2,52 ; L. 2,00. Paris. Musée du Louvre. Département des Peintures. Inv. R.F. 1990-16. Dépôt au musée Fabre de Montpellier.

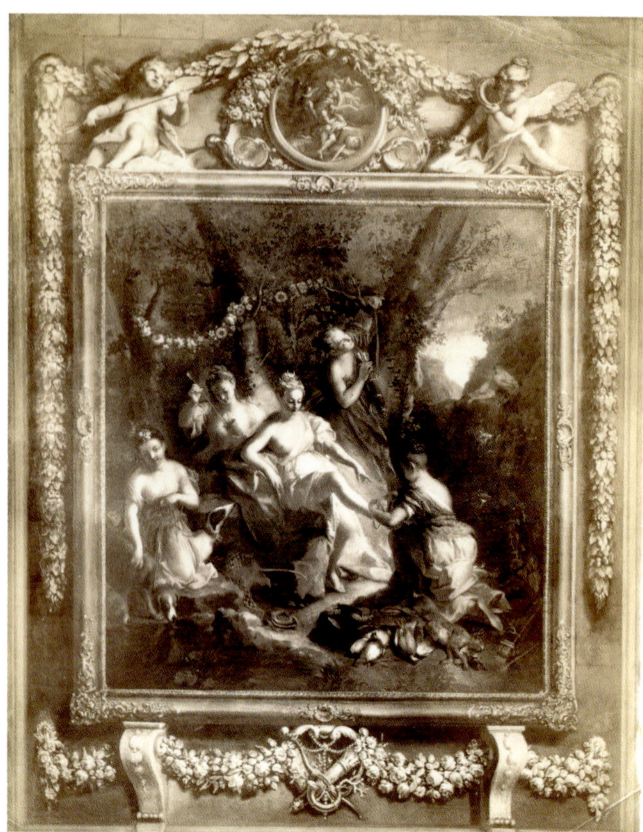

5. Jean Raoux. *Toilette de Diane*. Vers 1708-1710. Huile sur toile. Localisation inconnue.

Le Retour de chasse

Les thèmes liés à la chasse sont en plein essor dans le premier quart du XVIIIe siècle chez Parrocel, Watteau, Lemoyne, Pater et Lancret, comme l'a montré l'exposition sur les Fêtes galantes du musée Jacquemart-André[39]. Raoux participe à sa manière à cette évolution. Les sujets cynégétiques ne lui sont pas inconnus, comme en témoignent deux *Retour de chasse* à l'état d'ébauche dans son inventaire après-décès[40], la *Chasse de Didon et Énée* du musée Fabre[41], ainsi que le grand portrait de la famille de Joseph Bonnier de La Mosson, où ce dernier est représenté en chasseur. Ce tableau est perdu mais cité par Dezallier d'Argenville comme achevé à Montpellier au château de La Mosson, à la fin de l'année 1723[42]. Le butin de chasse était au premier plan : Bonnier faisait souvent remarquer que le lièvre « était la figure qui lui coûtait le plus ; en effet, il avait donné plus de cent lièvres au peintre pour la finir d'après nature » ! Enfin, nous avons découvert récemment, dans les dossiers de la documentation du département des Peintures du musée du Louvre, d'anciennes photographies[43] d'une *Toilette de Diane* (fig. 5) comportant cinq figures et un bel amas de gibier mort, et d'un *Céphale et Procris* composé comme la version de Berlin[44], sans indication de dimension, de vente ou de localisation. L'encadrement en trompe l'œil est comparable à celui des tableaux peints par Raoux à Venise en 1708-1710 pour Giustiniani-Lolin, conservés à la Fondation Ugo et Olga Levi[45]. Ces toiles faisaient donc partie du cycle considérable qui le fit connaître en Vénétie. Elles passent en vente, non reproduites, en 1883, 1897, puis en 1904, en compagnie d'une *Danaë* perdue[46] et de l'*Orphée et Eurydice* du musée Getty[47]. La composition de la *Toilette de Diane* est comparable à celle du second dessin du musée Atger attribué à Raoux, *Le Repos de Diane après la chasse*[48]. C'est un argument de plus pour rapprocher cette feuille de l'artiste et, comme nous le pensions, de la dater de sa période italienne.

Le *Retour de chasse* de 1732 peint par Raoux s'inspire des *Rendez-vous de chasse* de Watteau[49] et de Pater[50] dont il conserve les costumes de théâtre. Son format vertical imposant est aussi celui du *Déjeuner de chasse* de Lemoyne de 1723[51] (fig. 6), avec qui il partage le goût des vêtements de fantaisie. Raoux et Lemoyne ont pris chez Watteau le motif du chasseur qui aide la cavalière à descendre de sa monture. L'impact évoqué par Martin Eidelberg[52] du précoce *Retour de chasse* de Joseph Parrocel (vers 1700)[53] sur les artistes a pu aussi jouer sur Raoux : coloris intense, proportion importante des figures. Ce dernier reste dans le goût des scènes oniriques au point que son *Retour de chasse* ne tranche pas beaucoup auprès de sa *Chasse de Didon et Énée* (fig. 7), théâtrale, toute scintillante et précieuse. Sans le fusil et le petit chapeau de chasse de la jeune chasseresse, sans le costume contemporain du cavalier au second plan, ce tableau pourrait illustrer l'*Énéide*. Les deux héros de Virgile adoptent la même posture que le couple élégant du *Retour de chasse*. Raoux ne peut se décider au réalisme total et oscille toujours entre fantaisie et vérité. Ses scènes de genre les plus contemporaines,

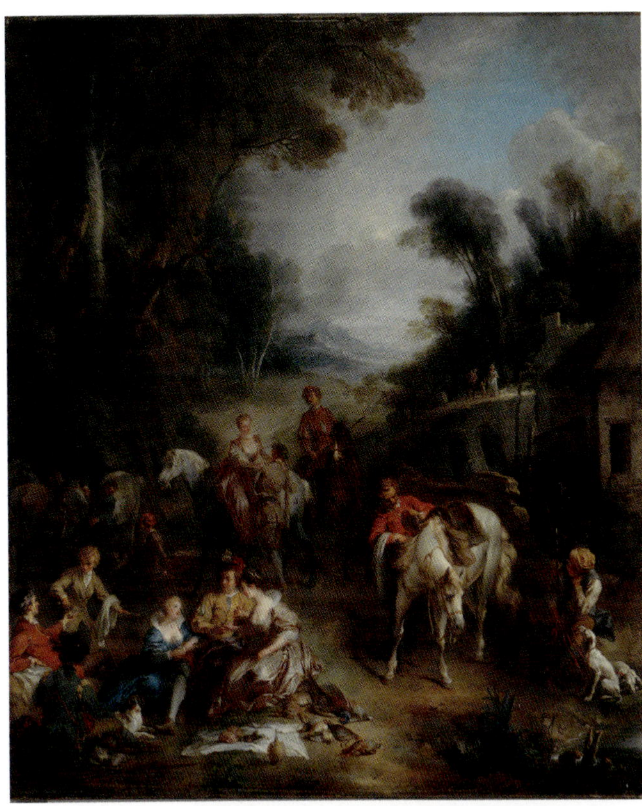

6. François Lemoyne. *Déjeuner de chasse*. 1723. Huile sur toile. H. 2,10 ; L. 1,86. Munich. Alte Pinakothek. Inv. 126.

comme ses Liseuses, possèdent toujours un soupçon de mystère, en partie lié à l'usage poétique de la lumière. Cette ambiguïté entre deux mondes fait l'un de ses charmes et son originalité. Le *Retour de chasse* de 1732 fait perdurer assez tard l'esprit onirique de Watteau, alors que les *Déjeuner de chasse* de Lancret en 1725[54] (Paris, musée du Louvre) et ceux de Jean-François de Troy[55] et de Carle van Loo[56] (Paris, musée du Louvre), destinés à Fontainebleau en 1737, montrent des scènes résolument contemporaines.

Nous pouvons, depuis leur entrée au musée, comparer ces grands tableaux avec paysage que sont les toiles de Valenton et le *Portrait du Grand-Prieur de Vendôme* déposé par le Louvre. La nature dans ce dernier est représentée avec plus de variété et de sensibilité, avec un fondu et une délicatesse de tons remarquables. Le Grand Prieur s'y intègre admirablement, en conservant néanmoins une présence émouvante. Les liens anciens du peintre et du commanditaire nous offrent une effigie particulièrement personnelle. Vendôme, homme d'action et de plaisirs, dit adieu aux armes, à l'amour et à la vie, peu de temps avant sa mort. C'est ce qu'évoquent la lumière crépusculaire, la ronde des jeunes amants sous l'arbre de Mai tel un rêve lointain, le temple de Janus aux portes fermées qui rappelle que la paix règne, les armes suspendues définitivement à l'arbre. Le livre et le petit chien de compagnie illustrent désormais la nouvelle vie retirée de Vendôme. L'ensemble constitue une sorte d'élégie noble et très humaine.

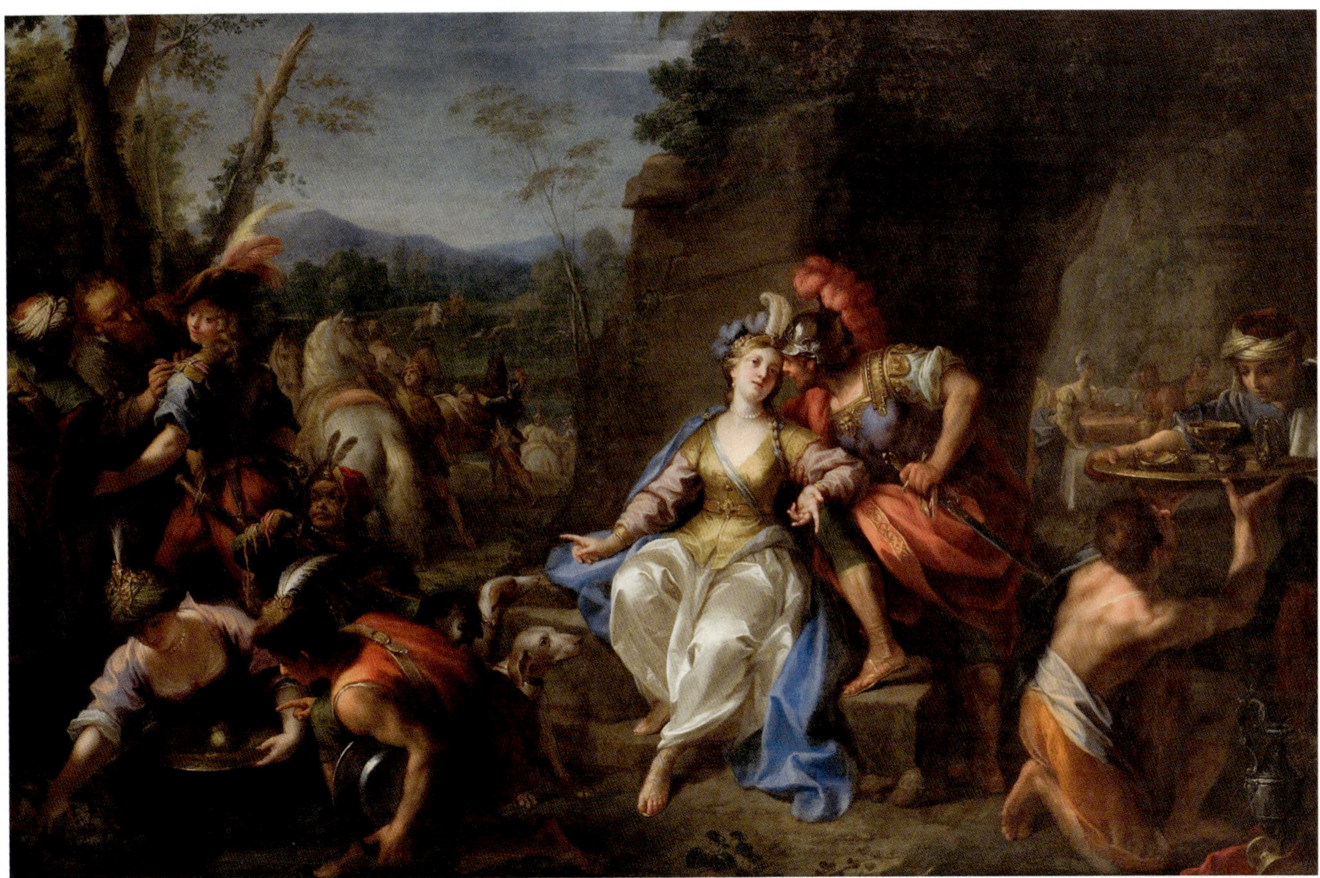

7. Jean Raoux. *Chasse de Didon et Énée*. Vers 1714-1720. Huile sur toile. H. 1,25 ; L. 1,83. Montpellier. Musée Fabre. Inv. 92.1.1.

L'Offrande à Priape et l'Antique

L'Offrande à Priape (fig. 8) est un tableau de cabinet à deux titres : sa qualité de fini, digne du *Pygmalion et Galatée* du musée Fabre et du *Télémaque racontant ses aventures à Calypso* du musée du Louvre[57], ainsi que son sujet érotique inspiré du rite romain pendant lequel la jeune épousée s'assoit sur le sexe de Priape pour favoriser sa fécondité. On connaît de Raoux un autre thème antique propice à peindre un beau nu : *Phryné*, tableau disparu cité dans son inventaire après décès[58]. Nous ne connaissons pas le commanditaire de *L'Offrande à Priape* mais les propriétaires ultérieurs, le duc de Choiseul et le prince de Conti, attestent de son rang exceptionnel. Nous ne lui savons aucune réplique, Raoux ayant probablement été tenu de ne pas le copier. Un dessin anonyme français du musée du Louvre représente les *Rites de Priape*[59] (fig. 9) avec à

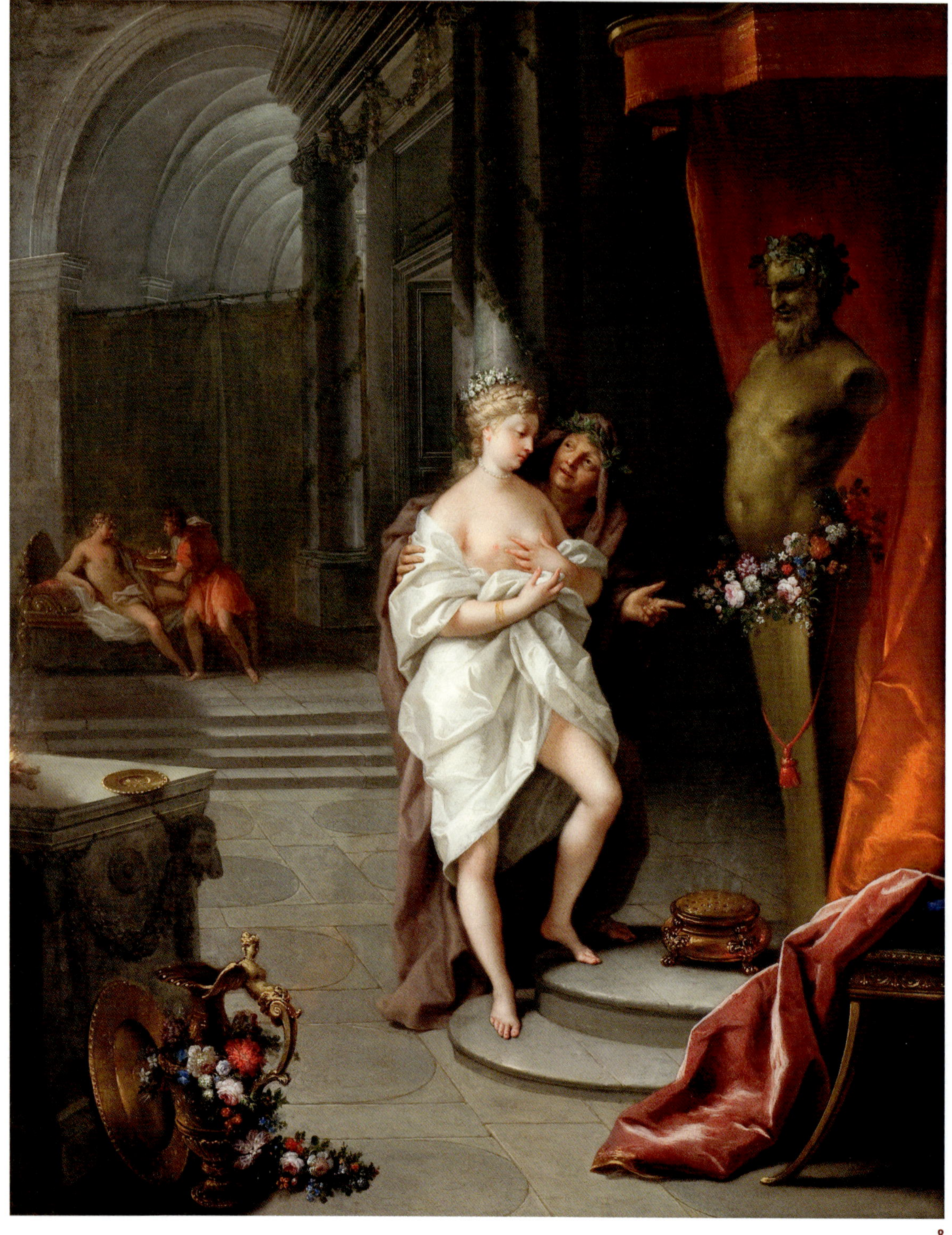

8

8. Jean Raoux. *L'Offrande à Priape*. 1720. Huile sur toile. H. 0,89 ; L. 0,73. Montpellier. Musée Fabre. Inv. 2010.9.1.

9. Attribué à Jean Raoux. *Rites de Priape*. Vers 1720. Plume et encre brune. H. 0,155 ; L. 0,219. Paris. Musée du Louvre. Département des Arts graphiques. Inv. 32571 recto.

10. Attribué à Jean Raoux. *Thétis demandant à Vulcain des armes pour Achille*. Vers 1708-1710. Plume et lavis d'encre de Chine. H. 0,397 ; L. 0,198. Montpellier. Musée Atger, université de Montpellier. Inv. MA 220.

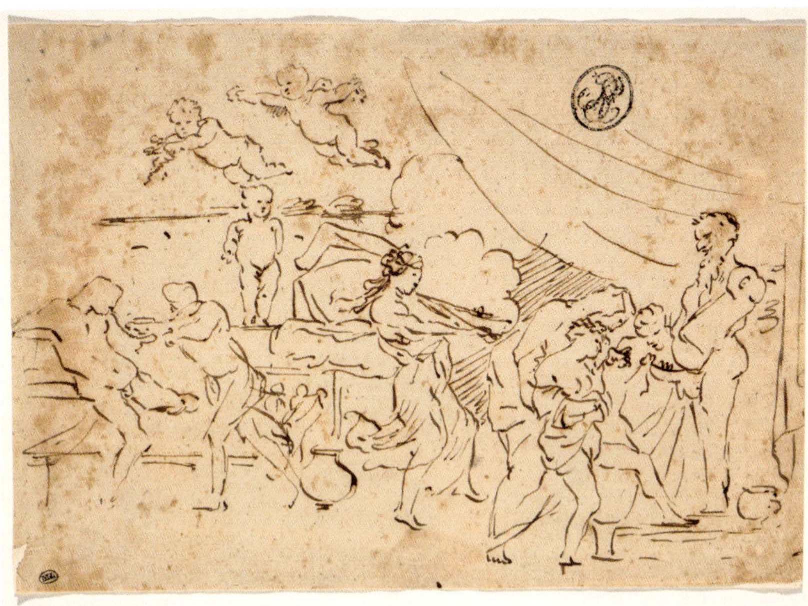

9

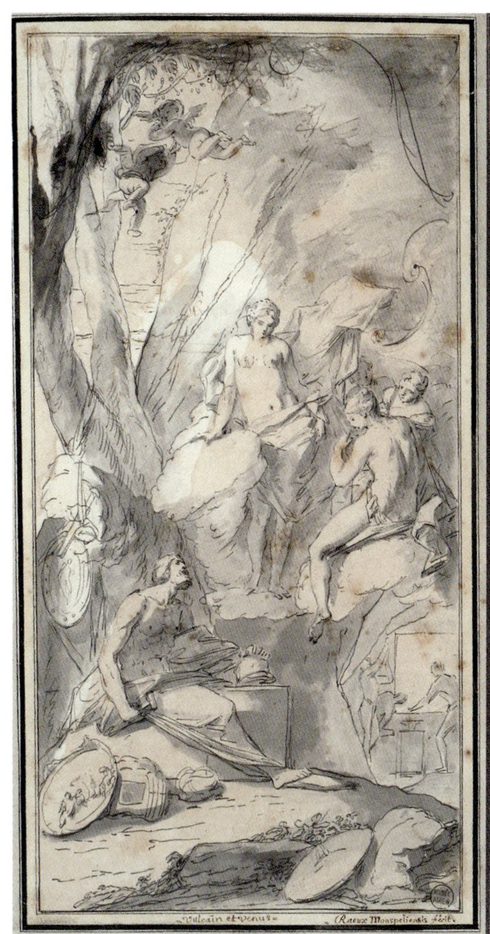

10

droite une prêtresse drapée qui pousse une jeune femme, seins et cuisses dévêtus, à monter sur un podium pour rejoindre la statue engainée du Priape ithyphallique ; une jeune femme présente le membre à l'intérêt de la novice tandis qu'une deuxième paraît danser ; des *putti* volètent au-dessus de la statue d'Éros. Le motif de la prêtresse tenant dans ses bras la craintive épouse, malgré une posture différente, le dieu Priape placé à droite de la composition sont communs au tableau. Surtout, cette feuille comporte à gauche un homme à demi allongé auquel un serviteur présente une coupe. Ces deux figures sont quasiment identiques à celles qui se trouvent en arrière-plan de la peinture. Celle-ci est moins crue que le dessin puisque le sexe de Priape, le dieu des jardins, est caché sous des fleurs mais il existe un lien patent entre ces deux œuvres. Le dessin provient d'une saisie de bien d'émigrés en 1793 et a été attribué à l'école de Poussin. Certaines similarités avec les dessins du musée Atger de Montpellier attribués à Raoux, que nous datons de sa période vénitienne[60], nous incitent à penser qu'il pourrait être de la même main : traits anguleux et raides pour le serviteur du dessin du Louvre et pour les forgerons du *Thétis demandant à Vulcain des armes pour Achille* (fig. 10) ; tête carrée de l'époux, comparable à celle de Vulcain ; petit visage de profil fuyant de l'épouse, proche de ceux de plusieurs figures féminines des deux feuilles montpelliéraines. Nous proposons l'attribution de la feuille du Louvre à Raoux comme une esquisse pour son tableau ou comme une variante plus leste.

Le siège à l'antique placé sous un drapé, à droite de *L'Offrande à Priape* comporte des pieds en forme de sabre. Raoux a pu voir cela lors de son séjour romain. Son inventaire après-décès comprend deux recueils de gravures : *Statues antiques et nouvelles* et *Bas-reliefs antiques*[61] qui ont pu lui fournir des modèles et qui témoignent, en dépit de l'image que l'on s'est souvent faite d'un Raoux peintre de genre facile, de sa culture de peintre d'histoire. Comme son compatriote Joseph-Marie Vien dans *La Marchande d'amours*[62], quarante ans après, il invente un mobilier néo-antique en trouvant un galbe très dynamique au piètement et en imaginant une assise en bois doré à palmettes avec une garniture bleu roi de bel effet. Pour la somptueuse aiguière, dont l'anse est ornée d'une espagnolette « à la Cressent », il reste dans le goût du temps. Comme Vien, son érotisme un peu froid s'exprime dans un style antiquisant.

Raoux et l'Académie

La proximité, sur les cimaises de l'exposition, du *Pygmalion amoureux de sa statue* (fig. 11), qui est le morceau de réception à l'Académie en 1717, et du *Dibutade faisant le portrait de son amant*[63], nous a permis de voir ce qui nous avait échappé face aux seules photographies : dans le premier tableau, la plaque de pierre creusée d'un bas-relief un peu sombre aux pieds de la grande sculpture en bronze, vue de dos, représente

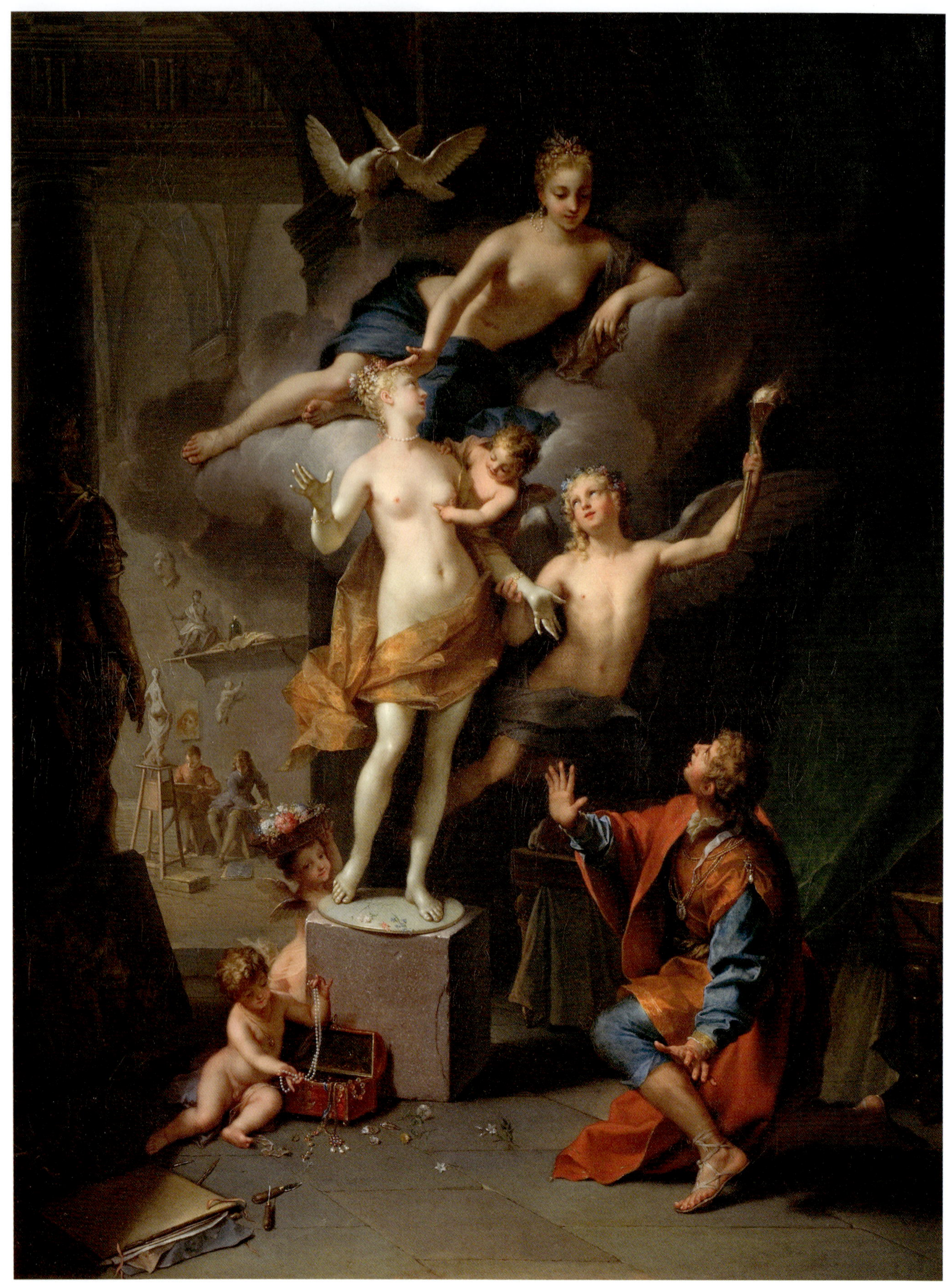

11

la composition du second, mise au format horizontal. Cette citation placée discrètement dans l'atelier du sculpteur Pygmalion rappelle que le dessin est la base de l'enseignement de la sculpture. À l'arrière-plan, des élèves dessinent d'après un plâtre, suivant la tradition nordique des scènes d'atelier. Le morceau de réception à l'Académie par Robert Levrac, dit Tournières, représente l'histoire de Dibutade[64]. Sa présentation en 1716, un an avant que Raoux ne propose le sien, lui donna-t-elle l'idée d'associer les deux mythes ? Il travailla longtemps son *Pygmalion*, entre 1715 et 1717, revenant peut-être sur certaines couches déjà peintes, comme le laissent supposer de larges craquelures prématurées. Nicolas Vleughels, dans son morceau de réception de 1716, *Apelle peignant Campaspe*, conservé au Louvre[65], a placé un grand bas-relief derrière le tableau sur lequel travaille Apelle. L'échange d'idées entre les deux hommes nous semble probable. Ils étaient certainement amis depuis leurs séjours en Italie et rappelons qu'ils ont présenté en même temps, le 29 novembre 1715, les *modelli* de leurs morceaux de réception aux membres de l'Académie[66].

La *Bethsabée au bain* de Potsdam

Nicolas Vleughels (1688-1737) et Raoux ont peint deux pendants longtemps conservés à Potsdam puis disparus en 1945, avant leur réapparition miraculeuse en 2010[67] : *Loth et ses filles* de 1718[68] du premier et *Bethsabée au bain* de 1719[69] du second (fig. 12). L'affinité entre les deux peintres est patente, en particulier dans le dessin de Bethsabée et de la fille de Loth assise, ces deux figures dérivant d'ailleurs de la Campaspe de Vleughels. Ce que laissait deviner la photographie noir et blanc est confirmé, la *Bethsabée au bain* de 1719 est l'un des chefs-d'œuvre de Raoux : qualité de l'exécution, beauté de la lumière diffuse où chatoient les feuilles, les satins, les bijoux et les bronzes dorés, écrin précieux et mystérieux du jardin, liens subtils entre Bethsabée, le roi David et les deux servantes, dont l'une regarde un miroir. Cette poésie toute de suspension, que l'on ressent devant les *Liseuses*, atteint dans la *Bethsabée au bain* un niveau encore supérieur. Raoux rend sensible l'humanité et la beauté fragile de Bethsabée et la peint telle une apparition merveilleuse. La jeune Juive est entourée d'objets riches et précieux et de gracieuses servantes, dont l'une lui délace à genoux la sandale, humilité annonciatrice de l'adoration amoureuse de David.

Apports récents au corpus de Raoux

L'exposition a suscité plusieurs articles, dont celui de François Marandet[70], intéressant à plus d'un titre. Il augmente le corpus de Raoux de trois œuvres importantes : son Grand Prix de Rome de 1704, *David et Goliath*[71] ; *L'Allégorie de la Peinture* vers 1730, du musée des Beaux-arts de Brest[72], qui manquait à la série peinte pour le Grand Prieur d'Orléans ; enfin, un dessin appartenant aux collections du Louvre[73]. Le Prix de Rome est à comparer avec les toiles peintes à Montpellier, avant le départ pour

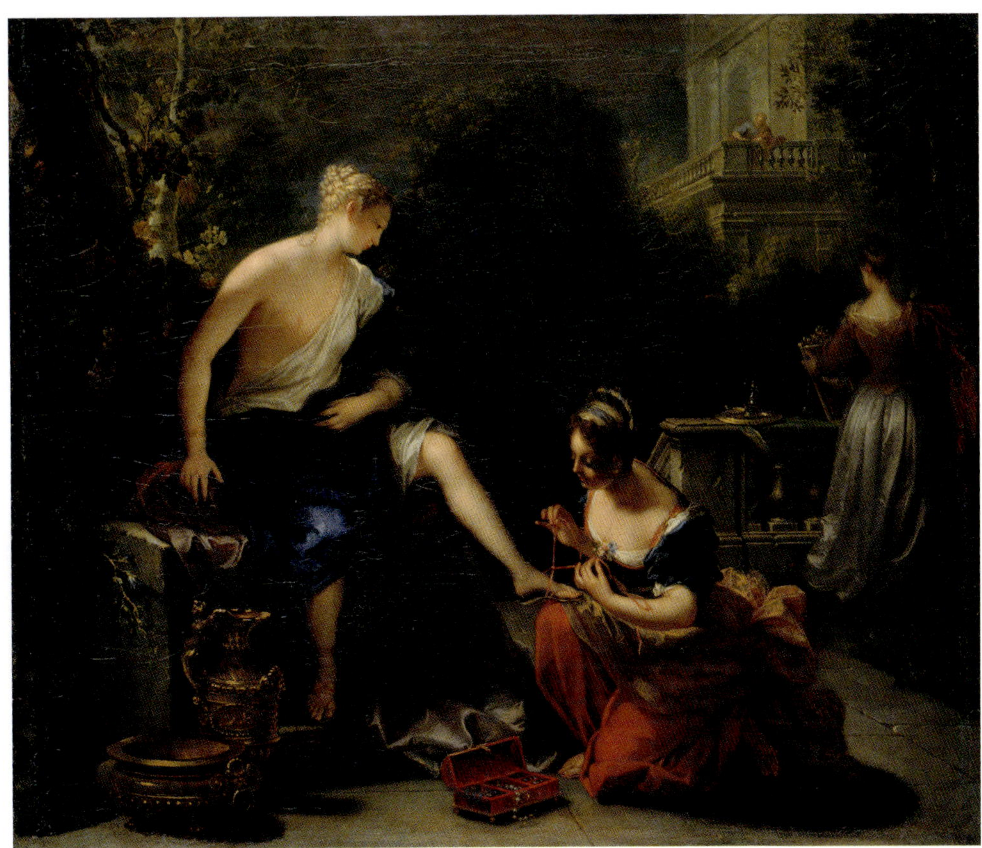

12

11. Jean Raoux. *Pygmalion amoureux de sa statue.* 1717. Huile sur toile. H. 1,29 ; L. 0,975. Montpellier. Musée Fabre. Inv. D55.1.1.

12. Jean Raoux. *Bethsabée au bain.* 1719. Huile sur toile. H. 0,57 ; L. 0,68. Stiftung Preussische Schlösser und Gärten Berlin-Brandenbourg. Inv. GK I 1807.

Paris, dont il conserve encore quelques maladresses : *Les Eaux de Mara* (1699) et *La Résurrection de Lazare* (1700)[74]. François Marandet attribue le dessin du Louvre à Raoux en raison de la jeune fille à la silhouette typique et du vieil homme de profil au verso (fig. 13), reconnu dans la *Vieillesse* de 1714[75], et du vieillard barbu au recto (fig. 14), retrouvé dans la *Continence de Scipion* de 1723[76]. S'il était besoin de conforter cette attribution, nous ajouterions que cette dernière tête a été reprise plus fidèlement pour le vieil écuyer qui aide Ascagne à revêtir son armure dans *La Chasse de Didon et Énée*. La posture penchée et l'expression sont identiques, l'artiste omet simplement le turban. Nous suggérons que la vieille femme et la jeune fille à laquelle elle apprend à filer ou à tricoter (verso) est une pensée qui n'aboutit pas pour l'*Enfance* de la série des *Quatre Âges* exécutée pour le Grand Prieur de Vendôme[77]. Raoux, qui représente des écoliers, a pu envisager de montrer une fileuse et son apprentie, discrète allusion aux Parques qui n'est pas sans valeur dans un cycle sur les âges de la vie. Ces indices en relation avec les *Quatre Âges* exécutés en 1714 inclinent à dater cette feuille de la même année. L'utilisation pour *La Chasse de Didon et Énée* d'un des croquis du Louvre conforte notre impression que cette toile très vénitienne a été peinte assez tôt à Paris, entre 1714 et le début des années 1720. Concernant la *Vieillesse* de 1714, nous souhaiterions citer une source visuelle probable de la scène du second plan où une vieille femme ridicule se pare derrière sa table de toilette, aidée de sa camériste qui interpelle le spectateur du regard. Raoux a certainement vu en Italie l'une des versions de la *Vanité* de Bernardo Strozzi (fig. 15), à moins qu'il en ait connu les gravures par Jeremias Falck ou Pietro Monaco[78]. Rappelons que Charles Coypel fera un pastel en 1743 sur le même sujet, encore traité différemment et, selon Thierry Lefrançois, plutôt en résonnance avec le théâtre[79].

Plusieurs tableaux de Raoux sont réapparus sur le marché de l'art. Le *Portrait historié de femme à peine vêtue*, passé en vente en 2008, signé et daté de 1729[80] correspond assez bien à la description du nº 16 de la vente Gaspar de Sireul chez Boileau, le 3 décembre 1781 à Paris : « Le portrait de Mademoiselle Cartout. Elle est représentée en Naïade, vue de face, à demi-nue et forte comme nature. Le fond du Tableau offre un Paysage, dans lequel on aperçoit quelques petites figures. Ce morceau précieux a été peint pour M. le Maréchal de Saxe ». Les dimensions de six pieds deux pouces de haut sur quatre pieds deux pouces correspondent à peu près. Dezallier d'Argenville cite le portrait de « la demoiselle Cartou »

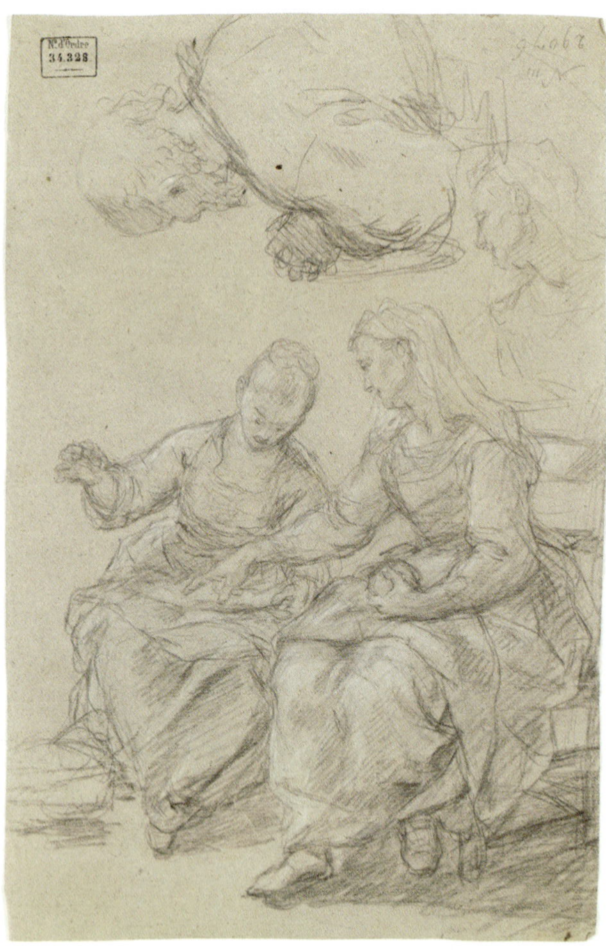

13. Jean Raoux. *Études pour une vieille femme et un vieillard.* Vers 1714. Pierre noire sur papier beige. H. 0,36 ; L. 0,24. Paris. Musée du Louvre. Département des Arts graphiques. Inv. 34328 (verso).

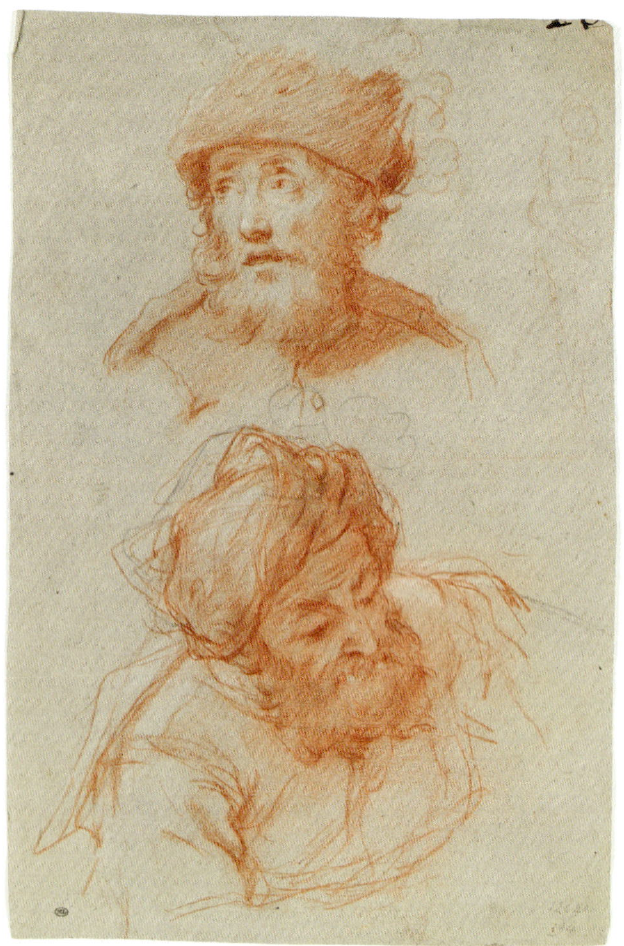

14. Jean Raoux. *Études d'hommes enturbannés.* Vers 1714. Sanguine sur papier beige. H. 0,36 ; L. 0,24. Paris. Musée du Louvre. Département des Arts graphiques. Inv. 34328 (recto).

en naïade[81]. Cartou, parfois Carton, actrice de l'Opéra à la langue acérée, maîtresse de Maurice de Saxe, est la rivale d'Adrienne Lecouvreur en 1729. En 1730, elle paraît au camp de Mühlberg avec son amant parmi les rois et les princes. L'échappée animée de figures dansantes et ses coulisses d'arbre et de lierre se retrouvent dans tous les portraits avec paysage que nous connaissons de Raoux. L'érotisme un peu froid, l'expression fine caractérisent aussi ce brillant portraitiste des femmes.

Les quatre dessus-de-porte et les trois grandes toiles réunis par François de Prat à Valenton constituent un ensemble conséquent et cohérent par son iconographie. Nous pouvons seulement lui comparer le cycle du palais Giustiniani-Lolin peint vers 1708-1710 à Venise, qui comprenait huit tableaux monumentaux et la décoration du palais du Temple à Paris. Celle-ci comportait au moins huit dessus-de-porte, dont certains de mêmes sujets que ceux de Valenton, commandés par le Grand Prieur d'Orléans, ainsi que son portrait en pied en général des galères, auxquels s'ajoutaient les *Quatre Âges de la vie* peints pour Vendôme, son prédécesseur. Formé à l'école des Boullogne, nourri de la leçon italienne et du naturalisme nordique, Raoux savait peindre des tableaux de cabinet précieux, qui connurent une vogue remarquable, et composer de grandes toiles ambitieuses, efficaces et séduisantes, pour de grands amateurs. Sa fidélité à la peinture d'histoire, son attachement à la Fête galante et au théâtre, sa propension à l'imagination rêveuse, son goût pour le luxe des matières, sa facture hollandisante le distinguent de ses confrères Vleughels, Courtin, Santerre, Mercier, sans qu'il puisse cependant être confondu avec les suiveurs de Watteau, Pater, Lancret, Quillard… Autant de traits qui assignent à Raoux une place bien spécifique dans la peinture française du début du XVIIIe siècle.

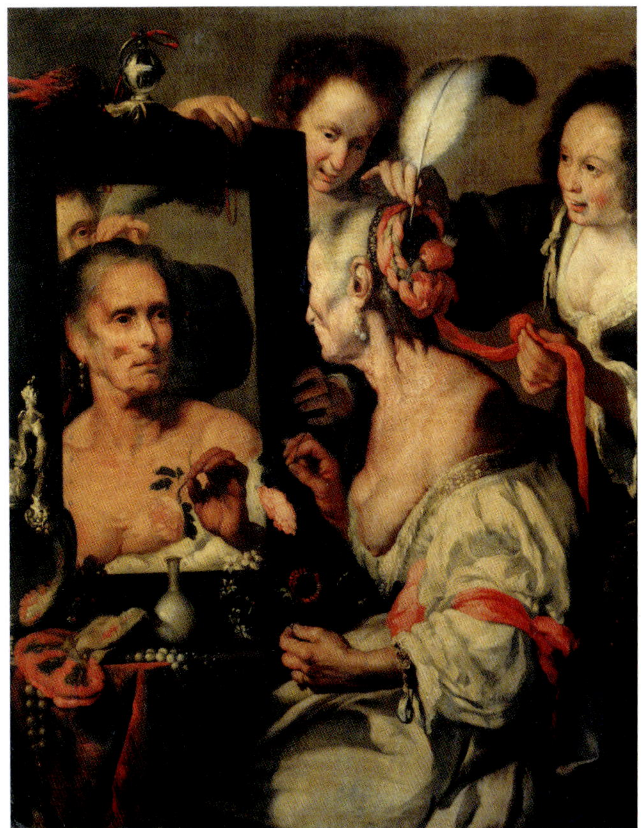

15. Bernardo Strozzi. *Vanité.* Vers 1635-1640. Huile sur toile. H. 1,35 ; L. 1,09. Moscou. Musée Pouchkine. Inv. 221.

Je dédie cet article à mon épouse Hélène.

NOTES

1 Huile sur toile ; H. 1,03 ; L. 0,79 ; inv. D803.1.19 ; Célia Alegret, Olivier Zeder, *Jean Raoux 1677-1734. Un peintre sous la Régence*, cat. exp., Montpellier, musée Fabre, 2009-2010, n° 39 repr.
2 Huile sur toile, H. 1,29 ; L. 0,97, inv. D55.1.1 ; cat. exp., cit. n. 1, n° 18 repr.
3 Huile sur toile, H. 1,18 ; L. 1,02, inv. 876.1.1 ; cat. exp., cit. n. 1, n° 2 repr.
4 Huile sur toile, H. 0,945 ; L. 1,27, inv. 48.4.1 ; cat. exp., cit. n. 1, n° 11 repr.
5 Huile sur toile, H. 1,40 ; L. 1,08, inv. D16.1.1 ; cat. exp., cit. n. 1, n° 47 repr.
6 Huile sur toile, H. 1,25 ; L. 1,83, inv. 92.1.1 ; cat. exp., cit. n. 1, n° 27 repr.
7 Huile sur toile, H. 0,63 ; L. 1,03, inv. 99.1.1 ; cat. exp., cit. n. 1, n° 7 repr.
8 Huile sur toile, H. 0,797 ; L. 0,64, inv. 2009.7.1 ; cat. exp., cit. n. 1, n° 21 repr.
9 Huile sur toile, H. 0,915 ; L. 0,74, inv. 2010.9.1 ; Olivier Zeder, *De la Renaissance à la Régence. Peintures françaises du musée Fabre. Catalogue raisonné*, Paris, 2011, n° 118 repr.
10 Huile sur toile, H. 2,52 ; L. 2,00, inv. RF 1990.16 ; cat. exp., cit. n. 1, n° 50 repr.
11 Cat. exp., cit. n. 1.
12 Ces photographies proviennent, pour la plupart, de la riche documentation du département des Peintures du musée du Louvre. Cat. exp., cit. n. 1, p. 194, 197.
13 Voir n. 9.
14 *La Danse* : huile sur toile, H. 2,27 ; L. 1,37, S.D.b.d. : J. *RAOUX F. / 1728. Le Retour de chasse* : huile sur toile, H. 2,27 ; L. 1,45, S.D.b.d. : j. *Raoux. Ft. 1732.* Londres, vente Christie's, 11 juillet 1975, n°s 205 et 206 repr. ; achat à Paris, vente Sotheby's, 27 juin 2013, n°s 57 et 58 repr.
15 *Mercure de France*, Paris, 1734, p. 436-438.
16 Antoine-Joseph Dezallier d'Argenville, *Supplément à l'abrégé de la vie des plus fameux peintres*, Paris, 1752, p. 267.
17 Antoine-Joseph Dezallier d'Argenville, *Abrégé de la vie des plus fameux peintres*, Paris, 1762, p. 384.
18 Antoine-Nicolas Dezallier d'Argenville *Voyage pittoresque des environs de Paris*, Paris, 1779, p. 340-342.
19 Paris, vente Joseph Bonnier de la Mosson, 8 mars 1745, n° 855 : « un jardinier et une jardinière ».
20 Dezallier d'Argenville, cit. n. 17 p. 380 : « deux filles regardant dans un miroir ; un paysan portant des figues qu'une bergère veut avoir ».
21 Thierry Claeys, *Dictionnaire biographique des financiers en France au XVIIIe siècle*, Paris, t. 2, 2009, p. 774-775.
22 *Ibid.*
23 Michel Prévost, Jean-Charles Roman d'Amat, *Dictionnaire de biographie française*, t. VI, p. 1367.
24 Paris, vente Pierre-Louis-Nicolas de Meulan, par Poiret, 2 avril 1778.
25 *Thétis qui demande à Vulcain des armes pour son fils Achille* ou *Vénus qui demande à Vulcain des armes pour son fils Énée* : Montpellier, musée Atger, plume et lavis d'encre brune, H. 0,397 ; L. 0,98 ; cat. exp., cit. n. 1, n° 59 repr.
26 H. 2,61 ; L. 1,97 ; cat. exp., cit. n. 1, n° 43 repr.
27 Huile sur toile, H. 2,26 ; L. 1,44. Londres, vente Christie's, 11 juillet 1975, n° 207 repr. ; New York, Sotheby's, 7 janvier 1984, n° 92 repr ; New York, Christie's, 4 juin 2009, n° 53 repr. ; Vienne, Dorotheum, 6 octobre 2009, n° 113 repr. ; Vienne, Dorotheum, 13 octobre 2010, n° 562 repr. avec son cadre.
28 Cat. exp., cit. n. 1, p. 75, 76.
29 Bordeaux, musée des Beaux-arts, H. 2,54 ; L. 0,99, inv. 365 ; cat. exp., cit. n. 1 p. 75, 76, 156,157.
30 Paris, vente du cabinet de M. Stevens, par Bonnefons de Lavialle, 1-4 mars 1847, n°s 309-315.
31 Voir n. 14 et 27.
32 *Couple dansant dans un parc-Allégorie des sens*, 1725, Pommersfelden, château de Weissenstein, coll. Schönborn, huile sur toile, H. 0,52 ; L. 0,638 ; cat. exp., cit. n. 1, n° 35 repr.
33 Dulwich, Picture Gallery, inv. DPG 156.
34 Berlin, Staatliche Museen, Preussischer Kulturbesitz, inv. GK I 5303.
35 Chicago, The Art institute, inv. 1955.1004 ; Margaret Morgan Grasselli, Pierre Rosenberg, *Watteau 1684-1721*, cat. exp., Paris, Grand Palais, 1984-1985, n° D 13 repr.
36 Quillard, *Plantation de mai*, Paris, musée du Louvre, inv. RF. 2625. Lancret, *La Ronde autour de mai*, localisation inconnue. Voir respectivement : Patrick Ramade, Martin Eidelberg, *Watteau et la fête galante*, cat. exp.,Valenciennes, musée des Beaux-arts, 2004, n° 41 repr. et fig. 41.3.

37 Margaret Klinge, *David Teniers the younger. Paintings. Drawings*, cat. exp., Anvers, Musée royal des Beaux-arts, 1991, n° 86 repr.
38 Mary Tavener Holmes, Christoph Martin Vogtherr, *De Watteau à Fragonard. Les Fêtes galantes*, cat. exp., Paris, musée Jacquemart-André, 2014.
39 *Ibid.*
40 Georges Wildenstein, « L'inventaire après décès de Jean Raoux (1734) », *Gazette des Beaux-Arts*, mai-juin 1958, p. 317, 319.
41 Voir fig. 7 ; cat. exp., cit. n. 1, n° 27 repr.
42 Dezallier, cit. n. 16, p. 263, 264 ; Dezallier, cit. n. 17, p. 379, 380.
43 Fonds Stephen de Prémond-Higgons (1915-2005), don 2009.
44 *Céphale et Procris*, Staatliche Museen zu Berlin, Preussischer Kulturbesitz, inv. 498 A ; cat. exp., cit. n. 1, n° 4 repr.
45 *Le Parnasse* ; *Ariane et Bacchus* ; *Le Jugement de Pâris* ; *L'Enlèvement d'Hélène* (pour tous : huile sur toile ; H. 3,45 ; L. 3,34). Cat. exp., cit. n. 1, p. 45-51 repr.
46 Cat. exp., cit. n. 1, p. 45-51 et 84. Ce sont peut-être les quatre toiles de la collection Beurdeley, vendus à Paris, Drouot, le 23 avril 1883, n° 353 ; Paris, vente Duchesne, 26 mai 1897, n° 1 ; Paris, vente par Lyon et Lair-Dubreuil, 16 juin 1904, n° 24.
47 Los Angeles, J. Paul Getty Museum, inv. 73.PA.153. Cat. exp., cit. n. 1, n° 3 repr. n° 26.
48 *Repos de Diane*, Montpellier, musée Atger, plume et lavis d'encre de Chine, inv. MA 221. Cat. exp., cit. n. 1, n° 58 repr.
49 Londres, Wallace collection, inv. P416.
50 Dulwich, Picture gallery, inv. DPG 167.
51 Munich, Alte Pinakothek, inv. 126 ; cat. exp., cit. n. 38, n° 42 repr.
52 Cat. exp., cit. n. 36, p. 188.
53 Londres, National Gallery, inv. NG 6474.
54 Inv. RF. 1990.19.
55 Inv. 1990.18.
56 Inv. 6279.
57 Inv. 7362. Cat. exp., cit. n. 1, n° 23 repr.
58 Wildenstein, cit. n. 40, p. 316.
59 Jean-François Méjanès, *Musée du Louvre, Cabinet des dessins. Inventaire général des dessins français*, Paris, 1997, n° 1939.
60 Voir n. 25 et 48.
61 Wildenstein, cit. n. 40, p. 319, 320. Le premier ouvrage est-il la traduction par le clerc de la *Raccolta di statue antiche e moderne* de Paolo Alessandro Maffei, édité à Rome en 1704 ?
62 Fontainebleau, musée national du château, inv. 8424-MR 2663.
63 États-Unis d'Amérique, coll. part., cat. exp., cit. n. 1, n° 17 repr. Nous pensons que ce tableau n'est pas l'original, plutôt une réplique d'atelier.
64 Paris, École nationale supérieure des Beaux-arts, inv. M.R.A. 104.
65 Inv. 8482. Bernard Hercenberg, *Nicolas Vleughels. Peintre et directeur de l'Académie de France à Rome. 1668-1737*, Paris, 1975, n° 44 repr.
66 *Ibid.*, p. 9, 11.
67 Dix tableaux dont les deux de Raoux et Vleughels ont été retrouvés par le descendant d'une Allemande qui les avait cachés chez elle à Berlin pour leur éviter d'être pris par les troupes russes en 1945. Il les a rendus à la conservation des châteaux prussiens.
68 Hercenberg, cit. n. 65, n° 65, fig. 61.
69 Cat. exp., cit. n. 1, p. 112, 113, repr. en noir et blanc.
70 François Marandet, « Après l'exposition Jean Raoux (1677-1734) : quelques compléments sur sa carrière et sur son œuvre », *Les Cahiers d'Histoire de l'Art*, n° 8, 2010, p. 130-133. Deux autres recensions : Yuriko Jackall, « Jean Raoux, 1677-1734 », *Eighteenth-Century Studies*, vol. 44, n° 1, 2010, p. 104-111 ; Christophe Martin Vogtherr, « Jean Raoux », *The Burlington Magazine*, CLII, avril 2010, p. 267-268.
71 Marandet, cit. n. 70, fig. 3 ; New York, vente Sotheby's, 5 octobre 2001, n° 43 repr. (cercle de Mignard).
72 Marandet, cit. n. 70, fig. 4.
73 Marandet, cit. n. 70, fig. 6, 7.
74 *Les Eaux de Mara*, Béziers, cathédrale Saint-Nazaire ; *La Résurrrection de Lazare*, Pézenas, collégiale Saint-Jean ; cat. exp., cit. n. 1, p. 19-21, fig. 2, 3, catalogue sommaire 1 et 2.
75 Jean Raoux, *La Vieillesse*, 1714, huile sur toile, H. 0,87 ; L. 1,29, collection privée. Cat. exp., cit. n.1, p. 98-105, n° 10 repr.
76 Pommersfelden, château de Weissenstein, coll. Schönborn. Cat. exp., cit. n. 1, n° 25 repr.
77 Pour ce cycle, voir cat. exp., cit. n. 1, p. 98-105.
78 Il existe plusieurs répliques de cette composition : *Bernardo Strozzi. Genova 1581/1582-Venezia 1644*, cat. exp., Gênes, Palazzo ducale, 1995, n° 250 repr.
79 Thierry Lefrançois, *Charles Coypel 1694-1752*, Paris, 1994, p. 223 repr.
80 Huile sur toile, H. 2,03 ; L. 1,52 ; Amsterdam, vente Sotheby's, 17 décembre 2008, n° 416 repr.
81 Dezallier, cit. n. 16, p. 262 ; Dezallier, cit. n. 17, p. 377.

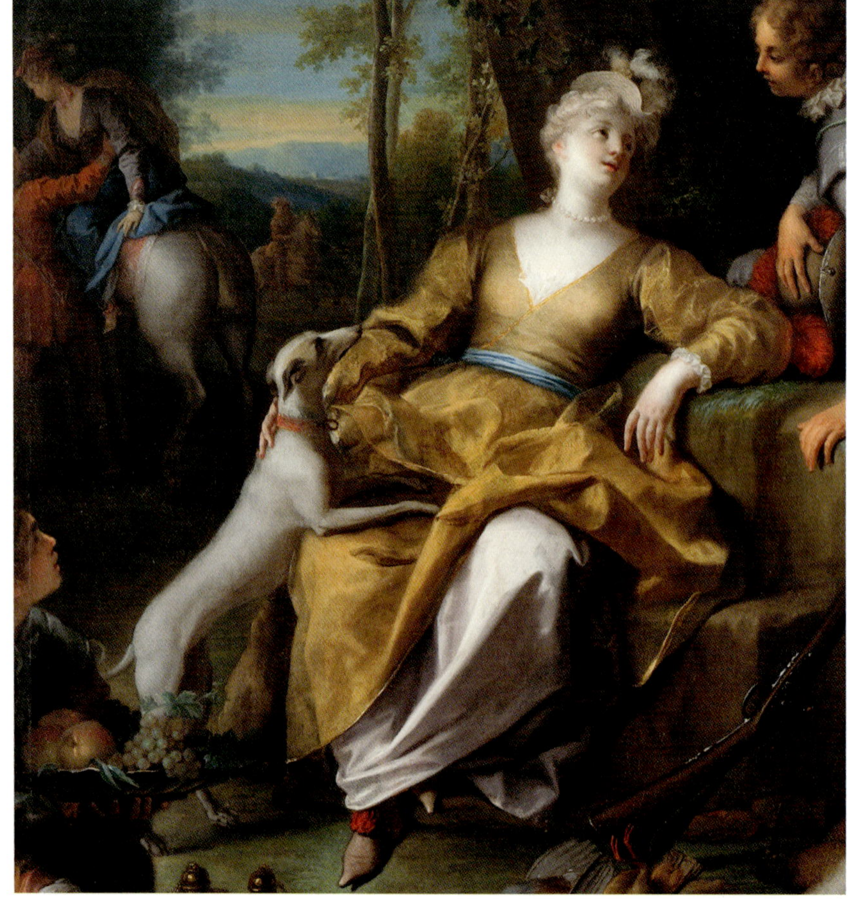

16. Détail de la fig. 2.

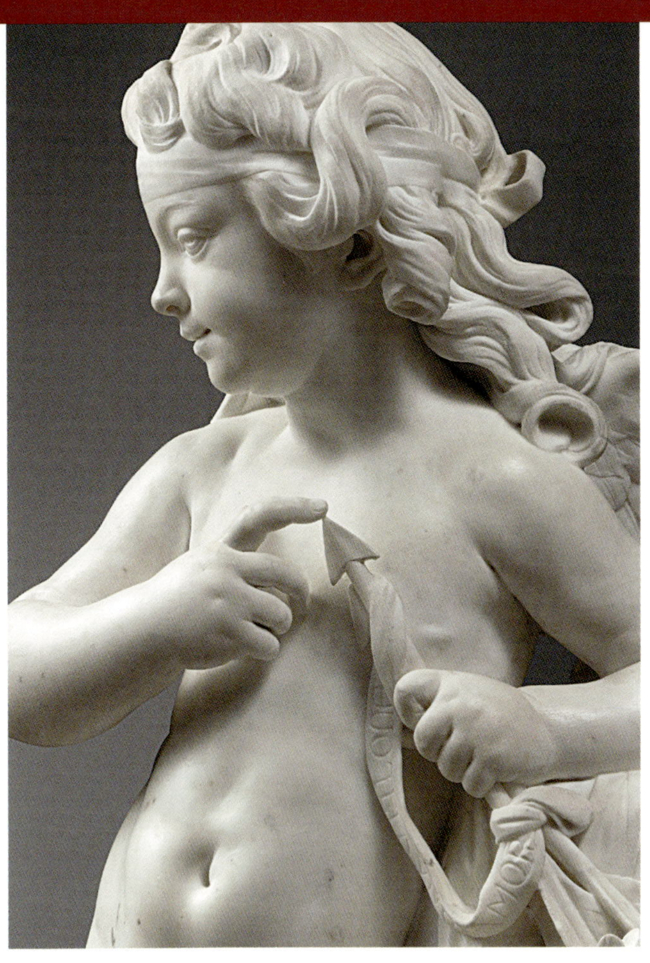

L'Amour essayant une de ses flèches de Jacques Saly. Un chef-d'œuvre des collections de Madame de Pompadour au musée du Louvre

par Guilhem Scherf

L'acquisition par le musée du Louvre de *L'Amour essayant une de ses flèches* de Jacques Saly, chef-d'œuvre en marbre exécuté en 1753 pour Madame de Pompadour, est un événement exceptionnel, rendu possible grâce au soutien de la Société des Amis du Louvre et au succès d'une souscription publique de grande ampleur. Cette statue rejoint au Louvre d'autres célèbres Amours sculptés par Bouchardon et Falconet.

Le département des Sculptures du musée du Louvre, grâce à la générosité de la Société des Amis du Louvre[1] et au succès d'un appel à souscription publique[2], vient d'acquérir une statue en marbre de Jacques Saly (1717-1776), *L'Amour essayant une de ses flèches*, qui est une œuvre spectaculaire et d'une grande rareté (fig. 1 et 2). Spectaculaire, car outre l'insigne beauté de la sculpture, elle a conservé son piédestal d'origine, exécuté par l'un des plus grands noms des arts décoratifs, Jacques Verberckt (1704-1771). D'une grande rareté : la sculpture provient des demeures de la marquise de Pompadour, le château de Crécy et le château de Bellevue, en Île-de-France, et son hôtel parisien, l'actuel palais de l'Élysée. Les marbres réalisés par les sculpteurs du Roi pour le roi et ses favorites sont aujourd'hui quasiment tous conservés dans des collections publiques. La présence de celui-ci dans le marché de l'art parisien était un événement.

Un chef-d'œuvre commandé par Mme de Pompadour

La statue, exécutée en marbre, est signée et datée sur la plinthe à senestre, sous le tronc d'arbre : *I. SALY. F. 1753.* Elle fut commandée par la marquise de Pompadour vraisemblablement au début de l'année 1752[3], et terminée durant l'été 1753. Elle est présentée à Louis XV le 11 août 1753[4], quelques jours avant d'être installée au Salon de l'Académie royale de Peinture et de Sculpture au Louvre[5]. Elle fut destinée dans un premier temps au décor du château de Crécy, comme le mentionnent

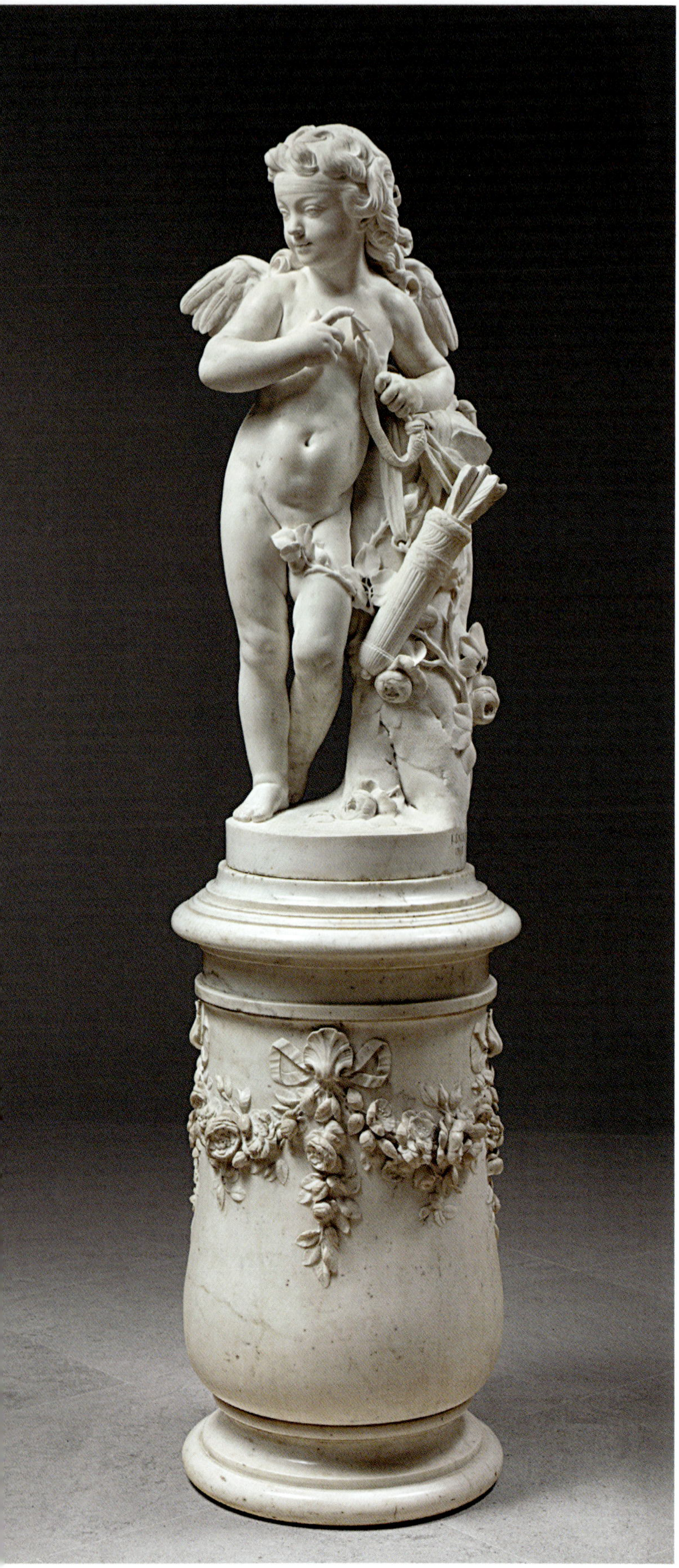

1

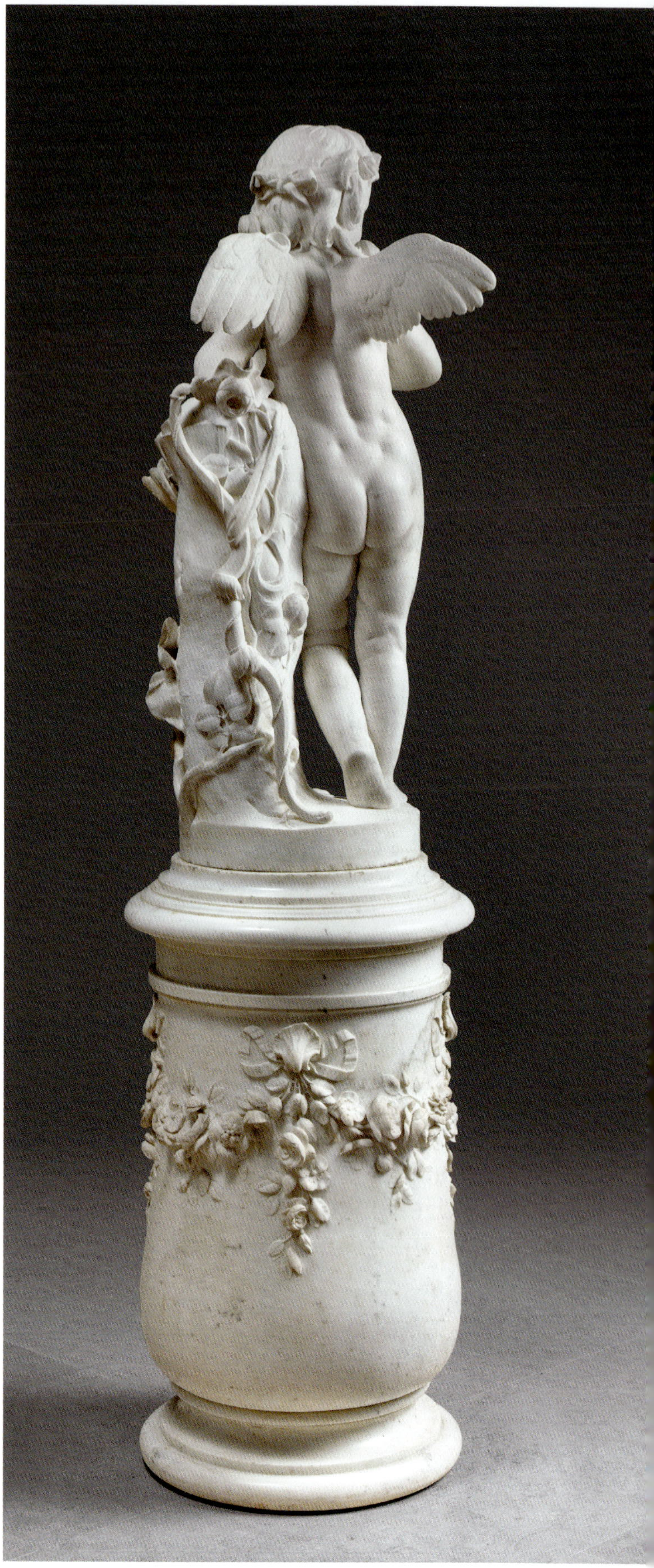

2

Mariette[6] et l'ambassadeur danois[7]. Un premier piédestal fut transporté à Crécy en octobre 1753[8]. Puis l'œuvre fut assez rapidement envoyée au château de Bellevue, où elle est décrite par Dezallier d'Argenville en 1755 « dans un cabinet »[9], lequel est précisé « près de la salle de musique » par Hébert en 1766[10]. Elle est mentionnée par Piganiol de la Force en 1765 dans « une galerie étroite »[11]. Ce « cabinet », ou cette « galerie », situés près du « cabinet de musique », correspondent à ce qui est désigné sur les plans de Bellevue comme la « Petite Galerie ». Située au rez-de-chaussée du château, cette pièce ouvrait par deux porte-fenêtres sur les parterres méridionaux de la terrasse. Elle était donc particulièrement bien éclairée, et le marbre de Saly devait y rayonner avec une belle lumière latérale. La galerie était entièrement revêtue de boiseries sculptées, aux angles arrondis, peintes en blanc et lilas. Il y avait en vis-à-vis deux trumeaux ornés de glaces, et en face de chaque baie une porte ornée également de glaces[12] : le marbre devait ainsi se refléter abondamment dans ces miroirs. On constate ainsi que *L'Amour* de Saly était exposé à Bellevue à une place d'honneur. Il côtoyait dans cette somptueuse demeure les chefs-d'œuvre de Chardin, Oudry et Carle Van Loo rassemblés par la marquise.

Un deuxième piédestal fut commandé à Verberckt pour l'installation à Bellevue[13]. Jacques Verberckt, sculpteur d'origine anversoise, agréé à l'Académie, était un ami de Saly[14]. Surtout connu pour ses admirables boiseries exécutées pour les décors des châteaux de Versailles ou de Fontainebleau, il est l'auteur de quelques rares ouvrages en marbre[15].

Après la vente de Bellevue au roi en juin 1757, *L'Amour* de Saly fut transporté dans la demeure parisienne de Mme de Pompadour, l'hôtel d'Évreux (l'actuel palais de l'Élysée), où il est décrit avec son piédestal « de marbre blanc orné de guirlandes » dans son inventaire après décès le 27 juin 1764 comme ornant la « chambre du dais », au rez-de-chaussée, face aux jardins, avec une estimation de 2 400 livres[16]. Cette pièce montrait sous un dais un dossier en Savonnerie aux armes de Mme de Pompadour. Cette présentation était un privilège réservé à l'élite de l'aristocratie[17]. *L'Amour* fut acheté à la vente après décès de Mme de Pompadour à l'hôtel d'Évreux, le 19 mars 1766 (n° 9432), par le marchand-mercier Poirier. Il obtint un grand prix : 4 900 livres, le double de l'estimation portée sur l'inventaire[18]. On ne sait pas si Poirier achetait pour son compte, ou comme agent pour le grand collectionneur Augustin Blondel de Gagny.

On retrouve en effet *L'Amour* de Saly, toujours avec son piédestal, dans l'inventaire après décès de Blondel de Gagny le 27 juillet 1776 (prisé 3 600 livres), et dans sa vente après décès (10-24 décembre 1776, n° 400) où il est vendu 5 000 livres[19]. Il est acquis par son fils, Barthélemy Auguste Blondel d'Azincourt, lui-même grand collectionneur. Le marbre fut inclus dans une vente de ses collections en 1783 (10 février et jours suivants, n° 303), puis racheté pour lui-même 1 961 livres. Il est mentionné dans son inventaire après décès au château de Bonneuil, le 22 octobre 1794[20].

Peu de temps après, *L'Amour* de Saly est acquis par un riche négociant en grains et fournisseur aux armées, Ignace Joseph Vanlerberghe[21]. À sa mort en 1819, l'œuvre fut transmise par héritage à l'une de ses trois filles, Églée Eugénie Vanlerberghe, épouse du vicomte Étienne Émile Cornudet des Chomettes. *L'Amour* de Saly orna le château de Neuville-sur-Oise, acheté par le couple en 1822. Le château et l'œuvre restèrent chez leurs descendants directs, puis passèrent en 1959 dans une famille alliée, les Moreton de Chabrillan. En 1960, le château est acquis par le comte Bertrand de La Poëze d'Harambure (1909-2004), époux de Jeanne de Moreton de Chabrillan. Alors que le château et son parc furent cédés en 1989 à l'Établissement public d'aménagement de la ville nouvelle de Cergy- Pontoise, le marbre resta en mains privées à Paris.

L'existence de *L'Amour* de Saly, conservé à Paris, commença à être connue des membres du département des Sculptures au milieu des années 1990. Son propriétaire accepta en 2002 de le prêter au château de Versailles pour l'exposition consacrée à Mme de Pompadour[22]. Au vu de son exceptionnel intérêt, la statue avec son piédestal fut signalée en juin 2006 par la Commission consultative des Trésors nationaux comme d'« un intérêt majeur pour le patrimoine national du point de vue de l'histoire de l'art et doit être considérée comme un trésor national »[23].

Jacques Saly, sculpteur du roi

Jacques François Saly naquit à Valenciennes le 20 janvier 1717. Vers l'âge de quinze ans, il se rendit à Paris afin de continuer sa formation d'artiste dans l'atelier de Guillaume Coustou et à l'Académie royale de Peinture et de Sculpture. Lauréat du premier prix de sculpture en 1738, il partit pour l'Académie de France à Rome en 1740. Il y exécuta en 1744 l'une de ses œuvres les plus célèbres, le *Buste d'une jeune fille* (marbre, collection particulière), qui fit partie de la collection de Jean-François de Troy, et dont il existe plusieurs versions[24]. Saly resta en Italie jusqu'en 1748. De retour à Paris, il fut agréé à l'Académie en 1750, et reçu en 1751 avec un *Faune tenant un chevreau* en marbre (Paris, musée Cognacq-Jay)[25]. Auteur d'une statue pédestre de Louis XV en marbre pour sa ville natale[26], il fut sollicité pour aller au Danemark exécuter la statue équestre de Frédéric V (Copenhague, place d'Amalienborg), appuyé par une recommandation de Bouchardon[27]. Saly partit pour Copenhague à la fin de l'été 1753. L'année suivante, il fut nommé directeur de l'Académie des Beaux-arts de cette ville. Il revint en France en 1774, et mourut à Paris deux ans après.

L'activité de Saly en France fut ainsi fort brève, quatre années entre son agrément à l'Académie où il devint sculpteur du Roi, ce qui lui permettait d'exposer au Salon, et son départ pour le Danemark. S'il obtint quelques commandes privées – notamment des monuments funéraires au nord de la France, aujourd'hui détruits[28] –, Saly travailla tout particulièrement pour Mme de Pompadour. Il modela en terre son portrait, ainsi que celui de Louis XV : les bustes ne furent pas exécutés en marbre, et les terres ont disparu[29]. Il exécuta pour elle une statue d'*Hébé* (fig. 3) en pierre de Tonnerre : le sculpteur nota fièrement qu'« elle en était folle ; il ne s'est presque pas passé d'heures sans qu'elle ne l'ait été voir et toujours avec transport »[30].

1 et 2. Jacques Saly (1717-1776). *L'Amour essayant une de ses flèches.* 1753. Marbre. H. 0,97 ; L. 0,46 ; P. 0,34. Piédestal de Jacques Verberckt : H. 0,84 ; L. 0,46 ; P. 0,46. Paris. Musée du Louvre. Département des Sculptures. Inv. 2016.02.

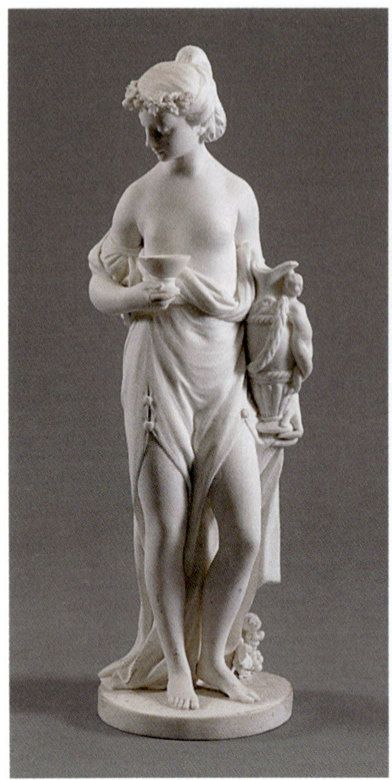

3. Jacques Saly (1717-1776). *Hébé*. Plâtre. H. 0,195. Saint-Pétersbourg. Musée de l'Ermitage. Inv. ZF 21111.

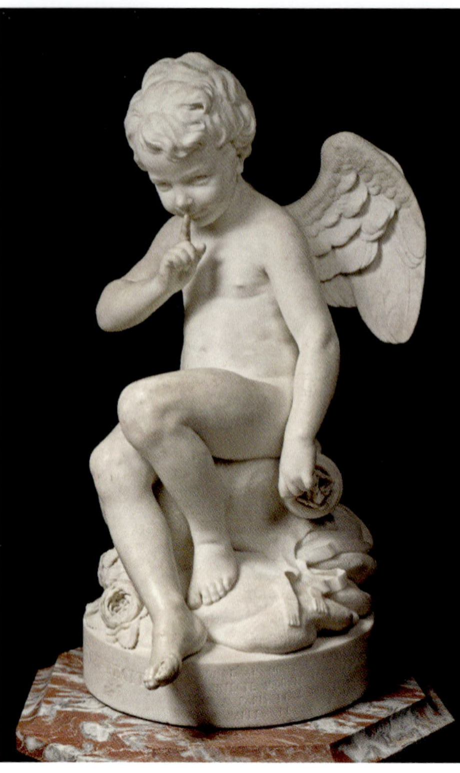

4. Étienne-Maurice Falconet (1716-1791). *L'Amour menaçant*. 1757. Marbre. H. 0,915 ; L. 0,50 ; P. 0,62. Paris. Musée du Louvre. Département des Sculptures. Inv. RF 296.

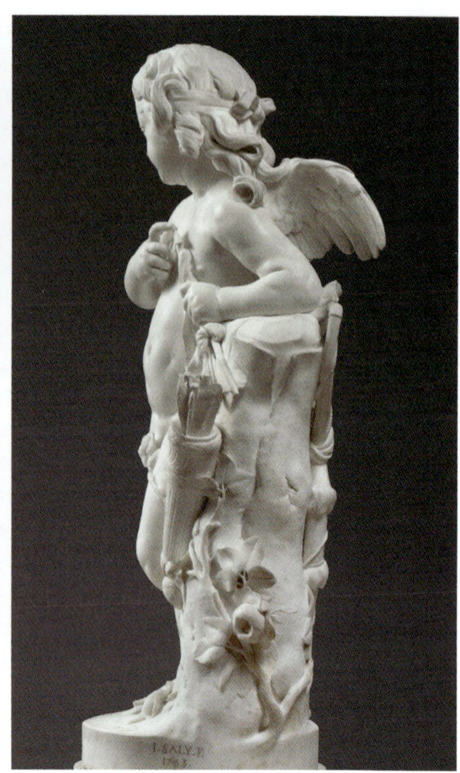

5. Vue de trois quarts, sans le piédestal, de la fig. 1.

Le goût de Mme de Pompadour pour la sculpture

La marquise de Pompadour figure incontestablement parmi les plus grands amateurs de sculptures de son temps. Elle fit orner ses domaines de prédilection par les meilleurs artistes contemporains : il faut citer, outre Saly, Falconet, Lambert Sigisbert Adam, Pigalle, Guillaume II Coustou[31]. Sa proximité avec le roi et le directeur des Bâtiments du Roi, son frère Marigny, lui offraient des moyens considérables et l'accès aux meilleurs talents. « Sa comptabilité était superbement mêlée à celle des Bâtiments et du Trésor, de sorte qu'aucune expertise ne saurait la reconstituer »[32].

Elle manifesta à plusieurs reprises un goût réel pour la sculpture. Ce n'est pas par hasard qu'une version en plomb du *Mercure* de Pigalle, dont le départ du marbre pour Berlin avait été largement regretté, orna le parc de Crécy[33]. Lorsqu'elle demanda à Bouchardon une réplique de *L'Amour se faisant un arc*, alors que son marbre exécuté pour le roi avait été critiqué, elle se posa en défenseur de son esthétique[34]. Elle s'intéressa personnellement à Falconet, qu'elle fit nommer en 1757 directeur de l'atelier de sculpture à Sèvres.

La marquise avait un sujet de prédilection, l'enfant. Ce thème est omniprésent chez elle, aussi bien en peinture qu'en tapisserie. En sculpture, il est personnifié par l'Amour. En dehors de celui de Saly, Mme de Pompadour avait projeté d'en faire exécuter un par Michel-Ange Slodtz. Celui-ci exécuta cinq modèles en 1753, mais jamais de marbre[35]. La réplique de *L'Amour* de Bouchardon ne fut pas réalisée[36]. Falconet exécuta pour elle *L'Amour menaçant* (fig. 4), dont le marbre, exposé au Salon de 1757, orna l'hôtel d'Evreux[37].

L'Amour essayant une de ses flèches de Saly

L'Amour de Saly, exécuté juste avant son départ pour le Danemark, peut être considéré comme le chef-d'œuvre de la période française de l'artiste. Saly en a particulièrement médité la composition et soigné l'exécution. Ses dessins préparatoires ont malheureusement disparu[38]. Le sculpteur emporta avec lui au Danemark son modèle en plâtre, qui fut montré au Salon de l'Académie de Copenhague en 1769 (n° 9). D'autres plâtres sont signalés. Aucun n'est aujourd'hui repéré. Le financier et fermier général Étienne Michel Bouret, parent, cousin par alliance, et intime de Mme de Pompadour, possédait une version en bronze de *L'Amour* de Saly : mentionnée par Dezallier d'Argenville en 1757, elle a réapparu récemment[39].

Le sujet est décrit par Mariette : « Il a voulu représenter l'Amour enfant qui essaye une de ses flèches : il la tient de la main droite et posant le doigt de la main gauche sur la pointe de cette arme cruelle, il juge du mal qu'il va causer ; il est debout près d'une souche environnée de toutes parts de rosiers »[40] (fig. 5). Il est aussi décrit par Saly lui-même dans le catalogue du Salon de l'Académie des Beaux-arts de Copenhague en 1769 : « un Amour, qui tient et montre en souriant deux traits qu'il médite de décocher. Ces traits sont noués avec un ruban sur lequel on lit : *Duo tela unus amor* [deux traits, un amour] »[41] (fig. 6). L'Amour tient en effet dans sa main gauche deux flèches. Il essaie le bout acéré de l'une des deux. Il est inscrit sur la lanière du baudrier du carquois : *Duo tela unus amor*. Cette citation évoque très vraisemblablement les vers d'Ovide dans les *Métamorphoses* (histoire d'Apollon et Daphné). Cupidon apostrophe ainsi Apollon :

« Ton arc transperce tout, Phœbus ? Le mien est pour toi ; tous les êtres vivants ont beau plier devant ta divinité, ta gloire ne vaut pas la mienne ». Là-dessus, fendant les airs à tire-d'aile, il se posa sans hésiter sur les hauteurs ombreuses du Parnasse et tira, de son carquois plein de flèches, deux traits aux effets opposés : l'un pour chasser l'amour, l'autre pour le faire naître. Celui qui le fait naître est doré, sa pointe acérée brille. Celui qui le chasse est émoussé et la tige de flèche est plombée »[42].

Lorsque *L'Amour* de Saly fut montré au Salon de 1753, il fut souvent commenté, et notamment par les critiques les plus influents. Le père Laugier est un des plus louangeurs : « Cette figure est fort belle, les chairs en sont fraîches et moelleuses, l'air de tête est spirituel et un peu malin, ce qui convient parfaitement au caractère du dieu qui blesse les cœurs. Sa chevelure est flexible et bouclée naturellement. En un mot c'est un bel Enfant, et qui a tout plein de grâces »[43]. Huquier fils renchérit : « M. Saly nous a représenté l'Amour dans un moment bien dangereux; ce petit Dieu vient d'aiguiser une flèche, et essayant avec son doigt si la pointe est assez aiguë, l'expression de la tête fait bien voir qu'il médite quelque défaite ; il est appuyé sur un buisson de roses. Tout est réfléchi dans ce morceau, et peint bien le génie de M. Saly ; le ciseau y est manié avec toute la délicatesse dont il est possible de l'employer »[44]. Cochin, le conseiller de Marigny, ne pouvait pas ne pas admirer le protégé de la marquise : « *L'Amour* de M. Saly est rempli de beautés de détail, sans compter une infinité de belles choses »[45]. Le commentaire de l'abbé Leblanc est celui d'un amateur averti : « *L'Amour* de M. Saly soutient la réputation qu'il s'est faite par son *Faune*. Il est tel qu'un de ceux de l'Albane, il vient d'aiguiser une flèche, et essaye avec son doigt si la pointe est assez aiguë. M. Saly a rendu dans cette figure avec les grâces de l'enfance, l'esprit et la petite malice que supposent cette action. Tout y est travaillé et recherché avec un art infini : l'habile artiste a sçu communiquer au marbre même la légèreté des feuilles de rose [suit le regret de laisser partir le sculpteur au Danemark, même s'il est « glorieux pour la France de voir que les souverains des pays étrangers, pour laisser à la postérité des monumens dignes d'eux, sont obligés de recourir à nos artistes »][46]. Fréron n'est pas en reste : « [*L'Amour* de Saly] est un des morceaux les plus achevés que l'on puisse voir dans ce genre pour le beau gracieux et le beau travail »[47]. Tout comme le comte de Caylus dans le *Mercure de France* : « Les grâces et les finesses que M. Saly a exprimées dans son *Amour* [...] ont été généralement senties »[48]. Pour Jacques Lacombe, Saly « donne au marbre la tendresse, l'expression, les grâces, et le fini de la nature [...] Ce dieu n'a point l'air emporté et furieux d'un amour passionné, il semble être un amour de sentiment [...] par son maintien doux et tranquille ». Il faut noter dans ce concert de louanges deux avis plus mitigés. Si La Font de Saint-Yenne loue le « très bon goût de dessin », il trouve le « visage doux et indolent [qui] ne rend ni son action ni son caractère »[49]. Cette opinion est amplifiée par Mariette dans son *Abecedario* – des notes qui n'étaient pas destinées à être publiées, contrairement aux critiques citées qui ont toutes été imprimées. Il est réservé sur l'abondance des accessoires, multipliés « pour jetter de la poudre aux yeux », et surtout sur le visage : « C'est le portrait d'un enfant du commun »[50]. Cette remarque est très intéressante, et rappelle les critiques apportées à *L'Amour* de Bouchardon : celui-ci fut qualifié à Versailles d'« Amour portefaix » (le propos est rapporté par Cochin) car jugé trop proche du modèle, un garçon des rues dont l'artiste s'était inspiré. Elle révèle combien était vif le débat autour de l'idéalisation que l'on doit ou non apporter à la représentation d'une figure mythologique.

L'Amour de Saly, exceptionnel par sa provenance prestigieuse et sa qualité d'exécution, au cœur des critiques des amateurs les plus importants de l'époque, joue ainsi un rôle passionnant dans notre connaissance des enjeux artistiques en France au milieu du XVIIIe siècle. Son exécution en marbre est éblouissante de virtuosité, aussi bien les détails ornementaux sur le tronc (guirlandes de roses, carquois, flèches) que la chair potelée du petit Éros et les mèches ondulantes des cheveux. De même, le piédestal de Verberckt, avec ses guirlandes de fleurs finement sculptées, est lui aussi exceptionnel. La réapparition d'une telle œuvre est une occasion inespérée pour mieux faire connaître son auteur, Jacques Saly, un sculpteur fin, attentif à l'art contemporain, confrère éminent de Bouchardon et de Falconet, bien digne de la faveur de Mme de Pompadour, un des esprits les plus raffinés de son temps.

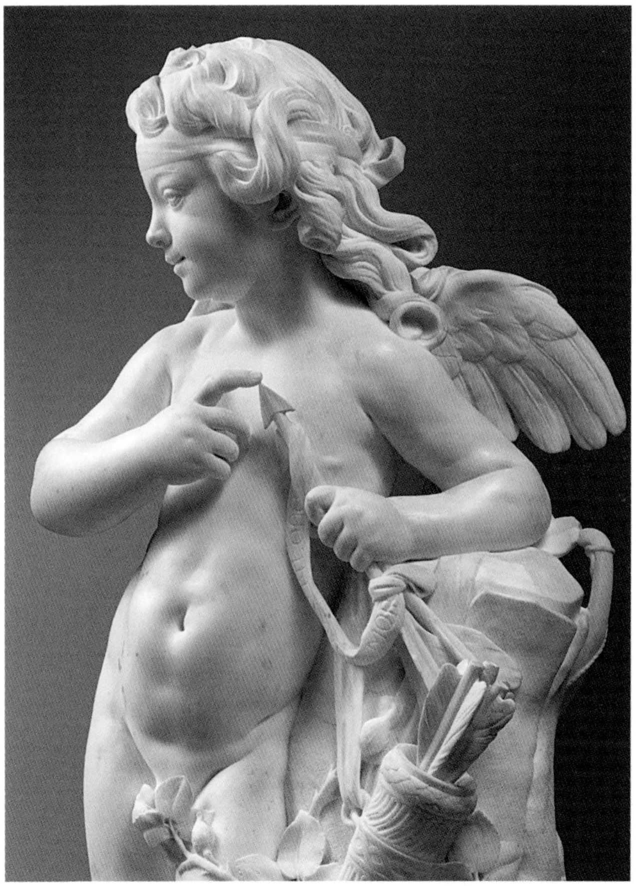

6. Détail de la fig. 1 : la citation sur le ruban.

NOTES

1 Le Conseil d'administration de la Société des Amis du Louvre, présidé par Marc Fumaroli, a émis, lors de sa séance de juillet 2015, un vote favorable pour contribuer à plus de la moitié du financement de l'œuvre (2 800 000 euros). Nous remercions chaleureusement Marc Fumaroli, Louis-Antoine Prat et les membres du Conseil pour leur soutien.

2 Le musée du Louvre lança une souscription publique dans le cadre de l'une de ses campagnes d'appel au don « Tous mécènes ! ». Elle se déroula du 6 octobre 2015 au 14 février 2016 (jour de la Saint-Valentin) et obtint un grand succès (4 300 donateurs ont donné plus de 670 000 euros). Nous remercions pour leur engagement Anne-Laure Béatrix, Frédéric Lecoz, Yara Blanc et Ophélie Peyron. Jean-Luc Martinez, président-directeur du musée du Louvre et Sophie Jugie, directrice du département des Sculptures, ont constamment soutenu cet important projet d'acquisition. L'œuvre est exposée dans l'aile Richelieu du musée, au cœur des salles des sculptures françaises des XVIIIe et XIXe siècles, récemment repeintes et réaménagées.

3 Elle est mentionnée dans une lettre du 21 mars 1752 : « [Saly] achèvera dans le courant de cette année les ouvrages commencés, comme [...] une Hébé et un Amour pour Madame de Pompadour » (lettre du secrétaire de la légation danoise au ministre des Affaires étrangère du Danemark, 21 mars 1752 (citée par Bent Sorensen, dans Xavier Salmon (dir.), *Madame de Pompadour et les arts*, cat. exp. (Versailles, musée national des châteaux de Versailles et de Trianon, 14 février-19 mai 2002), Paris, 2002, p. 309).

4 « Le Sieur Saly présentera demain la statue faite pour être placée dans les jardins de Cresci [Crécy] à Sa Majesté Très Chrétienne » (lettre de l'ambassadeur danois au ministre des Affaires Étrangères du Danemark, 10 août 1753 ; citée par Sorensen, *ibid.*).

5 « Par M. Saly, Adjoint à Professeur. Une figure en marbre, de deux pieds de proportion, représentant l'Amour », livret du Salon de 1753, n° 56 (l'indication « deux pieds » (= 65 cm) est une coquille : il faut lire « trois pieds » [= 97,5 cm]).

6 « Abecedario de P. J. Mariette », *Archives de l'art français* (t. X), Philippe de Chennevières et Anatole de Montaiglon (éd.), t. V, Paris, 1858-1859, p. 167.

7 Voir n. 4.

8 Jean Vittet, « Le décor du château de Crécy au temps de la marquise de Pompadour et du duc de Penthièvre. Essai d'identifications nouvelles », *Bulletin de la Société de l'Histoire de l'Art français* (2000), 2001, p. 152. Ces informations infirment l'hypothèse de Bent Sorensen selon laquelle *L'Amour* de Saly ne fut pas montré à Crécy : Bent Sorensen, « The Parisian career of the sculptor Jacques François Saly », *The Burlington Magazine*, CLVIII, novembre 2016, p. 897.

9 Dezallier d'Argenville, « Bellevue », dans *Voyage pittoresque des environs de Paris [...]*, Paris, 1755, p. 28.

10 Hébert, « Bellevue », dans *Dictionnaire pittoresque et historique de Paris*, t. II, 1766, p. 23.

11 Piganiol de la Force, « Bellevue », dans *Description historique de la ville de Paris et de ses environs*, t. IX, Paris, 1765, p. 42.

12 Paul Biver, *Histoire du château de Bellevue*, Paris, 1933, p. 34-35.

13 Le marbre fut fourni par les magasins du Roi, suivant l'ordre du marquis de Marigny (directeur des Bâtiments du Roi et frère de Mme de Pompadour) du 4 novembre 1755 : Marc Furcy-Raynaud, « Inventaire des sculptures exécutées au XVIIIe siècle pour la direction des Bâtiments du Roi », *Archives de l'Art français*, nouvelle période, t. XIV, 1927, p. 340.

14 Verberckt s'occupa notamment des affaires de Saly lorsque ce dernier s'établit à Copenhague : Bruno Pons, « Jacques Verberckt (1704-1771) sculpteur des Bâtiments du Roi », *Gazette des Beaux-Arts*, 6e période, t. CXIX, avril 1992, p. 175.

15 Le Louvre présente, au centre de la cour Puget, son grand *Vase décoré des attributs du Printemps* (RF 272) commandé en 1742 pour le parc du château royal de Choisy, et achevé en 1747.

16 Jean Cordey, *Inventaire des biens de Madame de Pompadour rédigé après son décès*, Paris, 1939, p. 36.

17 Le dais servait de titre d'honneur chez les princes et les ducs (Mme de Pompadour reçut le titre de duchesse). Il était dressé en permanence dans l'appartement de parade : sa présence marquait l'importance de son propriétaire, susceptible de recevoir le roi. Voir Bruno Pons, *Grands décors français 1650-1800* [...], Dijon, 1995, p. 298.

18 Alden R. Gordon, « The dispersal of the estate of Madame de Pompadour : new documentary evidence », *The Burlington Magazine*, mai 2006, p. 319.

19 Vente Blondel de Gagny, 10-24 décembre 1776, n° 400. Annoté à la marge sur l'exemplaire du catalogue conservé à La Haye : *Dazincourt. 5000*.

20 Archives nationales, Minutier central, étude LV, 146, 1er brumaire an II (22 octobre 1794) : Sorensen, cit. n. 8, p. 899, note 73.

21 Vanlerberghe fut l'acquéreur sous la Révolution de la folie Beaujon qui avait appartenu au financier Beaujon, ce dernier également propriétaire de l'hôtel d'Évreux ...

22 *Madame de Pompadour et les arts*, cit. n. 3, n° 136 (notice par Bent Sorensen).

23 Avis n° 2006-08 de la Commission, *Journal officiel* n° 149 du 29 juin 2006.

24 Une terre cuite est conservée au Louvre (RF 1840). Il grava lui-même en 1746 à l'eau-forte, d'après ses propres dessins à la sanguine, une suite de trente vases qui fut rapidement célèbre.

25 Anne-Lise Desmas a montré de façon convaincante, dans un article récent, que la version en marbre du *Faune* conservée au musée J. Paul Getty à Los Angeles ne pouvait pas être le morceau de réception de Saly : Anne-Lise Desmas, « The Getty Faun Holding a Goat Inscribed *N. Coustou 1715* : A Nineteenth- Century Forgery after Saly's Reception Piece at the Academy », *Getty Research Journal*, 8, 2016, p. 225-238. Un dessin et des plâtres anciens du *Faune* reprennent en effet des détails du marbre Cognacq-Jay qui sont absents sur la copie du marbre Getty.

26 Inaugurée en 1752, détruite sous la Révolution, connue par la gravure. Voir Bent Sorensen, « La statue de Louis XV par Jacques Saly à Valenciennes », *Valentiana*, n° 10, décembre 1992, p. 45-55.

27 « Abecedario de P. J. Mariette », cit. n. 6, p. 166.

28 Le Louvre expose le modèle en plâtre polychrome du tombeau de Charles Guy de Valory, lieutenant général des armées du roi (inv. RF 1686).

29 Bent Sorensen, dans *Madame de Pompadour et les arts*, cit. n. 3, p. 306.

30 Cité par Sorensen, cit n. 22, p. 48. Saly séjourna à Crécy en juin 1752 : il put approcher le roi et faire son portrait et constater le succès d'*Hébé* auprès de la cour. Le modèle en plâtre d'*Hébé* fut montré au Salon de 1753, à côté de *L'Amour* en marbre. La statue en pierre a disparu. On connaît des épreuves en plâtre (Saint-Pétersbourg, musée de l'Ermitage ; Copenhague, musée des Beaux-arts). La manufacture de Sèvres édita une réduction en biscuit de porcelaine tendre.

31 Guilhem Scherf, « Madame de Pompadour et la sculpture », dans *Madame de Pompadour et les arts*, cit. n. 3, p. 281-289.

32 Danielle Gallet, *Madame de Pompadour*, Paris, 1985, p. 257-258.

33 Aujourd'hui au Louvre (inv. RF 3023).

34 Diderot lui rendit hommage dans un commentaire qu'il rédigea après sa mort : « qu'est-il resté de cette femme ? [...] *L'Amour* de Bouchardon qu'on admirera à jamais [...] » (Denis Diderot, *Salon de 1765*, Else Marie Bukdahl et Annette Lorenceau (éd.), Paris, 1984, p. 40).

35 Furcy-Raynaud, cit. n. 13, p. 343-347.

36 *Ibidem*, p. 54.

37 Vente après décès de Mme de Pompadour à l'Hôtel d'Évreux : Gordon, cit. n. 18, p. 319. Le marbre fut acheté par le marchand Poirier. Deux très belles versions sont aujourd'hui conservées : l'une au Rijksmuseum d'Amsterdam (provenant des collections de Randon de Boisset), l'autre au musée du Louvre.

38 Deux d'entre eux furent signalés dans sa vente après décès, en 1776 (n° 63) : « Deux différentes compositions de l'Amour debout ; il est appuyé sur un tronc d'arbre, et armé de flèches et carquois ».

39 Dezallier d'Argenville, *Voyage pittoresque de Paris*, 1757, p. 187. Henry Jouin, « Jacques Saly [...] L'homme et l'œuvre », *Nouvelles archives de l'art français*, troisième série, t. XI, année 1895, p. 288.

40 « Abecedario de P. J. Mariette », cit. n. 6, p. 167.

41 V. Thorlacius-Ussing, « Études sur l'activité de Saly avant son voyage au Danemark », *Collections of the NY Calsberg Glyptotek*, vol. 3, 1942, p. 296.

42 *Figat tuus omnia, Phœbe, Te meus arcus, ait, quantoque animalia cedunt cuncta deo, tanto minor est tua gloria nostra. Dixit et, eliso percussis aere pennis, inpiger umbrosa Parnasi constitit arce eque sagittifera prompsit duo tela pharetra diversorum operum : fugat hoc, facit illud amorem. Quod facit auratum est et cuspide fulget acuta, quod fugat obtusum est et habet sub harundine plumbum.*

43 Anonyme [Père Laugier], *Jugement d'un amateur sur l'exposition des tableaux. Lettre à M. le marquis de V****, 1753.

44 Anonyme [Huquier fils], *Lettre sur l'exposition des tableaux au Louvre avec des notices historiques*, 1753.

45 Anonyme [Charles Nicolas Cochin], *Lettre à un amateur en réponse aux critiques qui ont paru sur l'exposition des tableaux*, s. d. [1753].

46 Anonyme [Abbé Jean Bernard Leblanc], *Observations sur les ouvrages de MM. De l'Académie de peinture et de sculpture, exposés au Salon du Louvre en l'année 1753* [...], 1753.

47 Élie Fréron, « Expositions des tableaux », *Lettres sur quelques écrits de ce tems*, t. XI, 1753.

48 Anonyme [comte de Caylus], *Mercure de France*, octobre 1753.

49 Anonyme [Jacques Lacombe], *Le Salon, en vers et en prose ou jugement des ouvrages exposés au Louvre en 1753*, s. d. [1753].

50 « Abecedario de P. J. Mariette », cit. n. 6, p. 167-168.

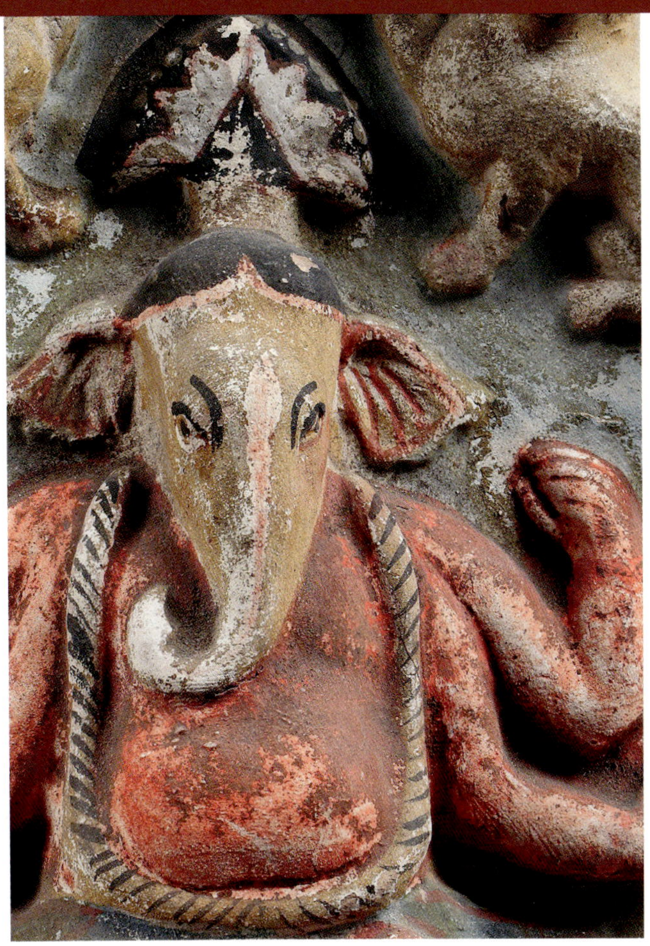

La redécouverte de la collection indienne du musée national de Céramique de Sèvres

par Stéphanie Brouillet

L'Inde n'a pas marqué l'histoire de la céramique au même titre que l'Extrême-Orient, voire l'Asie du Sud-Est. Elle n'en a pas moins eu une production que le musée national de Céramique de Sèvres, conformément à sa vocation universaliste, s'est attaché dès son origine à rassembler et préserver. Ces collections sont aujourd'hui à redécouvrir.

Le musée national de Céramique conserve un fonds de céramiques indiennes entrées dans les collections dans la première moitié du XIXe siècle à l'instigation d'Alexandre Brongniart (1770-1847), administrateur de la manufacture de Sèvres et fondateur, en 1824, du musée national de Céramique[1].

La constitution du fonds indien : voyageurs et collecteurs au début du XIXe siècle

De 1800, date de son entrée en fonction comme directeur de la Manufacture de Sèvres, à son décès, Alexandre Brongniart (fig. 1), chimiste de formation, appliqua une méthode scientifique rigoureuse à l'étude de la céramique, qu'il définit comme l'ensemble « des produits ayant subi l'action du feu ou au moins celle d'une haute température, et dont une terre ou un mélange vitrifiable fait la base »[2]. Dès 1802, Brongniart établit un inventaire des exemplaires de production céramique de tous les pays et de toutes les époques qui sont rassemblés sous son égide. Cette première collection va lui permettre de classer de façon méthodique les céramiques en fonction du degré de porosité des pâtes, classification qu'il détaille dans son *Traité des arts céramiques*, publié en 1844[3].

La collecte d'objets que l'administrateur de la manufacture souhaite mettre en place s'organise grâce à un vaste réseau de voyageurs sensibilisés aux questions scientifiques, tous proches du museum national d'Histoire naturelle où enseignait Brongniart. Marins, diplomates,

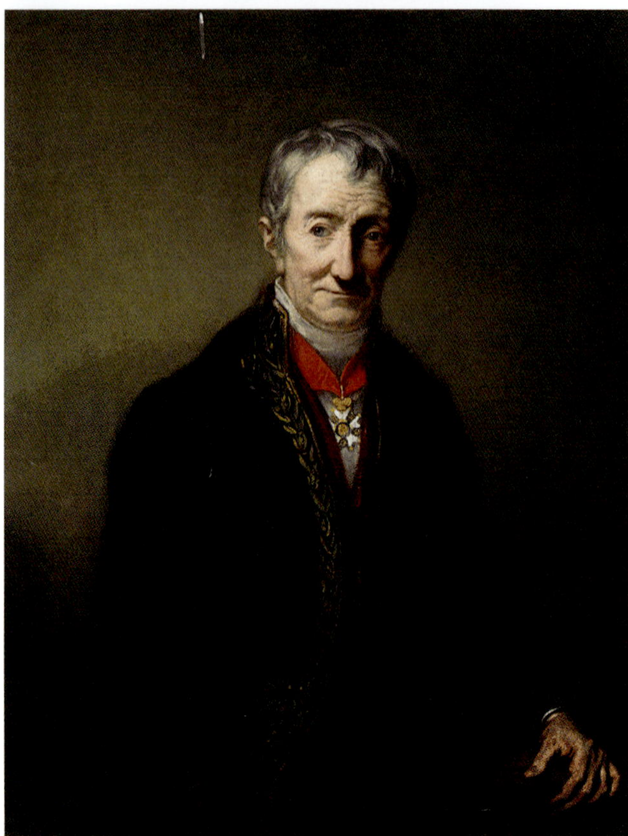

1. Émile Charles Wattier (1800-1868). *Portrait d'Alexandre Brongniart, directeur de la Manufacture de Sèvres.* 1847. H. 0,80 ; L. 0,65. Sèvres. Archives de la manufacture nationale de Sèvres. Inv. Section Fp §1 1850 n°3.

collectionneurs rapportent pour le musée des échantillons de terres cuites, poteries, porcelaines, acquises pendant leurs voyages. Ce sont les critères techniques qui priment, suivant la demande de Brongniart, et non l'importance historique des objets. Les œuvres sont donc pour la plupart contemporaines de la collecte et il s'agit majoritairement de pièces communes.

L'exemple de Jules de Blosseville

Parmi les voyageurs qui rapportèrent des pièces indiennes figure au premier rang un navigateur, Jules de Blosseville (1802-1833). Officier de marine, il fournit au musée plus de deux cents objets provenant de tous ses voyages : Inde, Chine, Vietnam, Philippines, Méditerranée, etc. Il fit partie de l'expédition scientifique du vaisseau *La Coquille*, de 1822 à 1825, avant de voyager en Inde et en Asie du Sud-Est.

Dans une lettre adressée à Alexandre Brongniart, le 1er décembre 1829, Jules de Blosseville raconte, depuis Calcutta, son voyage et ses collectes en Inde[4] :

« Notre campagne est tout à fait commencée et nous nous occupons avec ardeur des intérêts du jardin du Roi[5] et de la Manufacture de Sèvres. Je vous adresse par le navire *La Naney* de Bordeaux, capitaine Guezenne, une caisse contenant les échantillons de Poterie du Bengale [...]. Je ne pense à toutes les précautions pour des échantillons aussi peu précieux que ceux que je vous envoie, qu'en raison de l'intérêt que vous m'avez dit attacher à la poterie la plus commune de préférence aux vases de luxe ou de porcelaine que vous possédez depuis longtemps. Je vous ai choisi tout ce qui constitue le ménage d'un Bengali, à l'exception de quelques pièces d'un trop grand volume. Tous ces objets, excepté ceux qui portent le nom de Calcutta, ont été fabriqués et pris à Chandernagor où ils sont d'une qualité supérieure. Il me reste encore des vases de petites dimensions qui ont été oubliés, je les joindrai à un second envoi que j'expédierai probablement de Pondichéry après la petite campagne que nous allons faire au Pégou dont les productions nous offriront sans doute beaucoup d'intérêt [...]. Avant un an vous recevrez des objets en poterie de la côte de Coromandel, de Ceylan, de la côte des Malabars et peut-être du Golfe Persique, je m'en procurerai ensuite aux Philippines, en Chine, en Cochinchine, dans tout l'archipel d'Asie [...] ».

Blosseville disparut en mer, aux larges de l'Islande, en 1833. Brongniart et Riocreux[6], lui rendirent hommage dans la *Description méthodique du musée céramique*[7] :

« Nous devons immensément aux officiers de marine et nous devons citer en tête l'infortuné Jules de Blosseville comme méritant cette place, parce qu'il fut en effet le premier qui enrichit d'une manière notable le Musée dans sa naissance ; nous devons le citer spécialement comme un hommage dû à son ardeur trop vive de se distinguer, non seulement par les services qu'il rendait aux sciences nautique et géographique, mais encore à toutes les sciences physiques, nous lui devons cet hommage pour le zèle persévérant qu'il a mis à recueillir pour nous dans les mers de l'Inde, dans la Méditerranée, etc., tout ce qu'il jugeait digne de nous intéresser ».

La méthode de collecte : les instructions de Brongniart

Les collecteurs travaillaient de façon méthodique, à la demande de Brongniart qui leur fournissait des inscriptions détaillées manuscrites sur le modèle des instructions fournies aux collecteurs du Museum d'Histoire naturelle. Les archives du musée national de Céramique de Sèvres conservent les instructions envoyées par Brongniart à Cyrille Laplace (1793-1875), « Capitaine de Vaisseau commandant *L'Artémise* partant pour un voyage autour du monde en 1837 »[8]. Dans ces *Instructions sur les objets de poterie, faïence, grès, porcelaine et verrerie à recueillir comme échantillon de ce genre d'industrie pour le musée céramique de la manufacture royale de porcelaine de Sèvres*, Brongniart détaille les questions générales auxquelles doit répondre Laplace, en soulignant certains passages.

La première question porte sur le lieu de fabrication des objets collectés et sur leur usage par catégories socio-professionnelles :

« 1° De quelle poterie se servent les habitants du pays, cultivateurs, artisans, bourgeois, gens riches. Les poteries d'usage ordinaire ou de décoration sont elles exotiques ou indigènes? ». Il s'agit en effet de rassembler des exemplaires de poteries ordinaires, utilisées couramment, afin que le musée reçoive des exemplaires variés, et dont la fabrication serait précisément localisée.

Suivent ensuite des consignes pour la collecte :

« 2° Si elles sont indigènes : échantillon de chaque sorte, savoir platerie – assiette, plats ovales et creux tournés – tasses, saladiers, theyères [*sic*], cafetières, pots ronds et creux moulés, pièces ovales ou carrées, saucières, gobelets. De chaque sorte et de chaque genre la plus grande pièce qu'on puisse faire. Nom du pays de chaque pièce, prix de chaque pièce sur le lieu ».

L'administrateur pose par ailleurs des questions sur la fabrication : matières premières, techniques de fabrication employées par les potiers du pays.

Brongniart demande également à Laplace d'acquérir si possible des objets de grande taille : « Le musée ne possède pas en fait de grand vase, de pièce qui ait plus de 3 pieds 4 pouces de hauteur [...]. En conséquence, toute pièce qui dépassera ces dimensions sera intéressante pour ce musée et il est convenable d'en faire l'acquisition ». Laplace suivit cette instruction à la lettre, puisqu'il rapporta de Pondichéry un cavalier en terre cuite mesurant près d'1,30 m de hauteur (fig. 2).

Enfin, des instructions précises concernent l'expédition de ces pièces au musée et la nécessité de conserver les informations liées aux objets : « Il est important que les étiquettes qui indiquent les lieux où les pièces ont été faites ou ceux dont elles sont tirées ne puissent pas en être séparées et mêlées lors du déballage ».

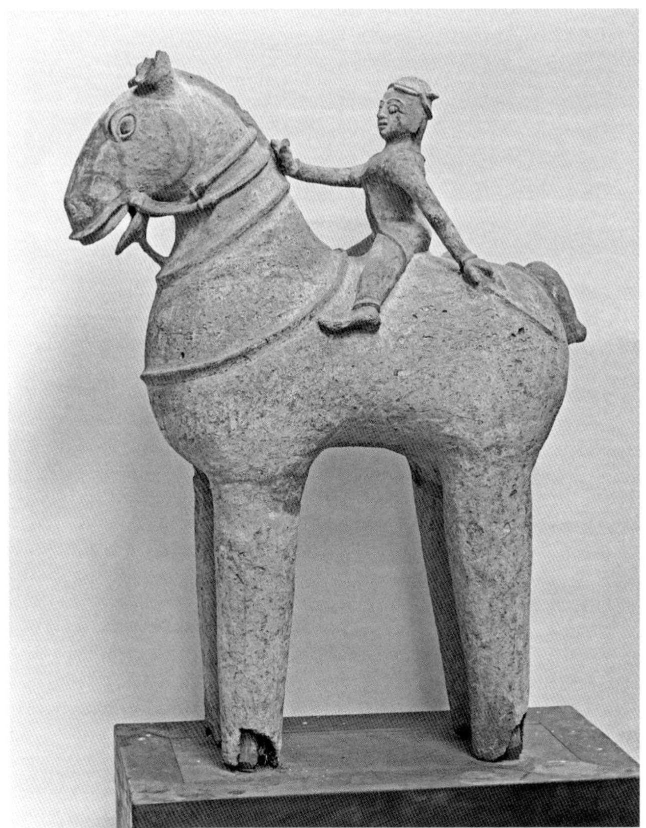

2. *Cavalier indien*. Pondichéry. Avant 1835. Terre cuite. H. 1,21 ; L. 0,95 ; P. 0,38. Sèvres. Musée national de Céramique. Inv. MNC 2762.1.

Ces consignes ont été respectées par les collecteurs et chaque pièce entrée dans l'inventaire est donc soigneusement décrite : lieu d'acquisition, forme, technique (type d'argile), usage, voire parfois nom vernaculaire. Ces informations sont reportées dans l'inventaire et consignées sur les objets eux-mêmes grâce à des étiquettes établies par le conservateur du musée. Ces indications pouvaient être très précises : Blosseville relève ainsi qu'en Inde, des plaquettes en argile, aromatisées avec du musc, sont ensuite séchées et vendues pour être mangées, sans doute comme remède[9].

La collection indienne du musée national de Céramique : un ensemble varié et complet

Le fonds indien est constitué de près de trois cents pièces d'usages, de provenances, de formes et de techniques variés, où dominent les productions de l'est de l'Inde. On note une forte représentation des objets provenant du Bengale (30%) et du Tamil Nadu (19%). Cette surreprésentation s'explique par le fait que les collecteurs, en majorité français, se rendaient plus facilement dans les comptoirs français de la côte Est de l'Inde, à Pondichéry et Chandernagor. Une vingtaine d'objets ont été collectées en Birmanie (Rangoon), qui était accessible par bateau depuis Chandernagor, comme l'explique Jules de Blosseville dans sa lettre de décembre 1829 : « Depuis notre départ de France nous avons relâché à Bourbon, à Pondichéry, à Madras et nous venons de passer un mois à Calcutta. Aujourd'hui nous commençons à descendre le fleuve pour nous rendre à Rangoon et à Martaban »[10].

Quelques pièces proviennent de l'ouest de l'Inde (trente-neuf objets de Bombay, soit 10% de l'ensemble) ou du Pakistan (Hyderabad, Peshawar, Swat).

Les formes les plus représentées des objets utilitaires sont les jarres de différentes tailles et de fabrication commune, souvent apodes, les pots, ainsi que les gargoulettes, bouteilles à panse large et à col long et étroit. L'usage généralement indiqué est culinaire. Il s'agit d'objets permettant de préparer le repas (marmites, réchauds) et de le servir, ou de conserver la nourriture ou les boissons (gargoulettes). Certains objets sont plus originaux, comme le beurrier MNC 4944 (fig. 3) en terre cuite micacée, composé d'un pot à anses et à double paroi et d'un couvercle muni d'un bouton de préhension, ou la théière MNC 4933.8 (fig. 4), de Mirzapore, en terre noire, dont la forme est proche des modèles occidentaux.

Le fonds comprend également un ensemble de sculptures et de maquettes de temples en terre cuite, dont la pièce maîtresse est le cavalier en terre cuite MNC 2762.1 (fig. 2), provenant de Pondichéry et rapporté par Laplace. Il s'agit probablement d'une figure votive, telle qu'on en fabrique encore aujourd'hui dans le Tamil Nadu[11]. Ces pièces de très grande taille sont façonnées à la main. Elles étaient parfois cuites directement à proximité du temple auquel elles étaient destinées. Les différents éléments – cavalier, tête du cheval, etc. – sont cuits séparément et assemblés après cuisson avec une argile et des fibres végétales. Ces objets servaient à orner des sanctuaires. Exposées en extérieur, les sculptures n'étaient pas destinées à durer. Des pièces aussi anciennes que le cavalier de Sèvres sont donc très rares, même en Inde. Le buste de divinité assise MNC 2762.2 est d'un style et d'une technique comparables.

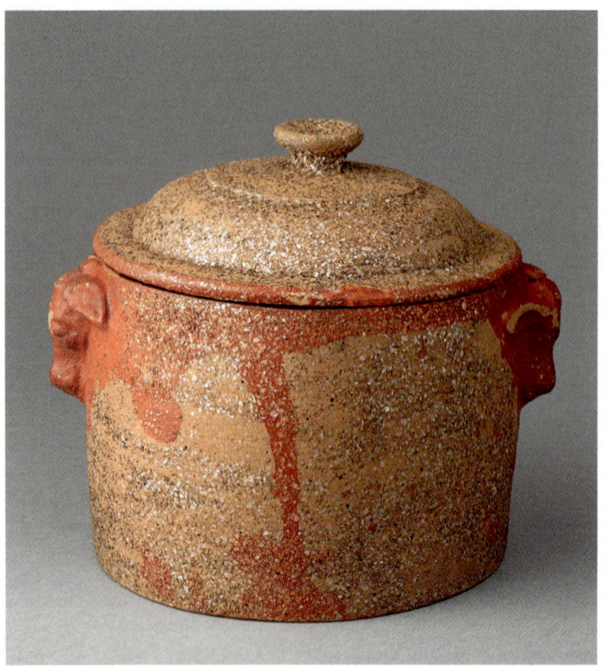

3. *Beurrier.* Madras. Avant 1856. Terre cuite micacée. H. 0,13 ; D. 0,156. Sèvres. Musée national de Céramique. Inv. MNC 4944.

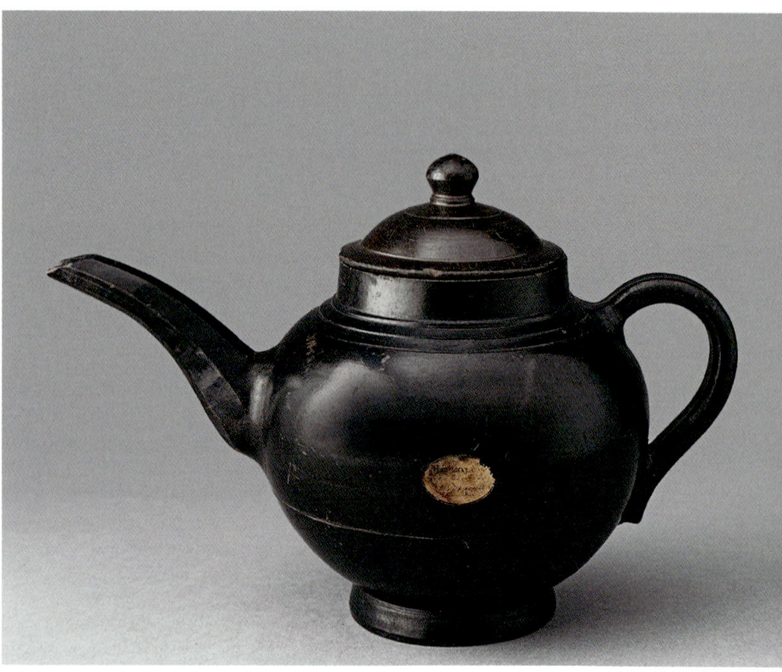

4. *Théière.* Mirzapore. Avant 1856. Terre cuite polie. H. 0,18 ; D. 0,196. Sèvres. Musée national de Céramique. Inv. MNC 4933.8.

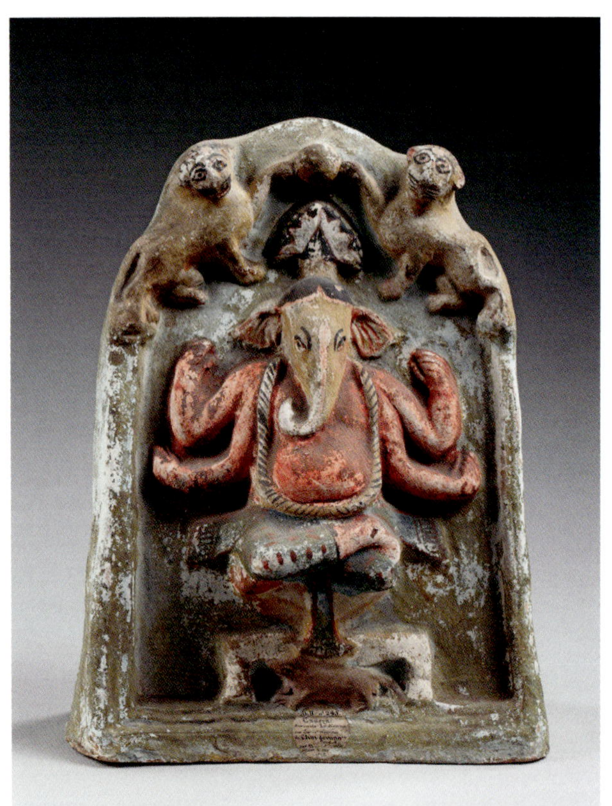

5. *Bas-relief représentant Ganesh.* Chandernagor. Avant 1827. Terre cuite polychrome. H. 0,23 ; L. 0,14. Sèvres. Musée national de Céramique. Inv. MNC 1062.2.

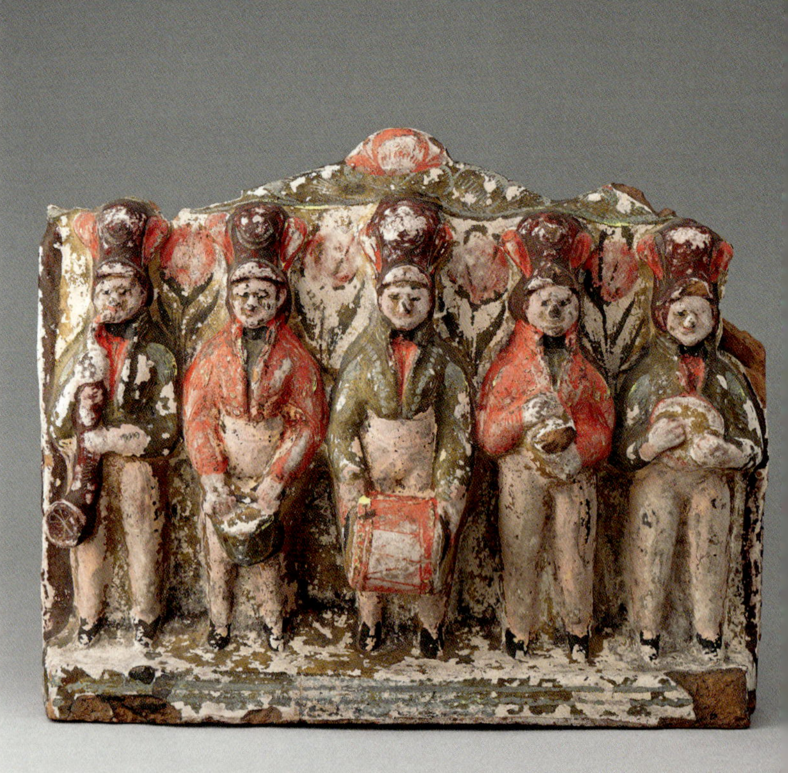

6. *Bas-relief représentant une fanfare.* Chandernagor. Avant 1857. Terre cuite polychrome. H. 0,30 ; L. 0,38. Sèvres. Musée national de Céramique. Inv. MNC 5086.

7. *Carreau de revêtement en forme d'étoile.* Hyderabad. Avant 1856. Faïence vernissée à décor bleu et blanc. L. 0,255 ; É. 0,025. Sèvres. Musée national de Céramique. Inv. MNC 4929.2.

8. *Fragment de la balustrade d'un tombeau indien.* Hyderabad. Avant 1878. Faïence vernissée à décor bleu et blanc. H. 0,457 ; L. 0,159 ; P. 0,22. Sèvres. Musée national de Céramique. Inv. MNC 7840.

Deux bas-reliefs sont en terre cuite peinte. Le bas-relief MNC 1062.2 (fig. 5) représente Ganesh, dieu hindou à tête d'éléphant, assis en tailleur et muni de deux paires de bras. Blosseville s'inquiète dans sa lettre de décembre 1829 pour ces objets fragiles : « On fait dans toute l'Inde et surtout au Bengale dans de la terre des représentations d'idoles qui sont assez singulières, mais comme les ouvrages grotesques ne sont pas ordinairement soumis aux mêmes préparations que la poterie, ils ont peu de solidité et je crains fort que l'image de Ganesa et celle de Krishen ne soient brisées en poudre avant leur arrivée »[12]. Le bas-relief MNC 5086 témoigne de la présence anglaise en Inde puisqu'il représente cinq soldats anglais en tenue d'apparat, avec leurs instruments de musique (fig. 6).

Les techniques de fabrication

Les techniques représentées sont également très diversifiées. Quelques rares faïences émaillées témoignent de la production influencée par l'Islam. Parmi ces pièces figurent quelques éléments de décoration provenant d'Hyderabad au Pakistan, tel qu'un carreau en forme d'étoile à décor bleu et turquoise sur fond blanc (MNC 4929.2) (fig. 7). Un tombeau indien, dans le style des productions de Multan ou de Sind, a été donné par le Prince de Galles, futur roi d'Angleterre Édouard VII, en 1880[13]. C'est un cénotaphe en faïence siliceuse à décor bleu et turquoise, mesurant 2,45 m de long, 1,20 m de large et 1,12 m de hauteur. Il est composé d'une estrade, sur laquelle repose un second plateau servant de support à un cénotaphe dont les côtés sont fermés par des plaques cintrées portant une inscription. Le tout est entouré d'une balustrade avec des pilastres au coin (MNC 7840) (fig. 8).

Les autres pièces sont des terres cuites, à pâte rouge ou noire. Dans son *Traité de la céramique*, Brongniart décrit le façonnage de ces pièces d'après les indications données par Blosseville :

« On augmente la densité de la pâte dans la partie qui fait le fond des pièces destinées à la cuisson du riz et des autres aliments en comprimant cette partie par le moyen suivant : le potier introduit dans l'intérieur de la pièce une sorte de tampon de pierre dure à surface très unie, qui est comme un noyau sur lequel il va mouler sa pièce par voie de tamponnage. Il opère cette sorte de moulage à l'aide d'un battoir en bois assez dur »[14].

Ces objets sont ensuite cuits à basse température. Certaines pièces tirent leur décor du mica contenu dans la terre, qui donne après cuisson un aspect brillant aux objets. C'est le cas des objets provenant de Karaikal sur

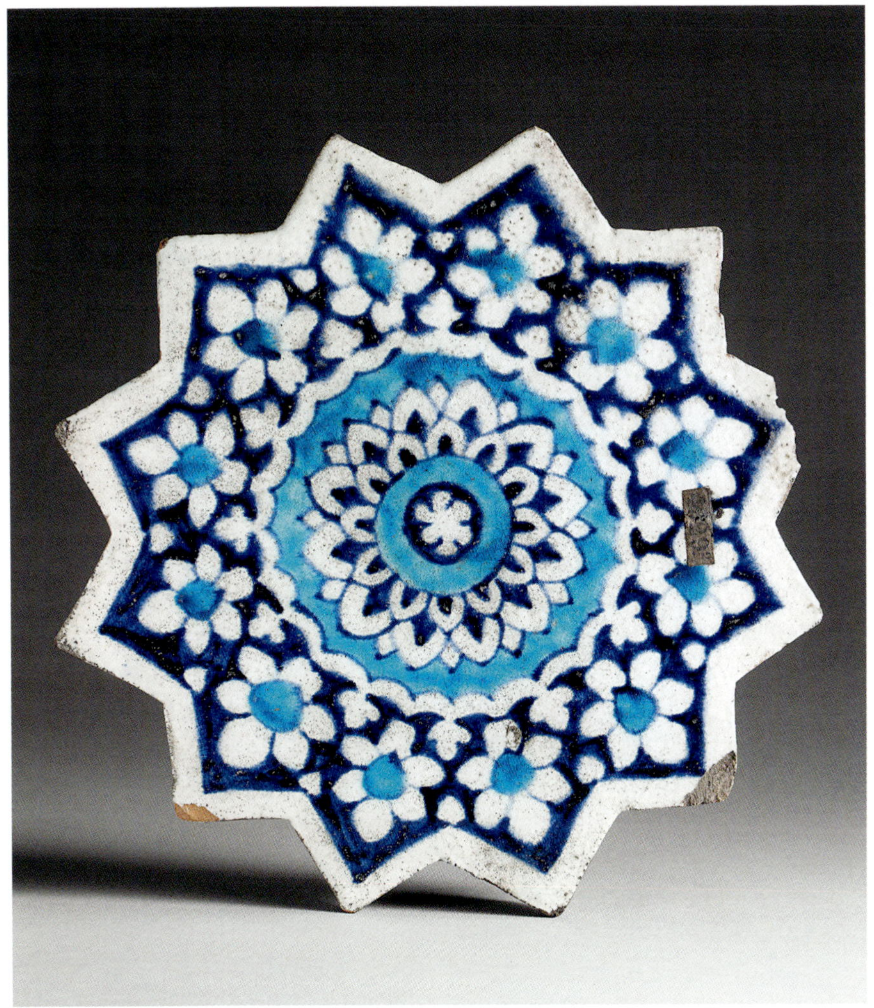

7

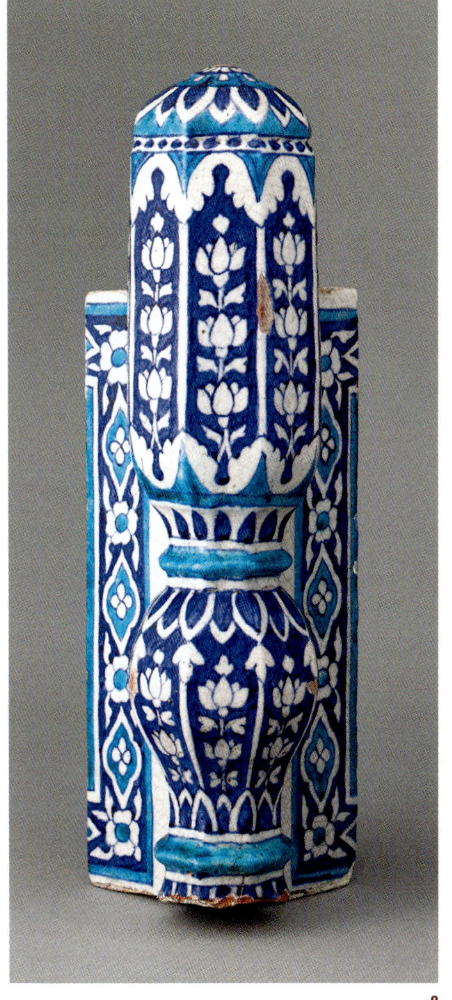

8

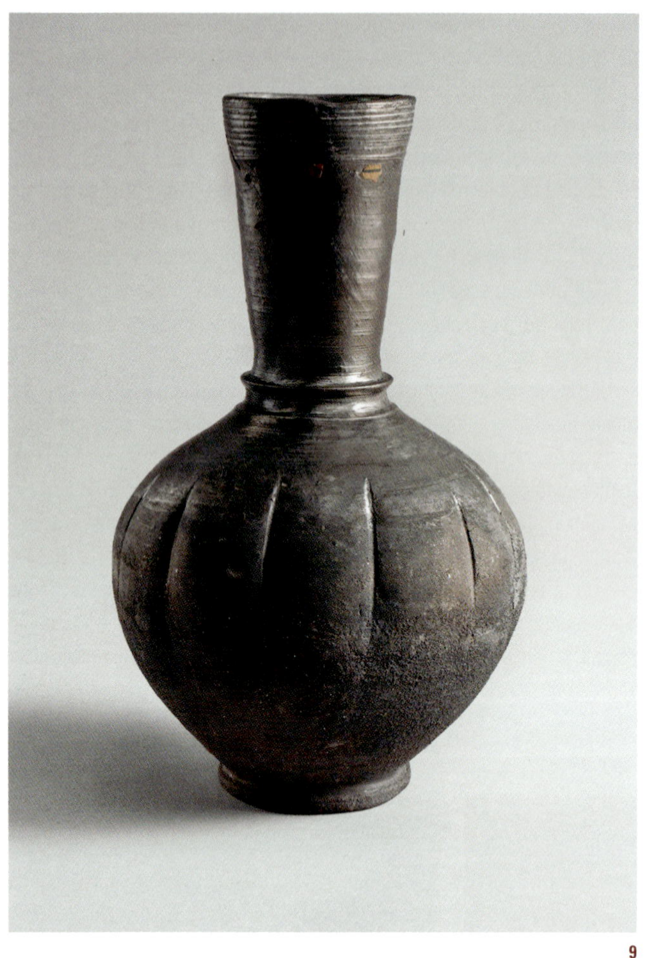

9

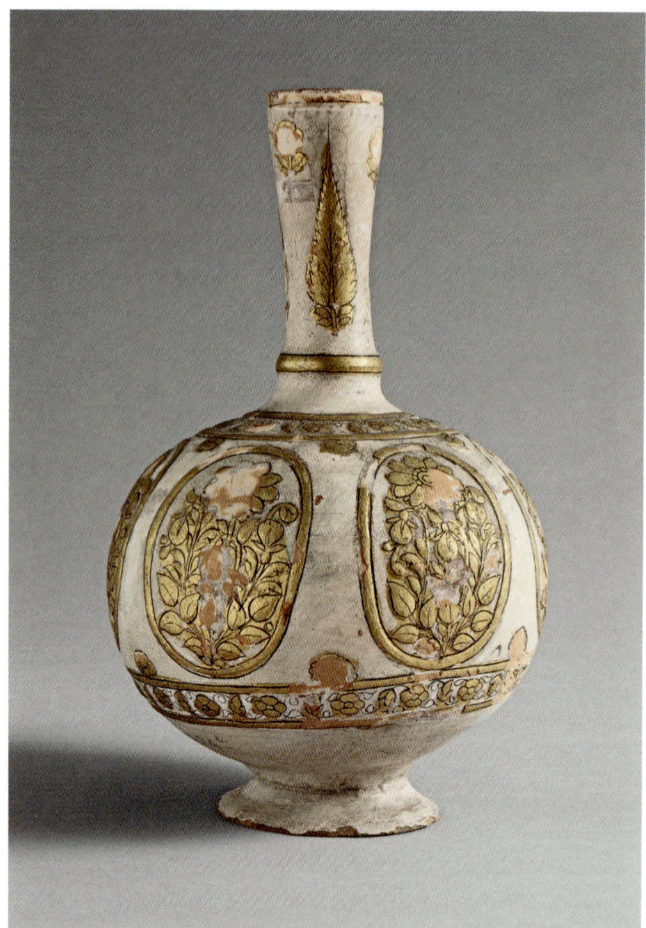

10

la côte sud-est de l'Inde (MNC 1102.4 ou 1102.6). D'autres pièces reçoivent un décor gravé ou incisé avant cuisson. Ce décor très simple est formé de stries, ou de bourrelets, notamment sur le col de certaines gargoulettes. D'autres reçoivent un décor plus élaboré après cuisson. C'est le cas des objets dont la surface est polie. La gargoulette (MNC 1059.2) (fig. 9) provenant de Calcutta présente ces deux types de décor. Un ensemble de pièces provenant d'Hyderabad, dans le nord-est du Deccan, portent un décor plus élaboré : les pièces en terre cuite rouge sont recouvertes d'une engobe blanche, avant d'être décorées à la feuille d'or appliquée sur un motif moulé en relief sur la pièce (MNC 4939.4) (fig. 10). Enfin, plusieurs pièces, notamment la très belle carafe MNC 7421 (fig. 11), ont un décor incrusté en argent, imitant ainsi les techniques utilisées dans l'orfèvrerie de l'époque moghole.

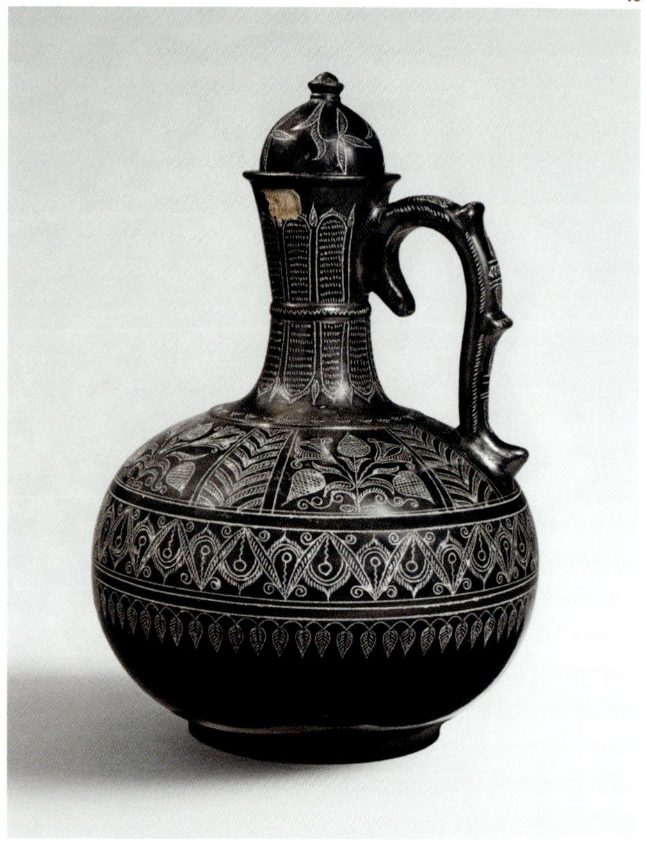

11

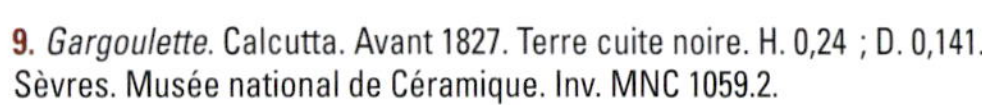

9. *Gargoulette.* Calcutta. Avant 1827. Terre cuite noire. H. 0,24 ; D. 0,141. Sèvres. Musée national de Céramique. Inv. MNC 1059.2.

10. *Gargoulette.* Hyderabad. XVIIIe siècle. Terre cuite à décor d'engobe blanche et de feuilles d'or. H. 0,188 ; D. 0,116. Sèvres. Musée national de Céramique. Inv. MNC 4939.4.

11. *Carafe.* Inde. XIXe siècle. Terre cuite polie à décor d'argent incrusté. H. 0,271 ; D. 0,183. Sèvres. Musée national de Céramique. Inv. MNC 7421.

La publication de Brongniart (1841-1844)

Dans le *Traité des arts céramiques*, Brongniart consacre plusieurs pages aux céramiques indiennes, dans la catégorie des « poteries mattes ». Selon lui, les poteries indiennes « se divisent en deux séries, les unes à pâte généralement rouge ou jaunâtre, les autres à pâte noire »[15]. Certaines de ses observations sont même illustrées. C'est le cas de l'explication du façonnage, assortie de dessins représentant les instruments utilisés par les potiers indiens : une pierre polie et un battoir en bois (fig. 12). Brongniart décrit ensuite les différentes productions et les études qu'il a pu mener sur ces objets. Ainsi, pour les productions de Chandernagor a-t-il testé la résistance du lustre : « Ce lustre, extrêmement mince, est très solide ; le frottement ni avec le linge sec, ni avec le linge mouillé, ne lui enlève rien ; on ne peut l'attribuer à la seule action du feu sur une pâte noire, par du charbon ou par du fer [...] il est certain qu'il ne peut être dû à du graphite, car toutes les poteries qui doivent leur lustre à cette substance déposent par frottement une teinte noire sur le linge »[16]. La même expérience menée sur des poteries de Karaikal montre que l'enduit est moins résistant : « Ces pièces sont couvertes d'un enduit talqueux métalloïde d'un éclat et d'une couleur absolument semblables tantôt à de l'or massif et tantôt à de l'argent. Cet enduit résiste assez bien au frottement des doigts, mais il s'enlève en partie avec le linge sec et complètement avec un linge mouillé »[17].

Dans la *Description méthodique du musée céramique*, en 1845, Brongniart et Riocreux décrivent précisément les pièces de la collection. Certaines font l'objet d'une illustration en couleur. C'est le cas par exemple du grand cavalier rapporté par Laplace[18]. Les objets choisis pour la planche XVI (fig. 13) illustrent bien une production spécifique. La jatte apode[19] est ainsi caractéristique de la production de la côte est de

MATTES, INDIENNES. 495

contrées si voisines de la Chine où presque toutes les Poteries sont couvertes de glaçures diverses, appartiennent cependant aux Poteries sans glaçure réelle.

Elles se divisent en deux séries, les unes à pâte généralement rouge ou jaunâtre, les autres à pâte noire; les premières sont les plus abondantes.

Leurs formes ont entre elles certaine ressemblance. (Mus. céram., M Pl. XVI.) Ce sont, en général, des vases bas à large ouverture, des bouteilles sphéroïdales à long col; mais ce qui se fait remarquer plus particulièrement, c'est l'absence de pied et même de base plane. La plupart des vases d'usage domestique sont terminés en calotte de sphère, ce qui indique leur usage culinaire pour la cuisson du riz, en les rendant propres à être placés sur les fourneaux et à recevoir plus convenablement l'action du feu.

Ils sont presque tous minces, par conséquent légers et très-bien tournés.

On augmente la densité de la pâte dans la partie qui fait le fond des pièces destinées à la cuisson du riz et des autres aliments en comprimant cette partie par le moyen suivant: Le Potier introduit dans l'intérieur de la pièce une sorte de tampon A en pierre dure à surface très-unie, qui est comme un noyau sur lequel il va mouler sa pièce par voie de tamponnage. Il opère cette sorte de moulage à l'aide d'un battoir en bois assez dur B.

Je donne, n° 40, la figure de ces deux instruments et j'ai fait connaître leur mode d'action d'après les objets et les renseignements qui m'ont été donnés par M. de Blosseville.

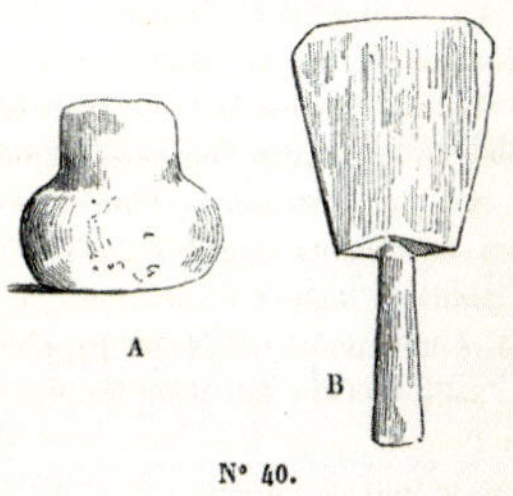

Plusieurs de ces poteries sont à peine cuites et d'autres ne le sont pas du tout. Ces dernières pièces ont la forme de petites soucoupes minces en segment de sphère, sans pieds; elles sont aromatisées avec du musc. Les Indiens, et notamment les femmes, achètent ces petites galettes argileuses et aromatisées pour les manger ou au moins les croquer.

12

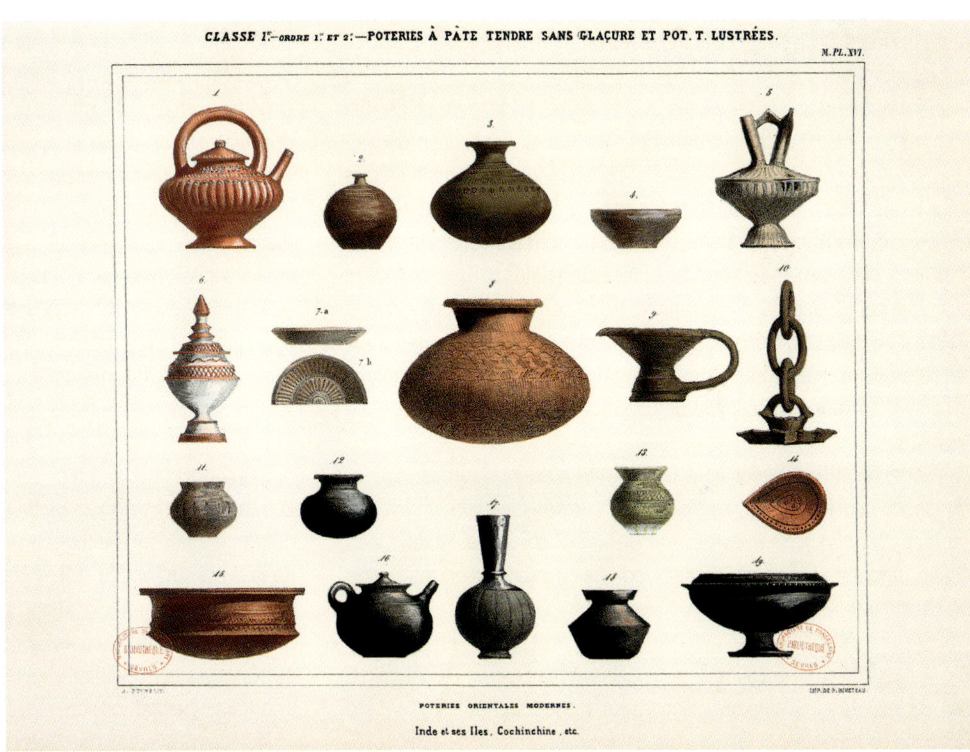

13

12. Alexandre Brongniart, *Traité des arts céramiques*, Paris, 1844, p. 495. Sèvres. Musée national de Céramique.

13. Alexandre Brongniart et Denis-Désiré Riocreux, *Description méthodique du musée céramique*, Paris, 1845, planche XVI. Sèvres. Musée national de Céramique.

l'Inde et la collection en compte plusieurs exemplaires décrits dans la *Description méthodique* comme : « cinq casseroles cylindriques apodes [...] de différents diamètres, dont trois à ornements concaves »[20]. L'usage et la technique sont également présentés, comme pour la lampe et la coupe de Karaikal : « Lampes de pagodes, dont une à chaînons[21], et une petite coupe d'offrande, forme hémisphérique à une anse (même planche, ill. nº 9), pâte brun-roussâtre, recouvertes d'un enduit talqueux d'aspect cuivreux. De Karical. (Par M. J. de Blosseville, 1829) »[22]. Des pièces qui n'ont pas été retrouvées nous sont connues uniquement grâce à l'illustration, comme le « vase à parfums, couverte[23], pâte brun-roussâtre, enduit en blanc mat, ornement linéaire à quadrilles peint en rouge-brique. Hauteur 0,20 m »[24], dont ne subsiste que le couvercle.

Dispersion et relégation en réserve : les raisons d'un oubli

Dès l'arrivée des objets, les pièces jugées les plus intéressantes sont immédiatement inventoriées. Parmi les pièces jugées moins intéressantes, une sélection est opérée. Par exemple, on choisit une pièce représentative d'une typologie et les autres pièces proches ne sont pas inventoriées. Cette pratique reste officieuse et non formalisée jusqu'à l'arrivée, en 1872, de Jules François Félix Husson-Fleury (1821-1889) dit Champfleury à la tête du musée national de Céramique. Ce dernier réorganise alors le musée qui déménage dans de nouveaux locaux en 1876 dans le bâtiment qu'il occupe encore aujourd'hui aux abords du parc de Saint-Cloud. Lors de cette réorganisation, Champfleury fait établir la liste des objets qu'il considère comme des « doubles ». Le conservateur propose alors ces objets à d'autres musées à des fins d'échange. Il contacte ainsi le Conservatoire National des Arts et Métiers ou encore le musée Adrien-Dubouché de Limoges. Dans un rapport de septembre 1877, Champfleury explique ainsi que « les objets qui seront définitivement éliminés des collections du musée seront immédiatement remis en caisse pour être ensuite répartis entre les musées de province, lorsque les formalités nécessaires auront été remplies »[25].

Champfleury utilise ces listes pour reléguer en réserve un certain nombre d'objets. Des caisses de « doubles » sont ainsi constituées et envoyées dans une réserve dite de l' « ancien moulin », le moulin étant à Sèvres le lieu où sont fabriquées les pâtes à porcelaine. Cette réserve est en fait un bâtiment vétuste, les objets y sont conservés dans des caisses numérotées et ne sont donc plus accessibles ni aux visiteurs ni aux chercheurs. Dans le même rapport, le conservateur explique que le travail de tri et de mise en caisse des « doubles » doit être « interrompu par la mauvaise saison et qu'on ne pourra reprendre qu'au printemps prochain, car il est impossible de chauffer le hangar dans lequel ce travail doit être fait »[26].

Parmi les pièces citées dans la *Désignation sommaire des doubles du musée contenus dans les trente-cinq caisses récemment ouvertes au Vieux Moulin de la Manufacture Nationale de Sèvres* établie vers 1895[27], figurent au numéro 86 des « poteries communes en terre cuite de Pondichéry ».

Au-delà de cette question des « doubles », dont certains n'ont même pas été inscrits à l'inventaire, il s'est trouvé que les objets indiens ont été relégués en réserve, par vagues successives, à partir des années 1870. Cette relégation se fonde sur l'appréciation de leur qualité. D'abord, les productions indiennes pâtissent de la comparaison avec les prestigieuses porcelaines de la Chine et avec les faïences chatoyantes du monde musulman, mieux connues en Occident. Brongniart le dit d'ailleurs dans son *Traité des arts céramiques* : « La plupart des poteries des Indes orientales, de ces contrées si voisines de la Chine où presque toutes les poteries sont couvertes de glaçure diverses, appartiennent cependant aux Poteries sans glaçure »[28]. Cette persistance d'une production de terres cuites jugées inférieures en qualité aux productions voisines est considérée comme une anomalie par Brongniart, qui s'attache cependant à les décrire. Il glisse cependant, dans le traité, à propos des pièces birmanes provenant de Rangoon : « Ces poteries semblent se ressentir du voisinage de la contrée d'où sont sorties depuis des siècles tout ce que les arts céramiques ont produit de plus beau et de plus parfait »[29].

Ses successeurs n'ont pas la même curiosité et préfèrent négliger ces pièces qui ne s'intègrent pas à leur vision de l'histoire de la céramique. Si Brongniart souhaitait décrire l'ensemble des techniques existant à un moment donné, anciennes comme modernes, ses successeurs vont s'attacher à retracer une nouvelle histoire de la céramique. D'autre part, la conception muséographique évolue au cours du XIXe siècle. Brongniart concevait le musée comme une encyclopédie de l'ensemble des techniques, présentant toutes les pièces du musée, cette approche s'adressant plus aux chercheurs et artisans qu'au grand public. L'accent était mis sur l'étiquetage systématique et complet des objets, plus que sur leur mise en valeur.

Champfleury décide de réorganiser le parcours afin de présenter l'évolution de la céramique telle qu'il la conçoit, partant des terres cuites antiques et arrivant grâce à de constants progrès techniques à la porcelaine, en particulier à la production de la Manufacture de Sèvres[30]. Les œuvres sont ainsi sélectionnées pour leurs qualités intrinsèques et pour s'intégrer à ce parcours, scandé par des « chefs-d'œuvre » particulièrement mis en valeur. Champfleury compare le mode de présentation des œuvres dans l'ancien musée à celui des « pommes dans un fruitier ». Il explique que « dans ces vitrines étaient entassées des pièces rares, d'une valeur exceptionnelle, mais peu visibles, perdant par là une partie de leur prix et de leur intérêt pour l'érudit par manque de cadre et de lumière »[31]. Dans un courrier de juin 1895, Champfleury explique qu'« à partir de 1845, le mouvement céramique se modifia. On voulut connaître non seulement l'histoire des fabriques et des fabricants, mais aussi les brillants spécimens produits dans les diverses contrées de l'Europe et de l'Orient »[32]. L'intérêt se reporta alors sur les marques, monogrammes, inscriptions indiquant des fabrications illustres, et sur les pièces décorées. Dans le parcours muséographique proposé par Champfleury, les terres cuites présentées sont donc cantonnées au début du parcours chronologique : antiques, précolombiennes, médiévales. Les terres cuites du XIXe siècle provenant d'Inde, d'Afrique, d'Asie ou des Amériques ne s'intègrent pas dans ce récit et sont donc éliminées de la présentation (fig. 14).

En 1903, Georges Papillon, nouveau conservateur du musée, propose un réaménagement du parcours, qui fait l'objet d'un guide illustré rédigé par Georges Lechevallier-Chevignard publié en 1908[33]. Les productions orientales présentées sont des porcelaines chinoises, des grès japonais redécouverts à la fin du XIXe siècle, des faïences islamiques, mais aucune

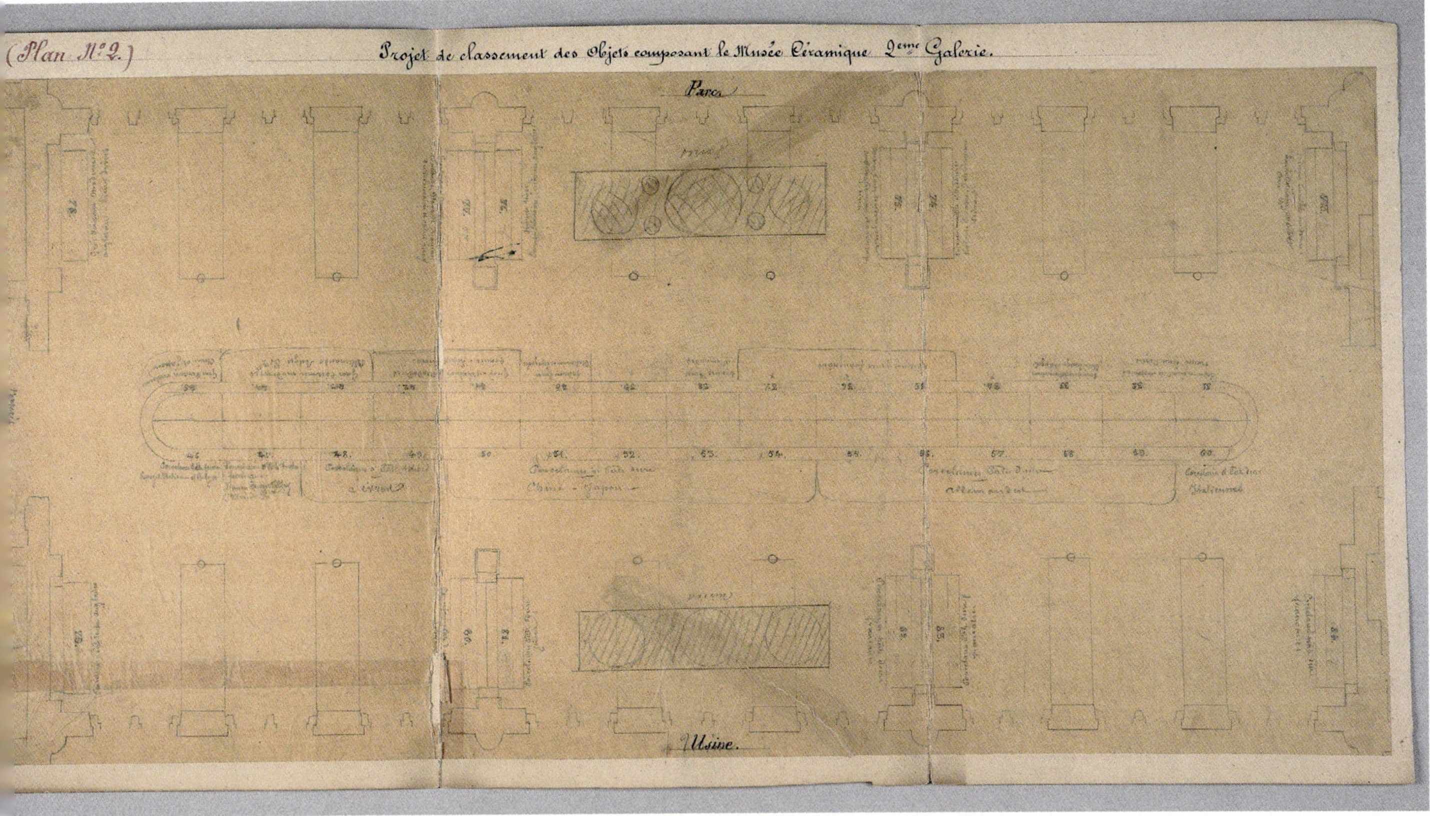

14. Champfleury. *Plan du musée.* Archives de Sèvres. Musée national de Céramique. Projet de classement des objets composant le musée céramique, 2e galerie (plan n° 2).

terre cuite indienne n'est exposée. Les seules terres cuites, comme en 1876, sont grecques, étrusques et romaines, médiévales françaises, et précolombiennes ; la terre cuite précolombienne, « ingénieuse dans sa rusticité [...], est représentée par des spécimens très variés des anciennes poteries mates ou lustrées du Pérou, de la Colombie, du Mexique »[34]. Aucune terre cuite de fabrication moderne n'est présentée, aucune pièce indienne n'est mentionnée dans le guide de Lechevallier-Chevignard. Ce dernier rappelle le but du nouveau parcours : « rendre compte avec netteté du développement rationnel des fabrications et des décors »[35]. Le « développement rationnel », c'est celui des progrès de la fabrication de la porcelaine, dans une histoire qui se centre désormais uniquement sur l'Europe. Seules sont admises dans le parcours des productions qui ont eu une influence sur les productions européennes, telles que les porcelaines chinoises et les faïences islamiques. Valorisation de la notion de « progrès » et européocentrisme expliquent la relégation des pièces indiennes. L'acquisition de pièces caractéristiques du point de vue des techniques devient dès lors l'apanage du musée des Arts et Métiers.

La redécouverte de la collection indienne

Une lettre, datée de 1937[36], adressée au directeur de la manufacture révèle qu'une première découverte est restée sans suite puisque quatorze pièces de Pondichéry sont remises en caisses sans avoir été inventoriées.

En 1985, dans son ouvrage sur la céramique islamique[37], Jean Soustiel évoque quelques-unes des pièces indiennes de Sèvres, bien que le domaine de la céramique indienne « relève plus de le tradition de la culture hindoue qu'islamique ». Il souligne que l'histoire de la céramique indienne est un domaine encore méconnu et qu'il n'a pas suscité de recherches notables. Si de nombreuses études récentes traitent de la céramique des périodes anciennes – pré- et protohistoriques –, la céramique indienne plus tardive est aujourd'hui encore un domaine peu exploré. « Force est alors de se tourner vers les dépôts du matériel collecté par les voyageurs européens à partir des années 1850. [...] Les informations assez parcimonieuses naissent ainsi au gré de cette cueillette dans les réserves des musées. Celles du musée de Sèvres par exemple abritent ainsi quelques spécimens qui attendent d'être rattachés à des séries homogènes et à des centres de fabrication encore non répertoriés »[38]. Soustiel retient surtout de cet aperçu des réserves

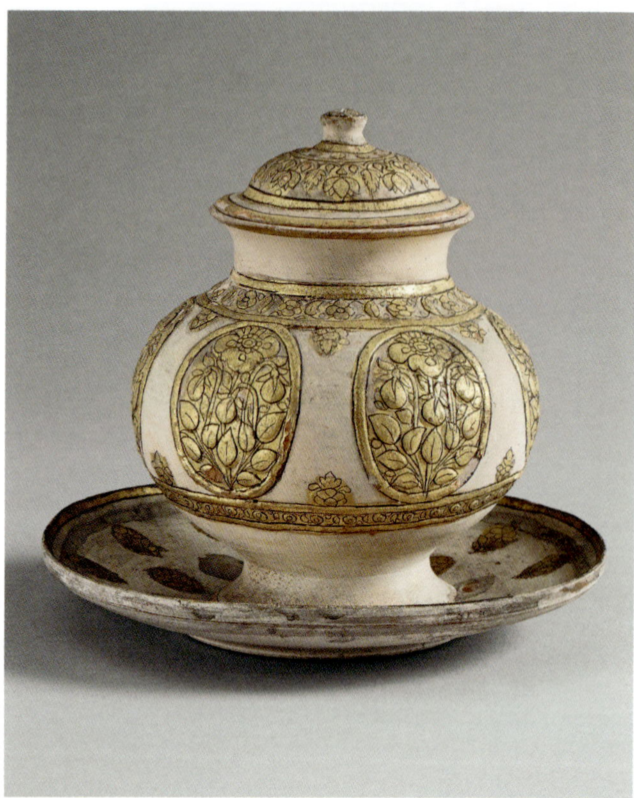

15. *Pot couvert et assiette.* Hyderabad. XVIIIe siècle. Terre cuite à décor d'engobe blanche et de feuilles d'or. H. 0,132 ; D. 0,017. Sèvres. Musée national de Céramique. Inv. MNC 4939.2.

du musée les productions d'Hyderabad dans le Deccan, et notamment un petit pot couvert à décor doré, « qui fait écho aux jades incrustés d'or et de pierres fines, si prisés par les rois du Deccan et les empereurs de Delhi »[39] (fig. 15).

En 2010, les pièces indiennes sortent à nouveau de l'ombre. Les caisses d'objets stockées dans un entrepôt extérieur font l'objet d'une opération de sondage. On découvre alors des dizaines d'objets intacts et en relativement bon état. En 2012, une campagne systématique d'ouverture des caisses conservées en réserve permet la redécouverte de plus de deux cent cinquante céramiques indiennes datées et dont la provenance est clairement indiquée.

Paradoxalement, la mise en caisse de ces objets fragiles a peut-être permis leur conservation. En effet, en 1942, le musée est touché par un bombardement et les pièces restées exposées, plus de deux mille objets, sont soufflées par l'explosion et brisées. Les céramiques indiennes, que leur technique de fabrication rend très fragiles, n'ont heureusement pas subi cet événement tragique du fait de leur mise en caisse et ont donc pu nous parvenir intactes.

L'étude de ces objets est intéressante non seulement pour l'histoire des collections et celle du musée national de Céramique, mais aussi pour la connaissance de la céramique indienne en général. En effet, rares sont les ensembles de céramiques indiennes constitués au XIXe siècle à avoir été conservés, encore plus rares ceux qui ont fait l'objet d'une étude. Or, grâce aux conditions et aux impératifs liés à leur collecte, ils sont précisément datés et décrits, ce qui permet de constituer une base de référence, utile pour poursuivre l'étude d'autres collections. Dans le cadre d'un projet de recherche mené en partenariat avec le CNRS et l'université Paris IV Panthéon – Sorbonne, chaque objet a été photographié, mesuré, intégré à une base de données, et la silhouette des principaux types a été dessinée. Les descriptions de l'inventaire ont été complétées par des observations. L'étude se poursuit dans plusieurs directions : recherche de modèles formels dans d'autres techniques (métal), recherches iconographiques de représentations de céramiques, identification d'autres collections dans des musées en France ou dans le monde, etc. Ce projet devrait ainsi permettre de mieux connaître une production céramique restée trop longtemps méconnue, y compris en Inde.

NOTES

1 Les premiers inventaires du musée national des arts céramiques et vitriques datent de 1806. Le musée ouvre ses portes au public en 1824 et reste attaché à la manufacture jusqu'en 1927, date à laquelle la manufacture obtient son autonomie. En 2010, les deux entités sont à nouveau rassemblées au sein de l'établissement public Sèvres – Cité de la Céramique, auquel s'ajoute en 2012 le musée national Adrien-Dubouché de Limoges.
2 Alexandre Brongniart, Denis-Désiré Riocreux, *Description méthodique du musée céramique de la manufacture royale de porcelaine de Sèvres*, Paris, 1845, p. 10.
3 Alexandre Brongniart, *Traité des arts céramiques ou Des poteries, considérées dans leur histoire, leur pratique et leur théorie*, Paris, 1844.
4 Sèvres – Cité de la Céramique, Archives du musée national de Céramique [abrégé ensuite en SCC, Archives du musée], 4 W 8.
5 Les collecteurs du Musée-céramique rapportaient également souvent des échantillons pour le Muséum national d'Histoire naturelle où Brongniart était professeur.
6 Denis-Désiré Riocreux (1791-1872) est peintre à la Manufacture de Sèvres, avant d'être nommé par Brongniart conservateur du Musée-céramique. Il occupe ce poste de 1823 jusqu'à sa mort en 1872.
7 Brongniart, Riocreux, cit. n. 2, p. VII.
8 SCC, Archives du musée, 4W385.
9 Brongniart, cit. n. 3, p. 495.
10 SCC, Archives du musée, 4W8.
11 Jane Perryman, *Traditional Pottery of India*, Londres, 2000, p. 106-117.
12 SCC, Archives du musée, 4W 8.
13 Les éléments constituant ce tombeau, objet phare de la collection, qui fut exposé dans le pavillon indien du prince de Galles à l'Exposition universelle de 1878, sont actuellement conservés en caisse.
14 Brongniart, cit. n. 3, p. 495.
15 *Ibidem.*
16 *Ibid.*, p. 496.
17 *Ibid.*, p. 497.
18 Planche 1. Classe 1e. Poteries à pâte tendre, ordre 1e. Terres cuites.
19 Figure 15 sur la planche XVI.
20 Brongniart, Riocreux, cit. n. 2, p. 61.
21 M. Pl. XVI, fig. 10.
22 Brongniart, Riocreux, cit. n. 2, p. 62.
23 M. Pl. XVI, fig. 6.
24 Brongniart, Riocreux, cit. n. 2, p. 63.
25 SCC, Archives du musée, 4W57, Champfleury, *Rapport de septembre 1877*.
26 SCC, Archives du musée, 4W57.
27 SCC, Archives du musée, 4W57.
28 Brongniart, cit. n. 3, p. 495.
29 *Ibid.*, p. 497.
30 SCC, Archives du musée, 4W37, Notes de Champfleury sur le réaménagement du musée céramique.
31 *Ibid.*
32 SCC, Archives du musée, 4W 37, Champfleury, Rapport de juin 1895.
33 Georges Lechevallier Chevignard, secrétaire-archiviste de la Manufacture, *La Manufacture de Porcelaine de Sèvres / Histoire – Organisation – Ateliers – Musée Céramique / Répertoire des marques et monogrammes d'artistes*, Paris, 1908.
34 Georges Lechevallier-Chevignard, *Guide du musée national de Céramique*, Paris, 1908.
35 *Ibid.*, p. 100.
36 SCC, Archives du musée, 4W78. Cette lettre précise : « J'ai l'honneur de vous informer que j'ai vidé la caisse n° 86 […] elle contenait 14 pièces en poterie non vernissée de Pondichéry, objets d'usage domestique ». « Elles ont d'ailleurs été jugées sans intérêt par mes prédécesseurs, puisqu'elles n'ont même pas été enregistrées ».
37 Jean Soustiel, *La céramique islamique. Le guide du connaisseur*, Fribourg, 1985, p. 238-240.
38 *Ibid.*, p. 238.
39 *Ibid.*, p. 239. MNC 4939.2, n° 277 dans l'ouvrage de Soustiel.

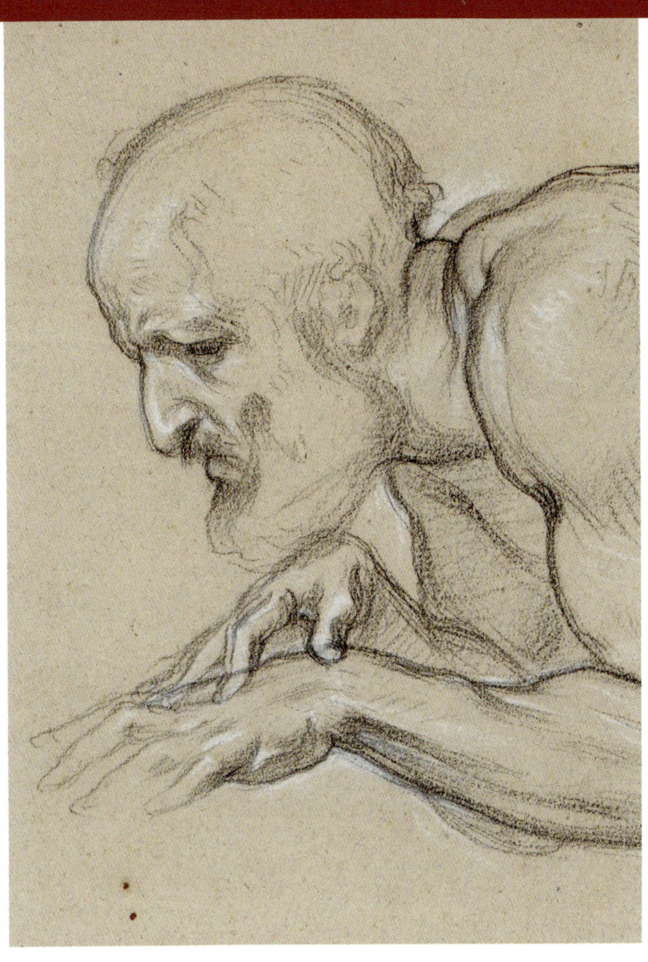

Deux feuilles inédites de Frederic Leighton offertes à Henry de Triqueti

par Richard Dagorne

Il faut venir en aide au musée Girodet ! Le 31 mai 2016, les réserves provisoires du musée Girodet, à Montargis, ont été victimes d'une grave inondation. D'importants dommages sont à déplorer, qui touchent notamment les plâtres d'Henry de Triqueti (1803-1874), sculpteur majeur du XIXe siècle, auquel l'article ci-après est consacré. Face à l'étendue des restaurations à envisager, le musée a lancé un appel à contribution auquel il est possible de participer *via* le site internet de l'établissement.

Le très important fonds d'arts graphiques donné en 1887 à l'École nationale supérieure des Beaux-arts (ENSBA) par Edward Lee Childe, gendre du sculpteur Henry de Triqueti (1803-1874)[1], comprend deux feuilles du peintre anglais Frederic Leighton (1830-1896). Nous proposons d'y voir des études pour deux tableaux de jeunesse de l'artiste : *Le Triomphe de la Musique* (1855-1856) et vraisemblablement *Giezi renvoyé par le Prophète Élisée* (vers 1858), peintures dont la localisation est aujourd'hui inconnue. Elles portent toutes les deux au verso la date de mars 1858, qui correspond à l'époque où elles furent offertes à Triqueti par Leighton.

Une formation européenne

C'est en Europe continentale, où le docteur Frederic Septimus Leighton entraîne sa famille à partir du début des années 1840, que le futur peintre commence sa formation artistique, à Florence et Berlin notamment. En 1846, la famille s'installe à Francfort, où Leighton mène des études artistiques fortement inspirées par l'œuvre des artistes nazaréens. Cette première période se ressent de cette influence et conduit l'artiste à choisir des scènes tirées de l'histoire médiévale comme sujets de ses tableaux. Son séjour à Rome, à partir de 1852, où il rencontre Peter Cornelius et Johann Friedrich Overbeck, est mis à profit pour concevoir et exécuter son premier grand succès : *La Madone de Cimabue portée en procession dans les rues de Florence* (fig. 1). Présentée lors de l'exposition annuelle de la Royal Academy en mai 1855, l'œuvre fait d'emblée de lui l'un des

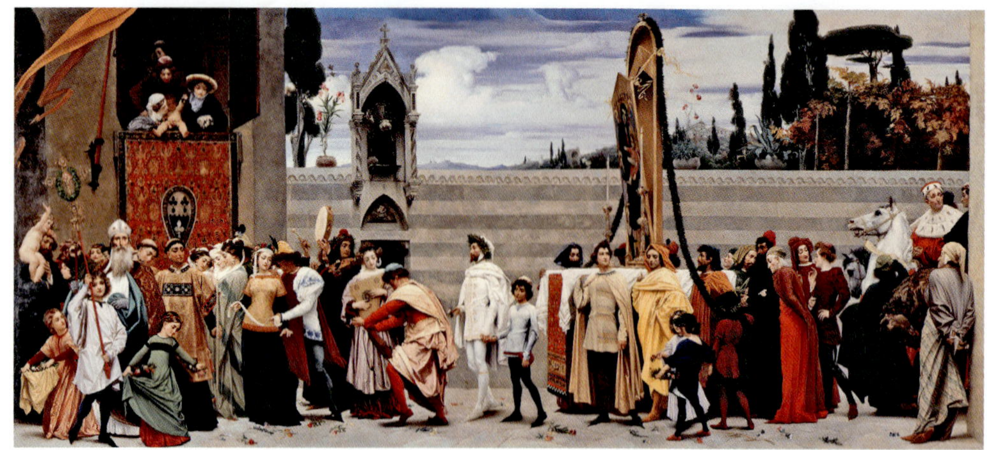

1. Frederic Leighton. *La Madone de Cimabue portée en procession dans les rues de Florence.* 1853-1855. Huile sur toile. H. 2,31 ; L. 5,21. Royal Collection Trust, en prêt à la National Gallery de Londres. RCIN 401478.

artistes anglais les plus prometteurs de sa génération. Elle enchante le prince Albert, amateur d'art de la Renaissance, puis est acquise par la reine Victoria. Peut-être le prince, d'origine allemande, est-il également sensible aux influences nazaréennes dont l'œuvre est encore empreinte : elle reprend en effet le sujet et la composition générale d'une des lunettes du décor imaginé pour la pinacothèque de Munich par Peter Cornelius, à la demande de Louis Ier de Bavière, à la fin des années 1820[2].

Fort de son succès, mais soucieux de parfaire son apprentissage artistique, Leighton s'installe à Paris à l'automne 1855. Il fréquente notamment l'atelier de Thomas Couture et commence à réfléchir à sa nouvelle composition, *Le Triomphe de la Musique*, qu'il destine à l'exposition de la Royal Academy de 1856. Leighton choisit de représenter un épisode inspiré de la mythologie grecque, relaté par Ovide dans ses *Métamorphoses* : Orphée aux Enfers, charmant Hadès par sa musique et obtenant de lui l'autorisation de ramener Eurydice dans le royaume des vivants. Une esquisse, aujourd'hui conservée à la Leighton House, à Londres (fig. 2), garde la trace de la composition imaginée par Leighton ; on y voit Orphée occupant le centre de l'œuvre, se tenant debout devant Hadès et Perséphone, qui l'écoutent assis sur le côté gauche ; de l'autre côté de la composition, on discerne la silhouette fantomatique et implorante d'Eurydice qui, comme l'écrit Ovide, se trouve alors « parmi les ombres nouvelles ». L'étude conservée à l'ENSBA (fig. 3) porte sur la draperie qui ceint la partie inférieure du corps de Perséphone. D'une grande virtuosité, elle porte l'empreinte de la formation académique de Leighton, qui multiplie les dessins préparatoires pour ses peintures : c'est ainsi que notre dessin est complété par une étude à la sanguine pour la partie supérieure du corps de Perséphone, aujourd'hui à la Royal Academy of Arts (fig. 4). Conservé à la Leighton House, un autre dessin préparatoire pour *Le Triomphe de la Musique* confirme que l'instrument qu'utilise Orphée n'est pas sa traditionnelle lyre, mais un violon. Richard et Leonée Ormond considèrent que le sujet du *Triomphe de la Musique* trahit la lente évolution qui va mener l'artiste du statut de peintre d'Histoire vers celui de maître classique : l'œuvre est la première à ne pas représenter une scène médiévale, et, par le choix du violon, elle porte la marque des influences parisiennes de Leighton, dans une tentative d'interpréter un mythe ancien dans un esprit moderne[3]. Notons cependant que le fait de représenter Orphée jouant du violon n'est pas une nouveauté : l'œuvre de Leighton s'inscrit en effet dans le droit fil du tableau de François Perrier sur le même thème[4], antérieur de deux siècles, mais que le peintre anglais a peut-être remarqué lors d'une de ses visites au Louvre. Pour autant, rompant de façon brutale avec *La Madone de Cimabue*, l'œuvre déconcerte et reçoit un accueil désastreux lors de sa présentation, à l'exposition de la Royal Academy, en 1856. Il faudra plusieurs années à Leighton pour regagner l'adhésion du public et de la critique.

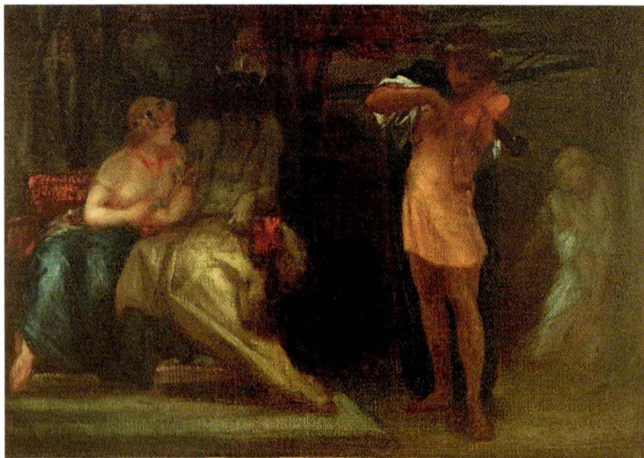

2. Frederic Leighton. Esquisse du *Triomphe de la Musique*. Huile sur toile. H. 0,27 ; L. 0,38. Londres. Leighton House. LH/P/CS/1823

3. Frederic Leighton. Étude préparatoire pour *Le Triomphe de la Musique*. Crayon, pierre noire et lavis de gouache blanche sur papier gris rosé. H. 0,46 ; L. 0,30. Paris. École nationale supérieure des Beaux-arts. PC 17118 folio 37.

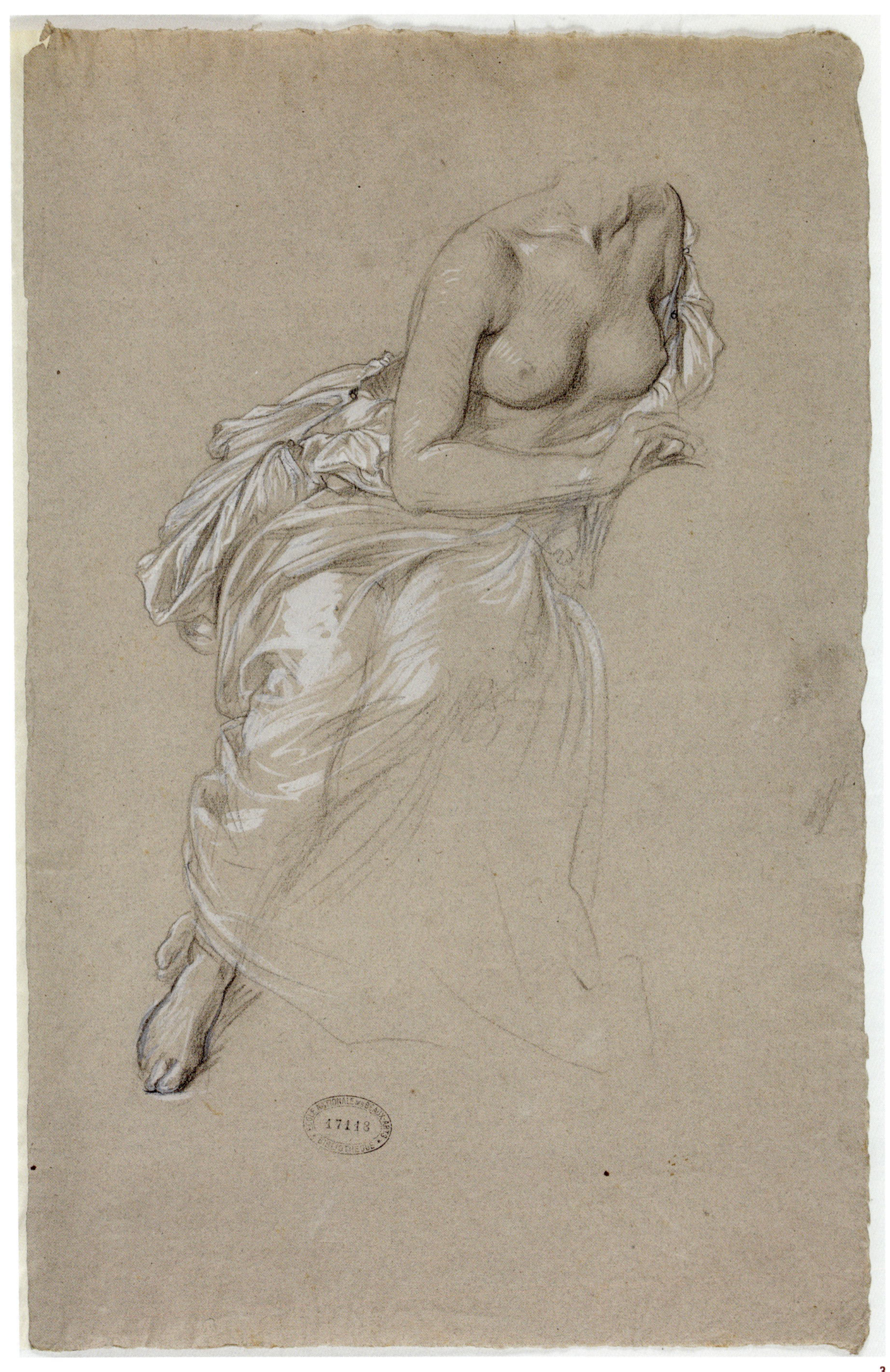

3

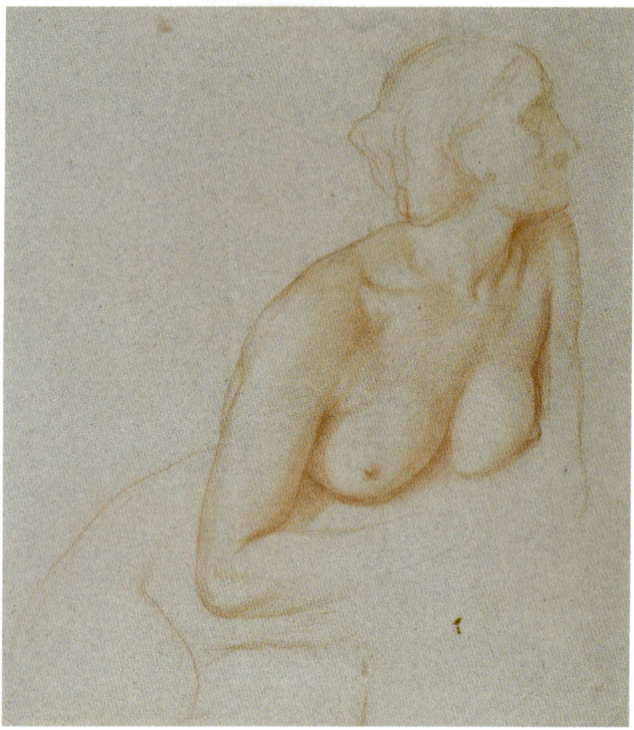

4

4. Frederic Leighton. Étude préparatoire pour *Le Triomphe de la Musique*. Sanguine sur papier brun. H. 0,23 ; L. 0,21. Londres. Royal Academy or Arts. 04/540.

5. Frederic Leighton. Études préparatoires pour *Giezi renvoyé par Élisée* ? Pierre noire et craie blanche sur papier beige. H. 0,46 ; L. 0,30. Paris. École nationale supérieure des Beaux-arts. PC 17117 folio 25.

L'influence de l'Orient

À l'automne 1857, Leighton effectue un séjour de quelques semaines en Algérie, premier contact avec un Orient qui lui inspirera de nombreux paysages et une partie de la décoration de sa demeure londonienne. Parmi les œuvres succédant à ce voyage, l'artiste exécute deux tableaux, que l'on date généralement de 1858, inspirés de scènes de l'Ancien Testament : *Samson et Dalila* et *Giezi renvoyé par le Prophète Élisée*. Si le premier de ces deux épisodes est bien connu, il n'en va pas de même du second, extrait du Deuxième Livre des Rois : le prophète Élisée guérit de la lèpre le chef de l'armée du roi de Syrie, refusant l'or et l'argent que celui-ci lui propose en guise de récompense ; après le miracle, Giezi, serviteur d'Élisée, rattrape l'ancien lépreux, prétendant que son maître s'est ravisé et demande à présent de l'argent et des vêtements pour deux enfants de prophètes ; le miraculé lui donne alors deux fois ce qu'il demande ; lorsqu'Élisée découvre la conduite de son serviteur, il le bannit, le condamnant, lui et sa descendance, à une lèpre éternelle. Plusieurs éléments nous portent à voir dans la deuxième feuille de Leighton conservée à l'ENSBA (fig. 5) deux études préparatoires pour le tableau de l'artiste consacré à ce sujet : sur le dessin du bas, le turban porté par le personnage, qui traduit une scène orientale, ainsi que son mouvement descendant – on discerne les marches d'un escalier – et son expression piteuse, qui peuvent s'apparenter aux conséquences d'un renvoi ; sur le dessin du haut, l'expression inquiète du personnage et l'attention portée par Leighton aux mains du modèle, par où se manifestent peut-être les premiers symptômes, de rétractation osseuse par exemple, de la lèpre – la seule autre œuvre préparatoire au tableau de Leighton connue, conservée à la Royal Academy of Arts[5], à Londres, est justement une étude de jambe et de mains.

Les relations communes de Triqueti et Leighton

En 1858, Henry de Triqueti (Conflans-sur-Loing 1803-Paris 1874) est un sculpteur confirmé, à qui la Monarchie de Juillet a permis d'exécuter certains de ses chefs-d'œuvre, à commencer par les portes en bronze de l'église de La Madeleine. Sous le Second Empire, son image de sculpteur privilégié par la famille d'Orléans, désormais en exil, l'éloigne des commandes officielles et l'oblige à chercher chez de riches particuliers, ou en dehors de France, de nouveaux commanditaires.

Du fait de son mariage, en 1834, avec Julia Forster, fille du chapelain de l'ambassade d'Angleterre, le sculpteur entretient des relations privilégiées avec les membres de la communauté britannique à Paris.

Depuis 1856, il veille sur la formation d'Edward Poynter, le neveu de son épouse, qui poursuit son apprentissage artistique dans la capitale[6] : Poynter se forme à la fois à l'École des Beaux-arts et dans l'atelier de Charles Gleyre, que lui a recommandé son oncle par alliance. Leighton n'est pas inconnu de Poynter : en 1853-1854, les deux jeunes artistes se sont rencontrés à Rome, où Leighton a mis son atelier à la disposition de Poynter, de quelques années son cadet. À partir de 1856, ils se retrouvent en France. Ce séjour dans un Paris cosmopolite et bohême, que George du Maurier a mis en scène dans son roman *Trilby*, prend fin pour Poynter en 1859, à la suite d'un épisode dont rend compte une lettre de Triqueti, retenu chez lui par une quarantaine due à la maladie de son fils et de son neveu, « atteints l'un après l'autre de la petite vérole »[7]... Peut-être est-ce par l'intermédiaire d'Edward Poynter que Triqueti a fait la connaissance de Leighton ?

Une autre hypothèse passe par l'ambassade d'Angleterre à Paris, haut-lieu de la vie sociale britannique dans la capitale. En 1858, l'ambassadeur

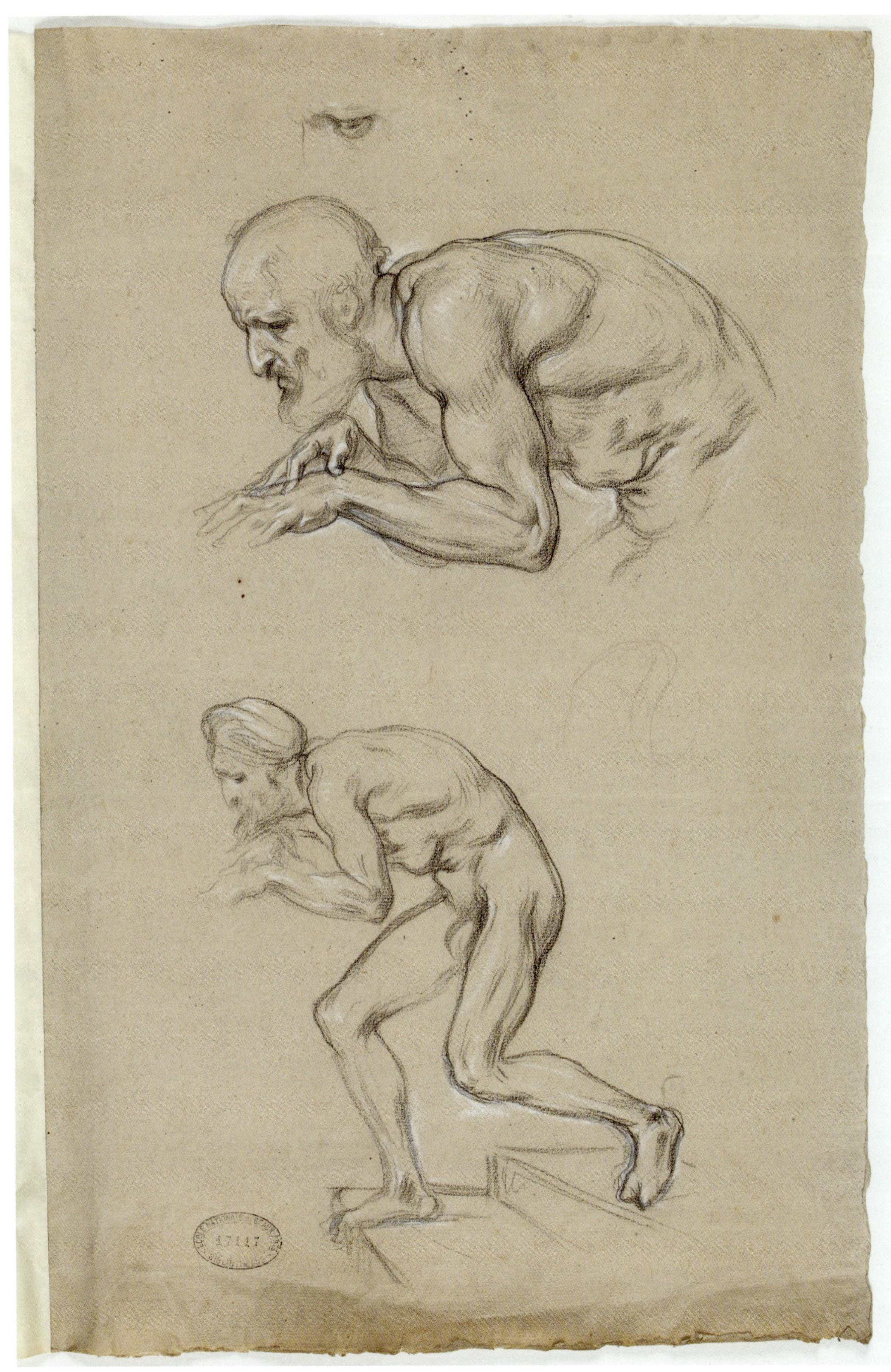

5

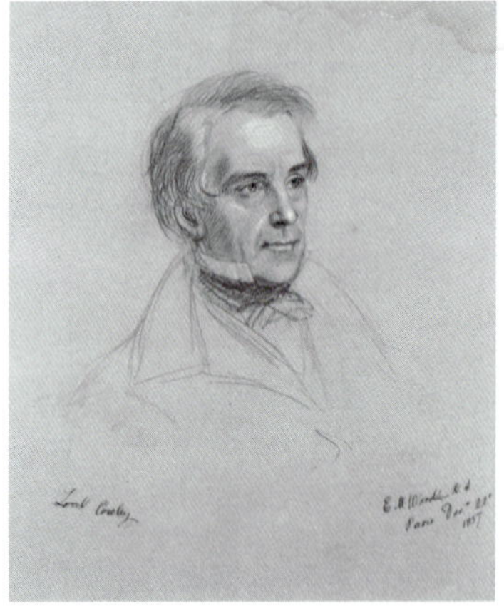

6

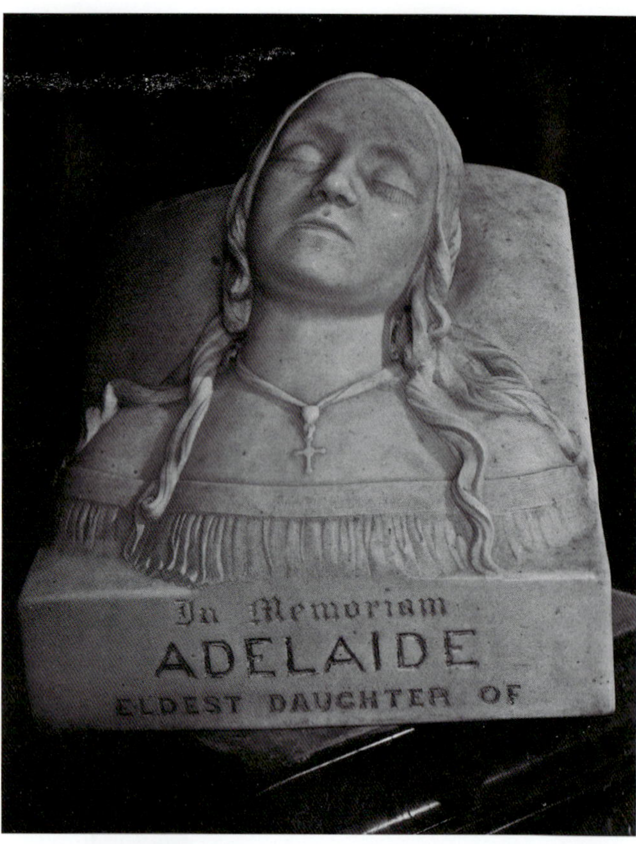

7

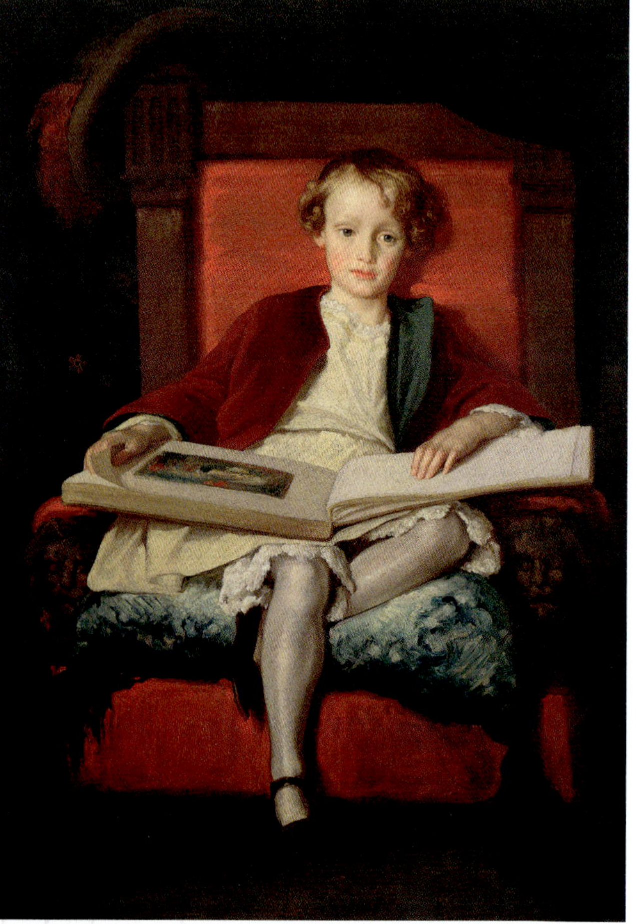

8

6. Edward Matthew Ward (1816-1879). *Lord Cowley*. 1857. Pierre noire et craie blanche. H. 0,33 ; L. 0,27. Londres. Royal Collection. RCIN 914016

7. Henry de Triqueti. *Buste d'Adelaide Wellesley*. Marbre. H. 0,34 ; L. 0,33 ; P. 0,30. Draycot Cerne (Wiltshire). Église Saint-James.

8. Frederic Leighton. *Portrait de Frederic Wellesley*. 1851. Huile sur toile. H. 1,25 ; L. 0,83. Londres. Leighton House. LH/P/PO/0389.

est en effet Henry Wellesley, premier comte Cowley (fig. 6), père d'une famille dont Triqueti et Leighton partagent, chacun dans leur art, le statut de portraitistes officiels.

Henry Richard Charles Wellesley, premier comte Cowley (1804-1884), est le neveu d'Arthur Wellesley, premier duc de Wellington. Son père, Henry Wellesley, premier baron Cowley (1773-1847), a été ambassadeur à Paris à deux reprises : en 1835 pour quelques mois, puis à partir d'octobre 1841, jusqu'à l'été 1846. Suivant les traces de son père, Henry Wellesley s'est destiné à la carrière diplomatique. D'abord attaché d'ambassade, il est promu secrétaire de légation à Stuttgart, où il demeure jusqu'en 1843. Son départ pour Constantinople, la même année, en tant que secrétaire d'ambassade, est sans doute lié au drame qui le touche, lui et sa famille, en juillet 1843 : lors du voyage qui les mène de Stuttgart à Paris, où ils doivent rejoindre leurs parents pour passer l'été au château de La Folie Saint-James, Henry Wellesley et son épouse Olivia assistent au décès de leur fille Adelaide, âgée de huit ans, après une chute de la calèche où ils avaient pris place et dont la porte était mal fermée. C'est Triqueti, sans doute déjà familier de l'ambassade d'Angleterre à Paris, que la famille Wellesley choisit pour immortaliser les traits de la petite fille. Le sculpteur est alors célèbre pour le gisant de Ferdinand d'Orléans, important monument funéraire exécuté en 1842 après la mort accidentelle du prince – dans des conditions qui ne sont pas sans rappeler celles de la fillette. Le buste d'Adelaide par Triqueti (fig. 7), que Girardot, biographe du sculpteur, date de 1844[8], est aujourd'hui conservé dans l'église familiale de Draycot Cerne (Wiltshire).

De retour de Constantinople, Wellesley séjourne quelques années en Suisse, puis est nommé consul à Francfort en juin 1851. C'est là que la famille Wellesley rencontre Frederic Leighton. Dès 1851, le peintre exécute un portrait équestre d'Olivia Wellesley et portraiture trois des enfants de la famille : Sophia (1840-1923), Feodorowna (1838-1920) et Frederic (1844-1931). Ce dernier portrait constitue aujourd'hui l'une des pièces majeures de la collection de la Leighton House (fig. 8).

Le séjour de Wellesley à Francfort est bref : son statut de favori auprès de la reine Victoria et du prince Albert, qui lui accordent leur entière confiance, lui vaut d'être nommé ambassadeur à Paris en février 1852, poste qu'il occupera jusqu'en 1867. Durant cette période, l'écoute dont Wellesley bénéficie de la part de Napoléon III fait de lui l'un des hommes-clés des relations franco-britanniques. Dans les premiers mois de son séjour parisien, Wellesley écrit à Leighton pour lui faire part de sa satisfaction quant aux portraits des membres de sa famille, et pour l'inviter à venir poursuivre ses études en France, se disant même prêt à l'accueillir à l'ambassade : « Lady Cowley et moi-même serions ravis que vous nous rendiez visite à Paris. Vous ne pouvez pas trouver meilleur lieu d'étude que le Louvre, et nous serions très heureux de vous héberger et de prendre soin de vous »[9]. Mais, dans un premier temps, c'est en Italie que Leighton préfère parfaire son apprentissage.

Les intérêts partagés du sculpteur et du peintre

En 1852, la reine Victoria acquiert une petite statue en ivoire de Triqueti représentant Sapho, qu'elle offre au prince Albert pour Noël[10]. Est-ce à sa proximité avec les Wellesley que le sculpteur doit ce premier achat par le couple royal ? Il intervient à un moment où le sculpteur, déjà auteur du buste posthume d'Adelaide, multiplie les commandes pour les Wellesley, portraiturant pas moins de trois des six enfants du couple : vers 1853, il exécute le buste médaillon de Sophia et Feodorowna[11] (localisation actuelle inconnue). L'œuvre est présentée lors de l'Exposition universelle de 1855, dans le Grand Salon carré. Dans une de ses lettres au trésorier de la reine, Lady Cowley rappelle l'admiration que Victoria a portée à cette œuvre lors de sa visite de l'Exposition[12]. Un an plus tard, le sculpteur immortalise Cecil Wellesley (1842-1916) de profil, sous la forme d'un médaillon aujourd'hui conservé dans l'église Saint-James de Draycot Cerne. À la fin de la décennie, la proximité des Wellesley avec Triqueti est telle qu'Olivia Wellesley recommande explicitement le sculpteur auprès de la reine et du prince Albert en attirant leur attention sur la statue en marbre représentant Édouard VI que Triqueti présente à Londres, au printemps 1858, et que le couple royal achète pour le château de Windsor en juin. Si les relations entre Triqueti et la famille Wellesley s'inscrivent dans la durée et semblent prendre un tour amical, le sculpteur ne peut ignorer l'atout que constituent la proximité et la bienveillance de cette famille afin de susciter l'intérêt de Victoria et Albert, commanditaires dont il cherche à s'attacher les faveurs.

Beaucoup plus jeune que Triqueti, mais partageant avec lui le privilège d'avoir déjà vendu une œuvre à la reine, Leighton est sans doute également conscient de l'importance du patronage des Wellesley. En janvier 1858, dans une lettre à sa mère, on perçoit son impatience à voir reprendre les soirées organisées à l'ambassade : « Je n'ai pas encore rencontré Lady Cowley. Les soirées à l'ambassade n'ont pas encore commencé »[13]. S'il paraît probable que Triqueti et Leighton se croisent lors de ces mondanités, la date de mars 1858 figurant au verso de nos feuilles n'est pas anodine pour la société qui fréquente ces soirées. Le 2 mars 1858, en effet, Henry de Triqueti marie sa fille Blanche au banquier François Delessert (1817-1866). Parmi les témoins de l'épouse figurent le frère du sculpteur, le baron Eugène de Triqueti, et Henry Wellesley, « comte Cowley, ambassadeur de la reine d'Angleterre ».

Si l'on peut penser que les deux feuilles aujourd'hui conservées à l'ENSBA ont été offertes à Triqueti en remerciement d'un bienfait – le sculpteur a-t-il conseillé Leighton ou lui a-t-il rendu service ? –, il est également possible de les rapprocher de cet événement mondain. De ce point de vue, les dédicaces portées par Leighton au verso des feuilles méritent d'être examinées : la première, qui figure au verso de l'étude préparatoire au *Triomphe de la Musique*, indique « Rue Pigalle March 58/With F. Leighton's Kind Wishes ». Faut-il voir dans cette mention l'expression de vœux de bonheur adressés à Blanche ? L'hypothèse est d'autant plus recevable que l'histoire d'Orphée et d'Eurydice constitue l'une des plus belles et célèbres histoires d'amour.

Quant à la feuille que nous proposons de rapprocher de *Giezi renvoyé par le Prophète Élisée*, elle porte, au verso, la mention « Rue Pigalle 58 March/From F. Leighton with Kindest Regards ». Là encore, outre la date, apparaît la mention de la rue Pigalle où, à l'époque, les deux artistes ont leurs ateliers. Cependant, cette fois, c'est sans doute à Triqueti lui-même que s'adresse la dédicace : converti au protestantisme pendant l'hiver 1848-1849, le sculpteur est un infatigable commentateur de la Bible, dont l'illustration envahira les murs de la chapelle du prince Albert, dans la décennie suivante, sur un mode allégorique, pour vanter les qualités du prince défunt. Choisir d'offrir à Triqueti une étude pour un tableau illustrant un épisode de la Bible apparaît dès lors particulièrement approprié. Le don témoignerait ainsi de la finesse d'analyse d'un jeune artiste soucieux de s'attacher les bonnes grâces d'un proche de l'influent ambassadeur de Grande-Bretagne.

REMERCIEMENTS
Je remercie pour leur aide et pour leurs conseils Sylvia et Steve Allen, Emmanuelle Brugerolles, Pascale Gardès, Sidonie Lemeux-Fraitot, Richard Ormond, Daniel Robbins, Philip Ward-Jackson.

NOTES

1 Sur ce fonds, nous renvoyons à l'article d'Emmanuelle Brugerolles, « Un dessinateur insatiable », dans *Henry de Triqueti 1803-1874, Le sculpteur des princes*, cat. exp., Orléans, musée des Beaux-arts/Montargis, musée Girodet, 3 octobre 2007-6 janvier 2008, p. 53.
2 Ce décor a été détruit lors de la Seconde Guerre mondiale.
3 Richard et Leonée Ormond, « Leighton in Paris », *Apollo*, vol. XCVII, n° 132, février 1973, p. 136-141.
4 François Perrier (vers 1590/1600-1650). *Orphée devant Pluton et Proserpine*. Huile sur toile. H. 0,54 ; L. 0,70. Paris, musée du Louvre, département des Peintures. INV. 7163.
5 Londres, Royal Academy of Arts. 04/644.
6 Julia Forster (1810-1873) a pour sœur Emma Forster (1800-1848), mère d'Edward Poynter.
7 Paris, Bibliothèque nationale de France, département des Manuscrits, Nouvelles acquisitions françaises, 22884-750.
8 Auguste-Théodore de Girardot, « Catalogue de l'œuvre du Baron Henri de Triqueti, précédé d'une notice sur ce sculpteur », dans *Mémoires de la Société d'Agriculture, Sciences, Belles-Lettres et Arts d'Orléans*, seconde série des mémoires, tome XVI-n° 3-1874-3ème trimestre (séances des 1er mai et 17 juillet 1874), n° 43, p. 148. Notons que, si la datation proposée par Girardot est juste, l'inscription figurant sur l'œuvre (*ADELAIDE / ELDEST DAUGHTER OF HENRY, EARL COWLEY / & OLIVIA HIS WIFE / BORN 1835 DIED 1843*) ne peut qu'être postérieure à 1857, date à laquelle Wellesley est créé comte.
9 « It will give Lady Cowley and myself great pleasure if you will visit us at Paris. You cannot find a better school of study than the Louvre, and we shall be most happy to lodge and take care of you », Russell Barrington, *The Life, Letters and Work of Frederic Baron Leighton*, New York, The Macmillan Company, 1906, vol. 1, (lettre sans date de Lord Cowley "Sunday afternoon"), p. 54.
10 Jonathan Marsden (dir.), *Victoria & Albert, Art & Love*, cat. exp., Londres, Queen's Gallery, 19 mars-31 octobre 2010, p. 158 (cat. n° 89).
11 Ce double portrait correspond sans doute au « buste-médaillon de Mlle Wellesley » qu'Auguste de Girardot date de 1853 et mentionne sous le numéro 64 de son catalogue de 1874 (Girardot, cit. n. 8, p. 150).
12 Windsor, Royal Archives, PP Vic 2/29/8970, Lettre de Lady Cowley au colonel Phipps (juin 1858).
13 « Lady Cowley I have never found in yet. The Embassy parties have not begun yet », Barrington, cit. n. 9, (lettre de Leighton à sa mère "Monday *Jan* 1858"), p. 309.

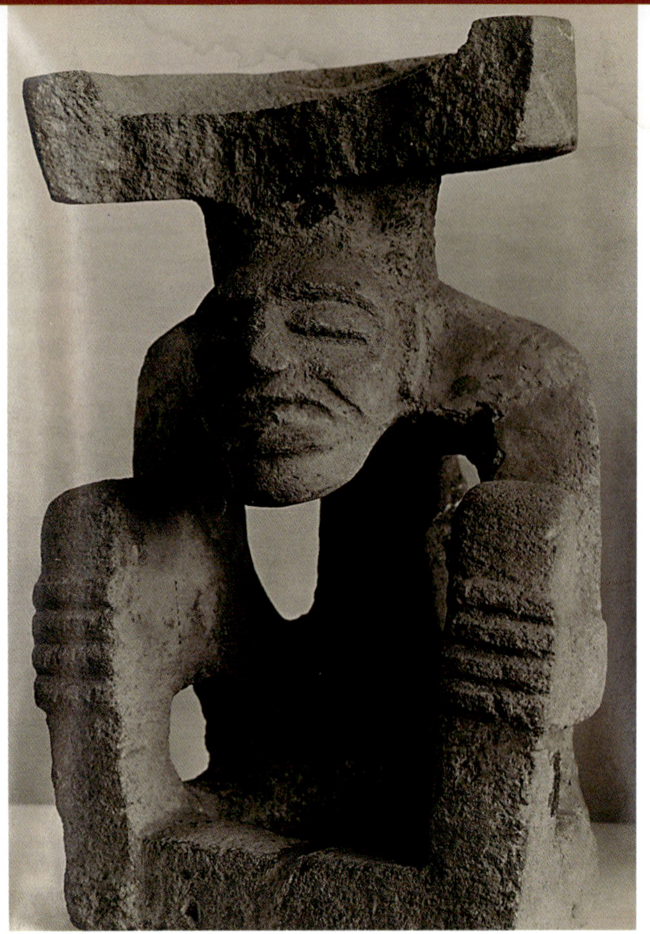

Les objets de l'exposition *Les arts anciens de l'Amérique*, 1928 : de nouvelles sources iconographiques et documentaires

par Carine Peltier-Caroff et Claudia de Sevilla

L'exposition *Les arts anciens de l'Amérique*, qui s'est tenue en 1928 au musée des Arts décoratifs, a permis au public de l'époque d'admirer mille deux cents objets représentatifs de l'art précolombien avant la conquête espagnole. La reconnaissance artistique et esthétique de ces œuvres s'accompagne aujourd'hui d'un nouvel outil d'identification, les portfolios de photographies offerts en 2006 au musée du quai Branly par Pierre Langlois. Ce corpus permet la reconstitution visuelle des objets présentés, ainsi que la mise en perspective de l'histoire des collections précolombiennes.

Des portfolios de photographies offerts au musée du quai Branly-Jacques Chirac ouvrent des perspectives sur la connaissance des objets présentés en 1928 dans l'exposition *Les arts anciens de l'Amérique*. Cet ensemble inédit apporte une nouvelle source visuelle d'identification pour certaines de ces pièces et, associé à d'autres sources archivistiques, permet de retracer leur parcours.

L'exposition consacrée aux arts anciens de l'Amérique, qui s'est tenue de mai à juin 1928 au musée des Arts décoratifs, dans le Palais du Louvre (fig. 1, 2 et 3), a été relatée de nombreuses fois, tant elle est fondamentale dans l'histoire de l'américanisme[1] et des institutions françaises du début du XXe siècle. De nombreuses publications présentent l'événement, son organisation, et analysent le contexte historique, tels les travaux de Christine Laurière[2], concernant Paul Rivet, ceux de Nina Gorgus[3] concernant Georges Henri Rivière, et, plus récemment, le mémoire d'étude de Camille Faucourt[4], qui démontre la continuité de l'intérêt pour la première grande exposition d'art précolombien en France.

Le sujet de cette étude s'attache à une nouvelle source iconographique, qui, conjointement avec des sources archivistiques, permet d'identifier pour la première fois la plupart des objets présentés à cette occasion. Il s'agit des portfolios de photographies qui avaient précédemment appartenu au collectionneur et marchand d'art Charles Vignier et ont été offerts par Pierre Langlois (1927-2016) au musée du quai Branly en 2006. Composé de plusieurs ensembles distincts, la partie principale de ce corpus concerne précisément cette exposition.

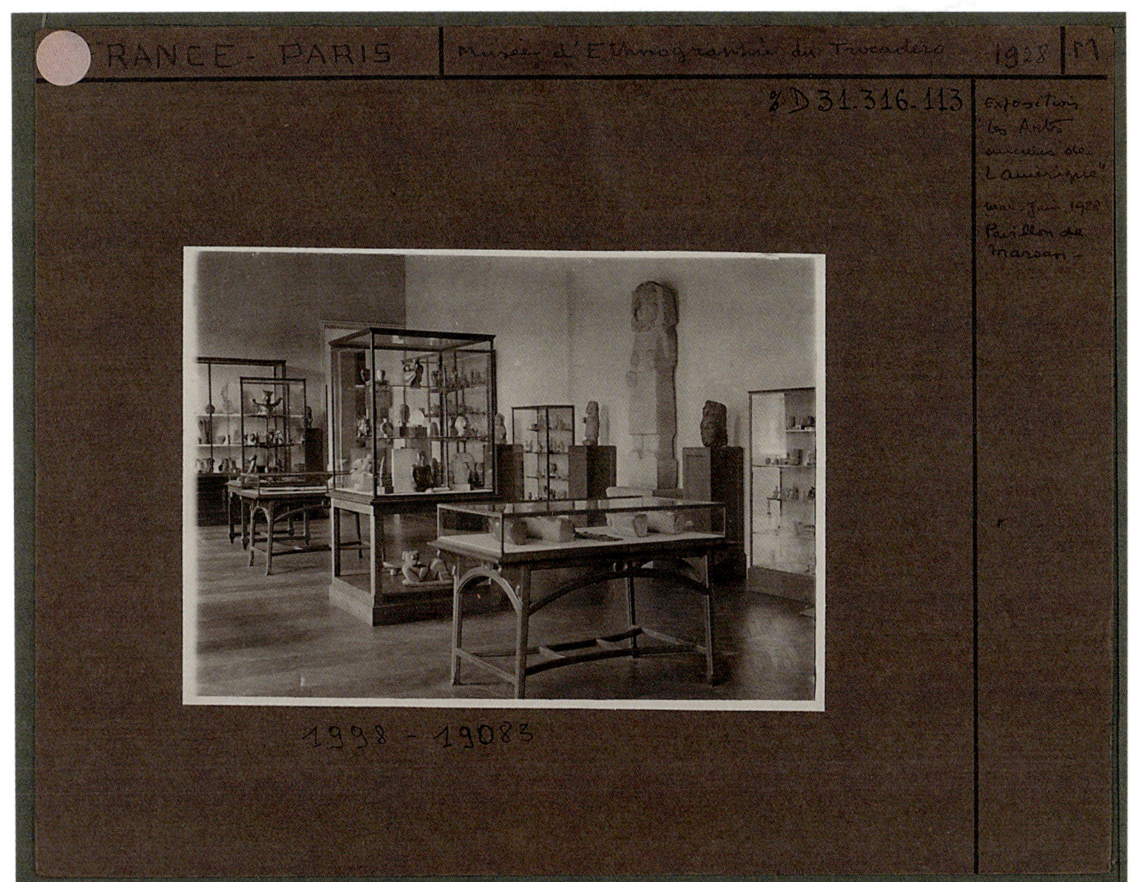

1. Anonyme. *Vue d'une salle Mexique de l'exposition.* Tirage sur papier baryté. Mai-juin 1928. Paris. Musée du quai Branly. Inv. MQB PP0001288.

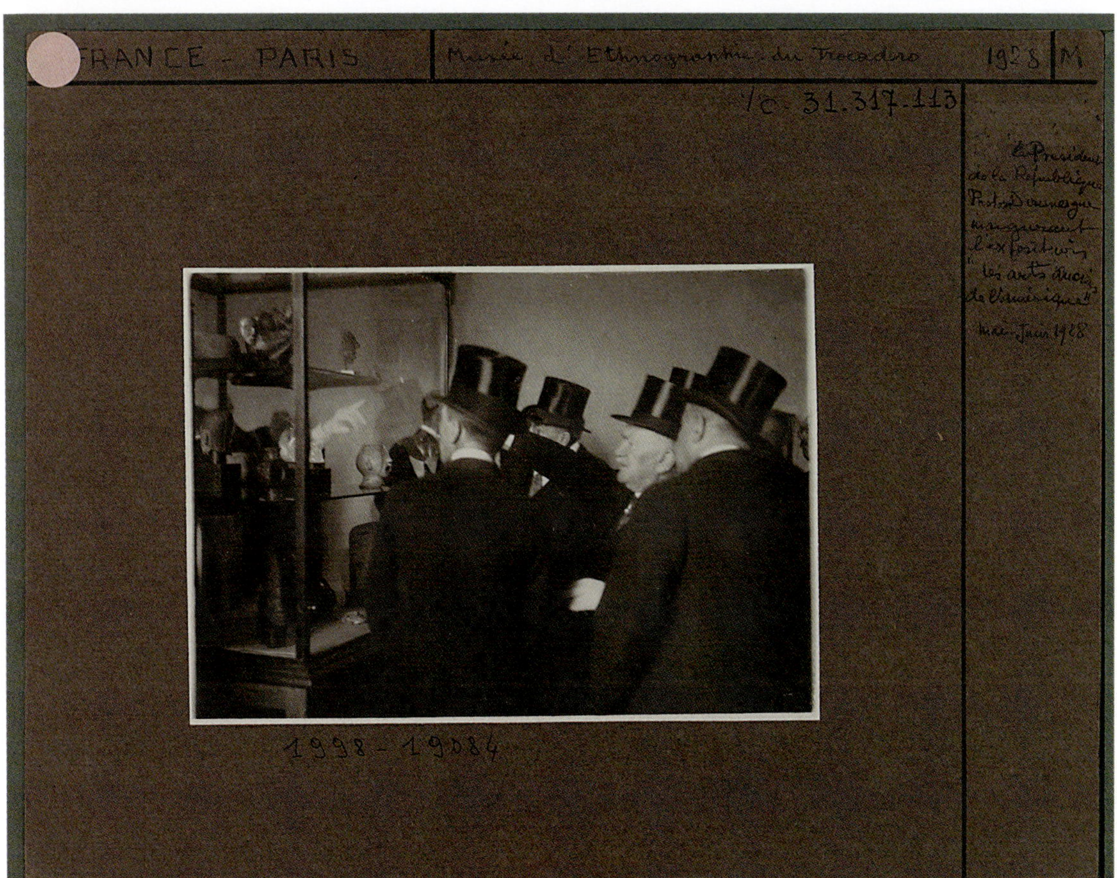

2. Anonyme. *Le Président de la République Gaston Doumergue inaugurant l'exposition.* Tirage sur papier baryté. 12 mai 1928. Paris. Musée du quai Branly. Inv. MQB PP0001289. Le reflet de sa main semble s'échapper du crâne de cristal.

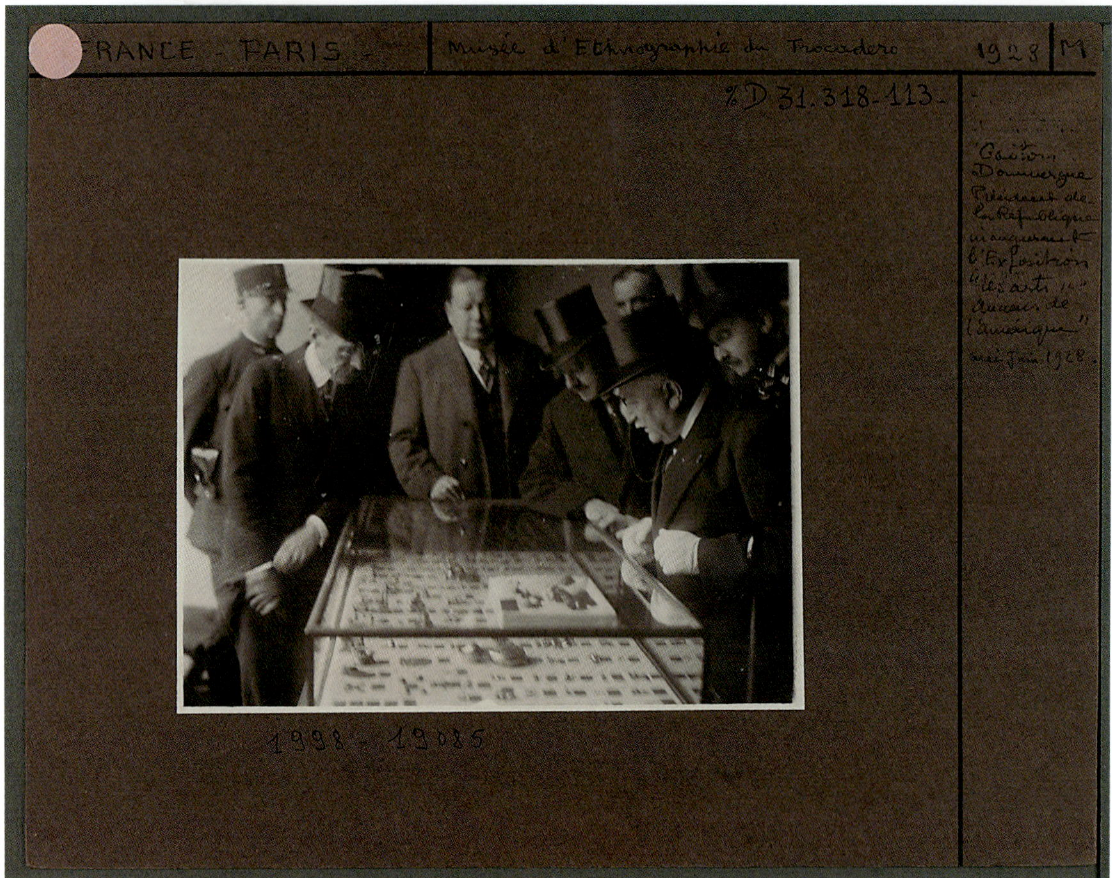

3. Anonyme. *Le Président de la République Gaston Doumergue lors de l'inauguration de l'exposition observe une vitrine d'orfèvreries, accompagné d'Édouard Herriot, ministre de l'Instruction publique et des Beaux-arts.* Tirage sur papier baryté. 12 mai 1928. Paris. Musée du quai Branly. Inv. MQB PP0001290.

En 1927, Georges Henri Rivière (1897-1985), qui collabore notamment à la revue *Cahiers d'art*[5], visite les collections précolombiennes du musée d'Ethnographie du Trocadéro dans la perspective de rédiger un nouvel article. Impressionné par des objets qui pourtant étaient souvent déconsidérés, il décide de préparer une exposition pour les faire connaître à un plus large public et leur offrir une reconnaissance artistique et esthétique. Il s'entoure de Georges Bataille (1897-1962), alors conservateur au Cabinet des médailles de la Bibliothèque nationale, et d'Alfred Métraux (1902-1963), jeune ethnologue américaniste. Grâce à son réseau déjà étendu, l'exposition lui permet de rencontrer Paul Rivet (1876-1958), directeur du musée d'Ethnographie du Trocadéro, marquant le point de départ de « l'aventure du Trocadéro et la naissance du Musée de l'Homme »[6] (1928-1938) dont ils révolutionneront ensemble les méthodes de travail sur les collections, le fonctionnement, l'image de l'institution et la vision des objets. Georges Henri Rivière commence ici sa carrière de muséographe.

Il s'agit, à l'époque, de la première exposition à véritable teneur scientifique réunissant autant d'objets américains provenant de collections publiques et privées.

Le catalogue[7] publié à cette occasion reproduit seulement quinze[8] photographies des mille deux cent quarante-six objets recensés[9]. À la suite d'une introduction de Raoul d'Harcourt (1879-1971) et d'un texte intitulé *Les Civilisations des Indiens d'Amérique*, la liste principale présente neuf cent quatre-vingt-onze pièces, avec la mention de leurs prêteurs – essentiellement le musée d'Ethnographie du Trocadéro et diverses collections publiques et privées –, classées selon leur origine géographique et leurs matériaux[10], suivant le parcours de l'exposition. Celle-ci ayant été préparée en quatre mois seulement, les objets provenant des collections particulières et de l'étranger sont arrivés tardivement. Deux suppléments complètent cette première partie, en présentant les objets selon l'origine des collections, privées ou publiques. Le catalogue s'achève par la liste des prêteurs de moulages, de photographies[11], de relevés et de reproductions de manuscrits, également exposés, sans autre précision.

Ainsi, la sélection des objets, bien que répertoriés avec le plus grand soin par Georges Henri Rivière et Alfred Métraux dans cette publication, demeurait méconnue, les descriptions sommaires comme « céramique », « masque en pierre », ne permettant pas d'identifier les pièces facilement.

Les portfolios de Charles Vignier

Charles Vignier (1863-1934) devient marchand d'art à la fin du XIXe siècle. Poète, il côtoie les artistes d'avant-garde de l'époque. En 1913, il organise aux galeries Levesque & Co, à Paris, l'exposition *Collections de M. Charles Vignier consistant en sculptures, peintures et objets d'arts anciens de l'Asie ainsi qu'en quelques pièces d'art égyptien, d'art nègre et d'art aztèque*[12]. Il s'agit de l'une des premières expositions mêlant autant d'objets en faveur de la reconnaissance des arts extra-européens. Entre 1925 et 1927, Georges Henri Rivière rédige le catalogue de sa bibliothèque archéologique. En 1930, Vignier se charge notamment de la vente de la succession des objets islamiques et d'Extrême-Orient du couturier Jacques Doucet. Spécialisé dans les arts extrême-orientaux et islamiques, il participe à plusieurs expositions au musée des Arts décoratifs et à l'Union centrale, et publie dans de nombreuses revues. En 1936, sa collection personnelle est dispersée en vente publique[13].

Le corpus de photographies offert par Pierre Langlois se compose d'une série de planches, organisées en deux portfolios[14], numérotées, sur lesquelles sont collés des tirages sur papier baryté représentant des objets. Une mention manuscrite à l'encre noire, portée sur chacune des images, précise pour chaque objet, un numéro, un lieu, un nom d'institution ou de collection (fig. 4). Quelque deux cent quatre objets exposés en 1928 sont ainsi photographiés, identifiés par le numéro du catalogue de l'exposition, leur origine géographique et leur provenance – collections privées, musées français ou étrangers. Ils se présentent selon l'ordre de la muséographie de l'exposition.

Le premier portfolio comprend cent vingt-quatre photographies d'objets numérotés de 1 à 249, sur soixante-quatre planches. Les trois premiers objets, issus de la collection Vignier, viennent de l'Alaska ; la suite est uniquement dédiée au Mexique, avec des objets provenant de diverses collections et institutions, *Musée du Trocadéro, Collections Vignier, Haviland, A. Stoclet, Capitan, David-Weill, Alphonse Kann*, etc. Le second portfolio comprend soixante-dix-huit photographies d'objets numérotés de 254 à la fin. Les pays d'origine des objets sont le Mexique, El Salvador, le Costa Rica, les Antilles (Porto Rico et Haïti), le Venezuela, la Colombie, l'Équateur, le Pérou, le Brésil, le Honduras et le Panama. Certains éléments, notamment à la fin du second portfolio, laissent penser que le travail de constitution de ce corpus a été laissé inachevé : la présence d'une série de vingt tirages non encore montés portant notes et numéros au verso ; des planches numérotées (71, 120, 121, 122), encore vierges, comme en attente de leurs images.

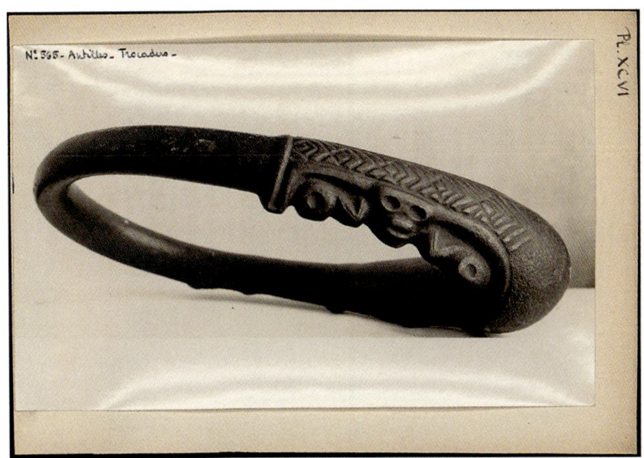

4. *Planche XCVI, n° 565 Antilles Trocadéro.* Tirage sur papier baryté.
Paris. Musée du quai Branly. Portfolio Vignier inv. MQB 70.2006.31.2.
L'objet n'a pas encore été identifié dans les collections du musée du quai Branly.

Une seconde série de photographies d'objets, provenant uniquement du musée d'Ethnographie du Trocadéro, accompagne ce premier ensemble. Organisée différemment, en suivant les numéros d'inventaire (de 0 à 6000, puis de 6000 à etc.), elle constitue un semblant de catalogue, incomplet, des collections américaines du musée d'Ethnographie du Trocadéro, en 1928, au moment de l'arrivée de Paul Rivet à la direction de l'établissement.

Ces portfolios semblent donc être des documents de travail des organisateurs de l'exposition. Ils constituent une documentation visuelle, qui facilite le choix des objets et les rapprochements typologiques ou esthétiques, sorte de maquette constituée par une collecte de tirages photographiques auprès des prêteurs. Des éléments viennent appuyer cette hypothèse : pour les images mêlant dessins et photographies, on peut supposer que les photographies des objets n'étaient pas encore réceptionnées et que des croquis ont été réalisés à la place. Quatorze tirages volants portent la mention « non retenu » à la fin du corpus, et l'objet de la planche PL. CXX provenant du Panama ne fait finalement pas partie des objets exposés et n'apparaît pas au catalogue de l'exposition. Les portfolios ne sont pas datés précisément, mais nous pouvons donc supposer que les photographies ont été collectées et ordonnées peu avant l'exposition, au début de l'année 1928, dans la hâte des préparatifs.

Si la plupart des photographes risquent d'être difficiles à identifier étant donné que de nombreux tirages proviennent de musées étrangers et de collections privées, nous pouvons avancer que la plupart des prises de vues semblent être l'œuvre de professionnels, utilisant par exemple des procédés comme les clichés frontaux sur des fonds qui doivent mettre les objets en évidence. Pour les objets issus de collections privées, les fonds sont des plus divers, avec notamment des tissus aux trames variées. Les objets du musée d'Ethnographie du Trocadéro sont majoritairement pris sur un fond de tissu de couleur blanche – sinon dans les salles elles-mêmes pour les pièces de grandes dimensions, – frontalement, posés sur des socles ou des étagères. Les prises de vues laissent voir les étiquettes manuscrites des objets du musée : *Fonds des Émigrés, Collection Pinart, Collection Charnay*, etc. Le photographe n'est pas identifié, mais une série de négatifs correspondants, au gélatino-bromure d'argent sur plaque de verre, vient d'être retrouvée au musée du quai Branly parmi les fonds provenant du musée de l'Homme. Dans le catalogue de l'exposition de 1928, neuf objets correspondent à des objets reproduits parmi les planches Vignier, mais les photographies ne sont pas toutes identiques. En revanche, sept planches du catalogue se trouvent dans les portfolios. Peu d'images se retrouvent dans les articles de presse concernant l'exposition.

Ces portfolios ont donc été constitués et utilisés par Georges Henri Rivière et le groupe d'organisateurs réuni autour de lui. Comment sont-ils restés entre les mains de Charles Vignier ? Sa contribution à l'événement est certes évidente : il prête trente-deux œuvres, ce qui le place parmi les cinq premiers prêteurs, et il fait partie des relations proches de Rivière. Il est amené à collaborer de manière très active à la préparation de l'exposition, se rendant par exemple au Musée Archéologique de Madrid pour y examiner les collections précolombiennes et sélectionner les pièces[15]. Par ailleurs, les photographies des portfolios sont collées au verso de pages d'un catalogue de vente d'arts asiatiques, *Objets d'art d'Extrême-Orient – Peintures chinoises – Estampes et peintures japonaises*, dont Vignier est spécialiste. Ainsi, si la présence de cet ensemble photographique dans ses archives n'est pas incongrue, elle nous semble toutefois témoigner d'une collaboration de sa part plus importante que sa notoriété ne le laisserait a priori supposer.

Les objets du Trocadéro : reconstitution d'un ensemble

L'introduction du catalogue de l'exposition indique que les objets avaient été regroupés selon « leurs formes artistiques, leur décor, en s'attachant [...] à l'idée de beauté »[16]. Or, l'absence de sources iconographiques et de listes montrant la correspondance entre les numéros d'inventaire du Trocadéro, indiqués dans le catalogue de l'exposition, et les numéros d'inventaire actuels, avaient empêché jusqu'ici d'identifier précisément les objets qui avaient été choisis.

Nous avons effectué un travail de recherche iconographique et documentaire sur les objets dont le numéro d'inventaire du musée du Trocadéro était indiqué dans le catalogue de l'exposition (486 pièces). Grâce aux anciens inventaires de cette institution, nous avons retrouvé les nouveaux numéros attribués au moment de la création du musée de l'Homme, dans les années 1930, qui correspondent aux actuels numéros d'inventaire du musée du quai Branly[17]. Cette correspondance a pu être réalisée pour 374 des 486 objets. Les planches du portfolio Vignier confirment certaines de ces identifications[18].

Nous savons maintenant que presque la moitié des près de mille deux cent cinquante objets exposés en 1928 provient de collections particulières, suivis par les pièces prêtées par le musée du Trocadéro, dont la grande majorité était d'origine mexicaine[19].

Le catalogue de l'exposition ne mentionne pas non plus les anciennes collections d'origine des objets prêtés par le Trocadéro. Ainsi, en 1929, Auguste Genin (1862-1931), collectionneur français résidant au Mexique et grand donateur de plusieurs institutions en France[20], écrivit à Georges Henri Rivière lui demandant la raison pour laquelle son nom n'apparaissait pas dans le catalogue à côté des objets qui lui appartinrent jadis. Rivière lui expliqua que la règle adoptée pour le catalogue était que figureraient uniquement « les noms des prêteurs et derniers possesseurs, sans remonter au-delà »[21].

Ainsi, le travail actuel d'identification des objets prêtés par le musée d'Ethnographie du Trocadéro pour cette exposition permet de déterminer les anciennes collections qui ne sont pas mentionnées dans le catalogue. Le problème majeur, cependant, est posé par les quatre-vingt-treize objets indiqués « Trocadéro sans n° » dans le catalogue. Le portfolio Vignier joue un rôle essentiel dans leur identification : quarante d'entre eux y sont reproduits. C'est uniquement grâce à ces photographies que nous avons pu identifier trente et un d'entre eux, dont vingt provenant justement des collections Genin (fig. 5 et 6).

Les objets du Trocadéro ont été sélectionnés parmi plus de soixante anciennes collections. Les mieux représentées correspondent naturellement aux ensembles les plus fameux pour l'époque, associés à des donateurs prestigieux. Ainsi, les objets de l'ancienne collection d'Alphonse Pinart sont les plus nombreux (85), avec une majorité d'origine mexicaine (57), mais aussi panaméenne, portoricaine, colombienne, équatorienne et péruvienne, tous provenant de la collection fondatrice du musée du Trocadéro[22] enregistrée en 1878. À ceux-ci s'ajoute un masque de la Côte du Pacifique Nord-Ouest[23]. Pinart collecte certains de ces objets lors de ses multiples voyages et missions dans les Amériques entre 1871 et les

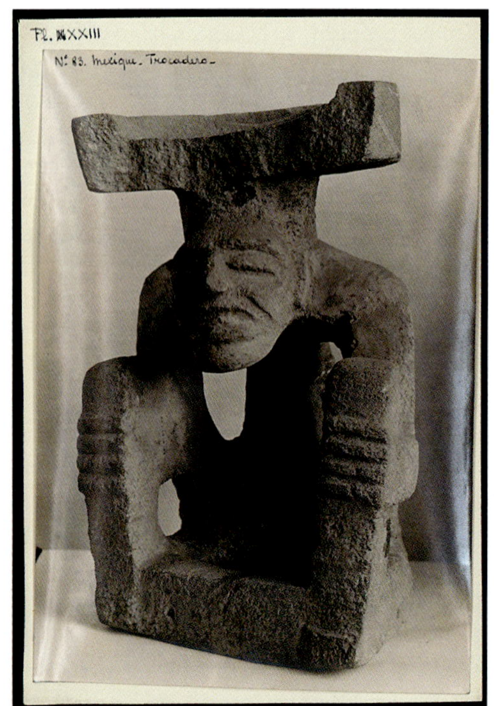

5

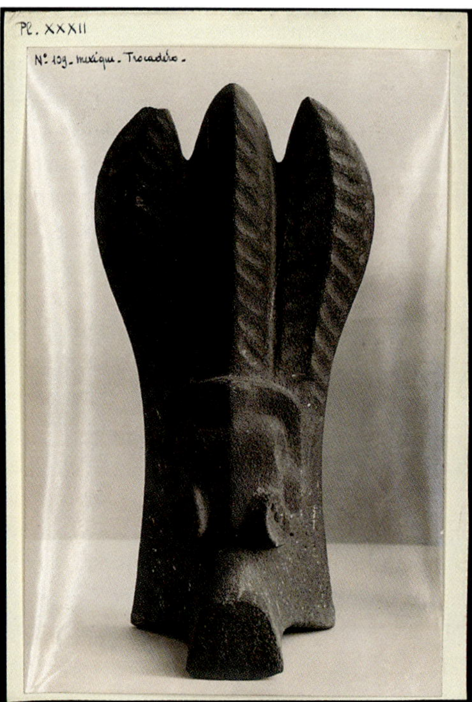

6

5. *Planche XXIII, n° 83 Mexique Trocadéro.* Tirage sur papier baryté. Paris. Musée du quai Branly. Portfolio Vignier inv. MQB 70.2006.31.2. Planche présentant une sculpture anthropomorphe/brûle-parfum, Mexique, pierre, H. 0,48 ; L. 0,33 ; P. 0,28, Paris, musée du quai Branly, inv. 71.1924.13.3396.

6. *Planche XXXII, n° 109 Mexique Trocadéro.* Tirage sur papier baryté. Paris. Musée du quai Branly. Portfolio Vignier inv. MQB 70.2006.31.1. Planche présentant une sculpture dite « palme », cultures du Golfe, État du Veracruz, Mexique (600-900 après J.C.), basalte, H. 0,39 ; L. 0,22 ; P. 0,13, Paris, musée du quai Branly, inv. 71.1924.13.951.

7. *Planche XC, n° 545 Antilles Trocadéro (Porto-Rico).* Tirage sur papier baryté. Paris. Musée du quai Branly. Portfolio Vignier inv. MQB 70.2006.31.2.
Planche présentant une sculpture appelée *Zemi*, culture Taïno, Porto Rico, 1200-1492 après J.-C., pierre. Cet objet n'a pas encore été identifié dans les collections du musée du quai Branly.

8. *Planche CIII, n° 713 Équateur Trocadéro.* Tirage sur papier baryté. Paris. Musée du quai Branly. Portfolio Vignier inv. MQB 70.2006.31.2.
Planche présentant un vase à panse globulaire et à goulot anthropomorphe, Équateur. Cet objet n'a pas encore été identifié dans les collections du musée du quai Branly.

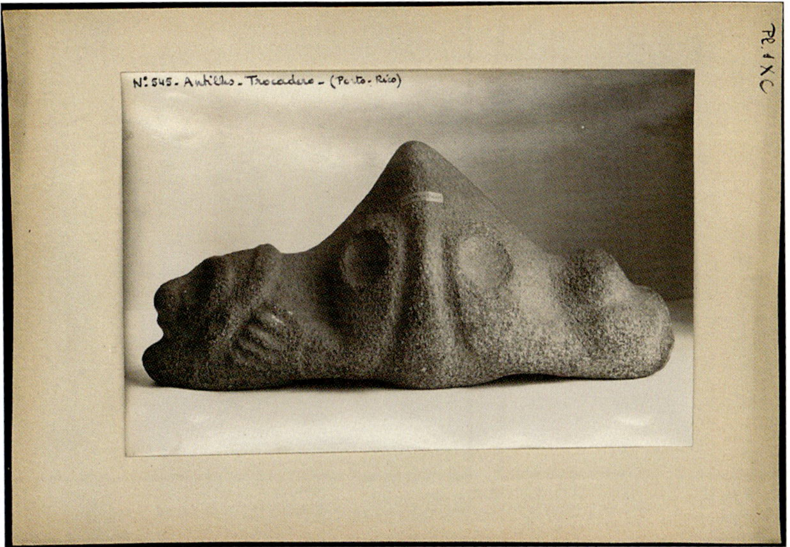

7

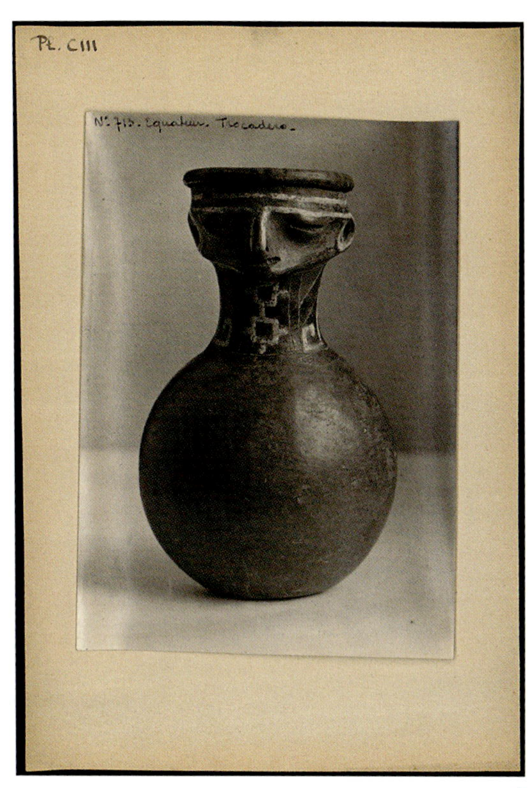

8

années 1880. Mentionnons également son achat d'un ensemble d'objets mexicains auprès de l'antiquaire Eugène Boban en 1875[24]. Le portfolio Vignier reproduit trente-quatre objets de ces anciennes collections (fig. 7).

Le cas des collections de Désiré Charnay est similaire, avec trente-six objets mexicains provenant de l'ensemble[25] rapporté de ses missions en 1857 et 1880[26]. Vingt de ces objets sont reproduits dans le portfolio Vignier. De la collection donnée au musée du Trocadéro en 1887 par la famille Labadie[27], résidant au Mexique[28], nous trouvons trente-neuf objets mexicains, dont seize sont représentés dans les planches du portfolio.

Vingt-huit objets du Mexique ont été choisis parmi les collections d'Auguste Genin, dont huit du premier don effectué au Trocadéro après sa mission au Mexique en 1894[29], et vingt autres de l'ensemble conséquent arrivé en France plus tardivement en 1922[30], mentionnés, nous l'avons vu, sans numéro d'inventaire dans le catalogue de l'exposition.

Les anciennes collections du musée du Louvre ont été représentées également avec vingt-six objets (Pérou, Mexique, Colombie, Bolivie) et celles des musées nationaux avec dix-neuf (Colombie, Équateur, Antilles, Mexique et Pérou). Le même nombre d'objets de Colombie de la collection Chaffanjon[31] ont été exposés, ainsi que quinze objets du Costa Rica et de La Dominique provenant de la collection du duc de Loubat[32]. Concernant l'Amérique du Sud, on retrouve onze objets du Pérou et de l'Équateur, rapportés par Charles Wiener[33] de sa mission scientifique en 1876[34], et neuf autres de Bolivie et du Pérou[35], de la mission archéologique de Théodore Ber en 1876. Neuf objets de l'Équateur[36], rapportés par Paul Rivet de la mission géodésique française (1901 à 1906), ont été choisis. Deux de ces objets sont reproduits dans des planches Vignier[37] (fig. 8).

Le portfolio Vignier et le travail réalisé à partir du catalogue de l'exposition et des différents inventaires et catalogues de vente nous ont ainsi permis d'identifier certains objets provenant de collections publiques et, parfois, de collections particulières, qui furent plus tard donnés ou déposés au Trocadéro ou au musée de l'Homme, et dont certains font partie aujourd'hui des collections du musée du quai Branly.

Les institutions publiques

Parmi les prêteurs publics, nous trouvons six institutions françaises : le musée national de Céramique de Sèvres (37 objets), la bibliothèque nationale (1), le Muséum des Sciences naturelles de Lyon (5), le musée des Antiquités nationales (4), le musée Rodin (1 moulage) et la bibliothèque de la Chambre des députés (1). En ce qui concerne les institutions étrangères, onze sont américaines et ont envoyé des photographies et relevés, et sept autres sont mentionnées : musée d'Archéologie de Madrid (13 moulages), musée d'Archéologie de l'université de Gand (13 objets), musée de Göteborg (15), musée d'Ethnographie de Berlin (4), musée d'Histoire naturelle de Vienne (1 moulage), Musée Royal de Stockholm (30 objets), musées du Cinquantenaire de Bruxelles (27 objets) et le Musée National de Mexico.

Ce dernier fait le prêt le plus généreux, quarante-six objets, en plus de photographies, relevés et moulages. Le catalogue de l'exposition indique[38] que le gouvernement mexicain aurait autorisé l'envoi de ces « objets de grand prix » qui « n'avaient jamais quitté leur pays d'origine », sur la demande de François Carnot (membre du Conseil national des

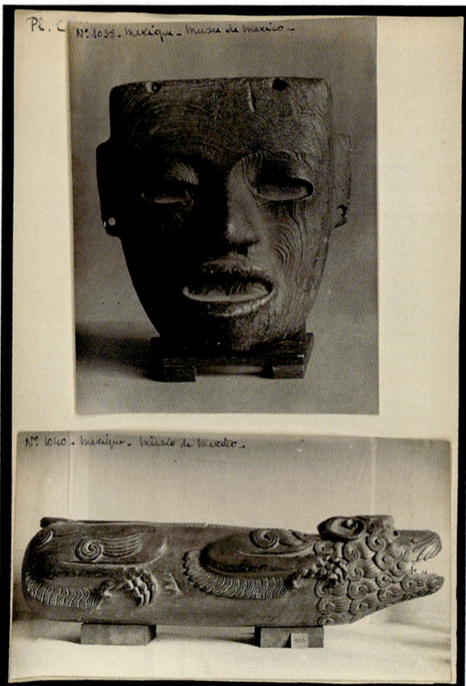

9. *Planche CXII, nos 1038 et 1040 Mexique Musée de Mexico.* Tirage sur papier baryté. Paris. Musée du quai Branly. Portfolio Vignier inv. MQB 70.2006.31.2. Planche présentant un masque anthropomorphe Teotihuacan, pierre, H. 0,19, et un tambour horizontal (*teponaztli*) zoomorphe en bois sculpté avec incrustations, L. 0,85, Mexico, musée national d'Anthropologie. Ces informations proviennent des documents de l'époque.

10. *Planche LVII, Mexique, nos 174 et 180 Trocadéro, no 178 Musée Guimet, no 179 Collection Haviland.* Tirages sur papier baryté et dessin au crayon. Paris. Musée du quai Branly. Portfolio Vignier inv. MQB 702006.31.1. Planche présentant une figurine anthropomorphe du Mexique (le n° 174 du catalogue de l'exposition), basalte, H. 0,065 ; L. 0,048 ; P. 0,035, Paris, musée du quai Branly, inv. 71.1878.1.1867. Une sculpture anthropomorphe en pierre du Mexique (le n° 180 du catalogue de l'exposition), non encore identifiée dans les collections du musée du quai Branly. Une plaque/pendentif du Mexique (le n° 179 du catalogue de l'exposition) en jade ou jadéite gravée de l'ancienne collection Paul Haviland Paris, localisation inconnue. Une sculpture anthropomorphe aztèque (le n° 178 du catalogue de l'exposition), Mexique, 1350-1521 après J.-C., roche métamorphique dense de couleur verte, H. 0,067 ; L. 0,042 ; P. 0,047, Paris, musée du quai Branly, inv. 71.1930.100.43.

musées)[39]. Bien que le rôle important joué par Carnot dans ce prêt ait déjà été analysé[40], nous savons maintenant, grâce notamment à la lecture de courriers conservés dans les archives historiques du musée national d'Anthropologie du Mexique, ancien Musée National, que le rôle de Carnot fut beaucoup plus important dans le choix des objets que le catalogue ne le laisse entendre. Après plusieurs visites au musée, vraisemblablement pendant le mois de février 1928, Carnot lui-même, et non le Musée National, aurait sélectionné « divers objets originels » pour l'exposition[41]. Il aurait également demandé quinze moulages des pièces majeures de ce musée[42], et l'accord signé par le Président mexicain autorisait explicitement le ministre de l'Instruction publique à lui prêter les objets[43]. Deux objets du musée de Mexico sont reproduits dans le catalogue[44], trois autres dans le portfolio Vignier[45], dont un tambour en bois horizontal (fig. 9). Il ne s'agit pas d'un objet précolombien ; datant de l'époque coloniale (premier quart du XVIe siècle), ce choix semble surprenant étant donné la ligne directrice de l'exposition consacrée uniquement aux objets de la période précolombienne ; ce point nous amène à nous interroger sur la sélection opérée par Carnot.

D'après les souhaits du gouvernement mexicain, les moulages, livres et photographies qui accompagnaient les objets, ainsi qu'un facsimile du *Codex Mendocino*[46], devaient être remis au musée d'Ethnographie du Trocadéro[47]. Plusieurs documents attestent de ce don, dont une note de remerciement envoyée par Paul Rivet à Luis Castillo Ledón, directeur du musée[48]. Georges Henri Rivière rédige la liste des vingt-deux moulages remis au musée. Le détail des moulages exposés n'est pas indiqué dans le catalogue, et aucune collection actuellement conservée au musée du quai Branly n'est directement associée à ce don. L'identification de ces moulages au sein des collections reste donc à faire.

Le cas des moulages prêtés par le musée d'Archéologie de Madrid a pu être en partie élucidé. Une liste rédigée par Rivière[49] mentionne treize moulages remis au musée d'Ethnographie du Trocadéro, dont il donne par ailleurs la description. Parmi les collections du musée du quai Branly se trouve un don de sept moulages de masques mexicains. Il s'agit avec certitude, au moins pour quatre d'entre eux, de ceux exposés en 1928[50].

Un seul objet du musée Guimet[51] est exposé en 1928. Un dessin du portfolio (fig. 10) le présente et permet de faire le lien avec un objet aujourd'hui au musée du quai Branly[52]. Le catalogue de l'exposition attribue cette pièce n° 178 à la collection d'Alphonse Kann (1870-1948)[53]. Les collections de ce dernier associaient des chefs-d'œuvre de la peinture classique, des tableaux impressionnistes et contemporains confisqués en 1940[54], des sculptures et tapisseries Renaissance, des objets d'arts d'Amérique, d'Afrique et d'Extrême-Orient, ainsi que des livres et manuscrits. La provenance de cet objet unique, l'une des rares représentations tridimensionnelles de la divinité aztèque Huitzilopochtli[55], et sa présence au musée Guimet, ont toujours été énigmatiques. Dès 1906, il est déjà associé à cette institution[56] et, près d'un siècle plus tard, il est lié à l'ancienne collection de Charles Gillot, collectionneur d'art antique, médiéval, chinois et japonais[57].

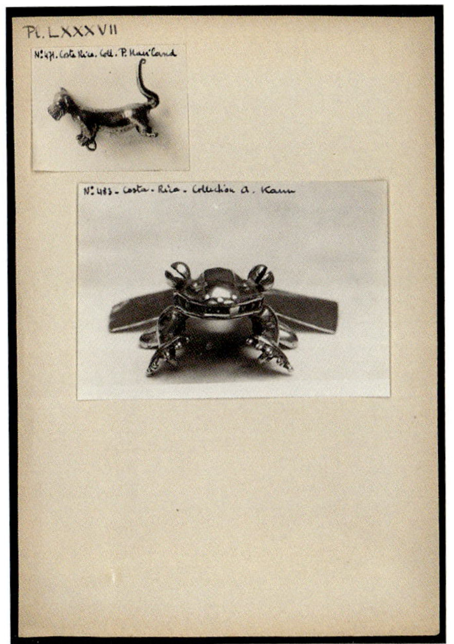
11

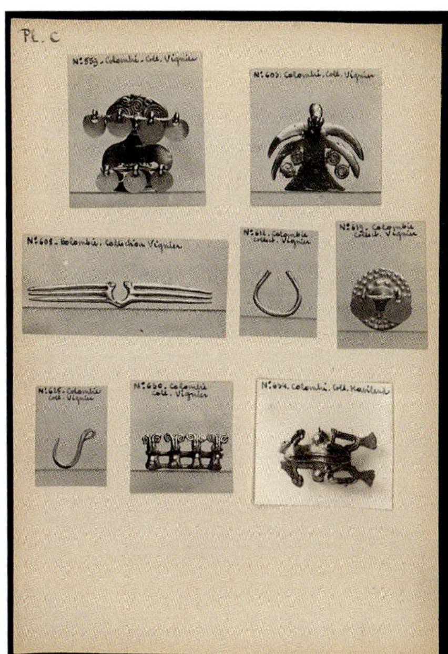
12

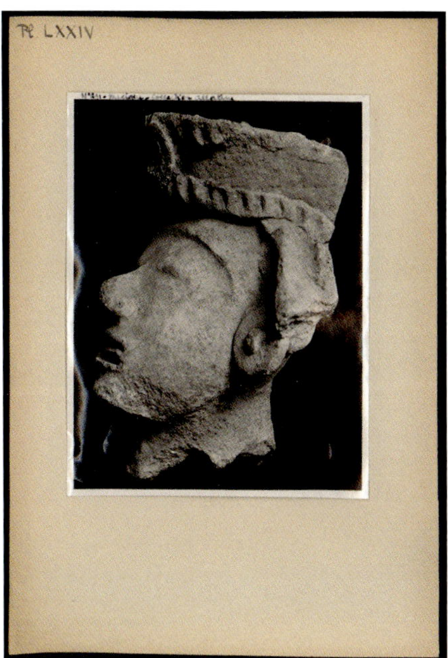
13

Les objets des prêteurs particuliers : des parcours singuliers

La liste des plus de cinquante collections particulières sollicitées[58] est le reflet des « multiples relations mondaines et intellectuelles » de Georges Henri Rivière[59]. Nous trouvons, d'une part, les noms de diplomates de Colombie et du Costa Rica, ainsi que de marchands d'art, tels Vignier, Chang Tsai Loo[60], Walter Bondy, Bela Hein, Lucien Demotte[61], et Charles Ratton, qui prête trente-neuf pièces. Rivière fait également appel à plusieurs collectionneurs privés, comme David David-Weill, Charles de Noailles, Alphonse Kann, Jean-Louis Sauphar et Adolphe Stoclet. Les collections particulières d'américanistes notables de l'époque participent également, comme celles de l'ethnologue et spécialiste du Pérou, Raoul d'Harcourt, et du professeur Louis Capitan (soixante et quatorze objets chacun), du marquis de Créqui-Montfort, et même de Marcel Mauss et de Paul Rivet lui-même, qui prêtent deux objets chacun. De nombreux artistes ont également répondu, tels Roland Tual, Eric Allatini, Angel Zárraga (trois moulages de la Croix de Palenque), Hernando Viñes et Paul Haviland, certains appartenant à des personnalités du mouvement surréaliste, comme André Breton (onze objets) (fig. 11 et 12).

Plusieurs objets prêtés par Louis Capitan[62] apparaîtront ensuite lors de la vente de sa succession en 1930[63]. Certains sont retirés de la vente et proposés au musée du Trocadéro[64]. Aujourd'hui, deux mille sept cent quatorze objets donnés ou légués par ce médecin, anthropologue et préhistorien, dont une grande partie de la collection péruvienne du capitaine Berthon[65], font partie des collections du musée du quai Branly. Certains objets prêtés par Raoul d'Harcourt se trouvent parmi les dix-sept collections qu'il donne ensuite au Trocadéro[66]. Le portfolio permet également de repérer un certain nombre d'objets maintenant exposés au musée du quai Branly.

À partir de janvier 1928, le groupe qui entourait Georges Henri Rivière et qui l'aida à l'organisation de l'exposition, composé d'André Schaeffner, musicologue et auteur d'un des premiers ouvrages sur le jazz, de Georges Salles, et de plusieurs autres personnalités et amateurs d'art, se réunit dans l'hôtel particulier du couple formé par Éric Allatini (1886-1943) et sa femme, Hélène (née Kann), pour préparer les détails de l'exposition[67]. Ami proche de Georges Henri Rivière[68], Allatini prête un seul objet pour l'exposition, qui, grâce au portfolio Vignier, a pu être identifié[69] (fig. 13). Il est par la suite donné au musée du Trocadéro.

Le portfolio Vignier est particulièrement intéressant du point de vue de l'histoire des collections précolombiennes et, plus spécifiquement, des collections de l'ancien musée d'Ethnographie du Trocadéro. Associé à d'autres sources d'archives, il permet d'une part de reconstituer visuellement

11. *Planche LXXXVII, nº 471 Costa Rica Coll. P. Haviland, nº 483 Costa Rica Collection A. Kann.* Tirage sur papier baryté. Paris. Musée du quai Branly. Portfolio Vignier inv. MQB 70.2006.31.2.
Planche présentant une figurine zoomorphe (félin), Costa Rica, or, ancienne collection Paul Haviland, Paris, localisation inconnue et une figurine zoomorphe (grenouille), Costa Rica, or, ancienne collection Kann, Saint-Germain-en-Laye, localisation inconnue.

12. *Planche C.* Tirage sur papier baryté. Paris. Musée du quai Branly. Portfolio Vignier inv. MQB 70.2006.31.2.
Planche présentant huit photographies d'orfèvreries colombiennes en or issues des anciennes collections Vignier, Paris (Nºs 599, 603, 608, 612, 619, 625, 630) et Paul Haviland, Paris (Nº 634), localisations inconnues.

13. *Planche LXXIV, nº 291 Mexique Collection Allatini.* Tirage sur papier baryté. Paris. Musée du quai Branly. Portfolio Vignier inv. MQB 70.2006.31.2.
Planche présentant une tête anthropomorphe, Tehuacán, Mexique, terre cuite, H. 0,175 ; L. 0,162 ; P. 0,102, Paris, musée du quai Branly, inv. 71.1935.122.1.

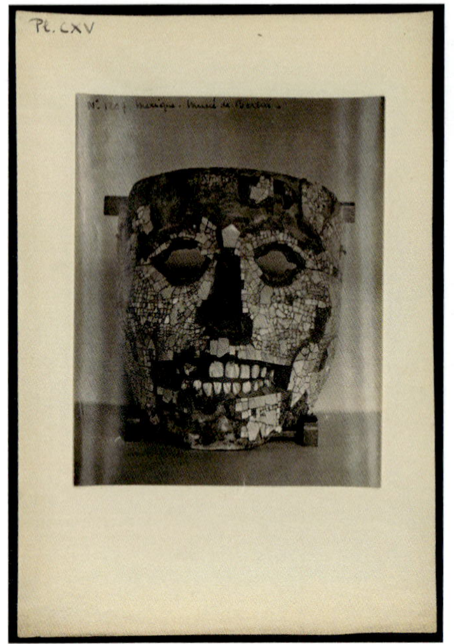

14

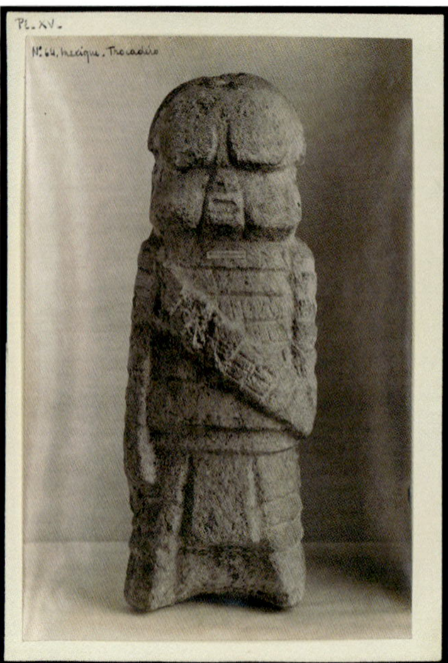

15

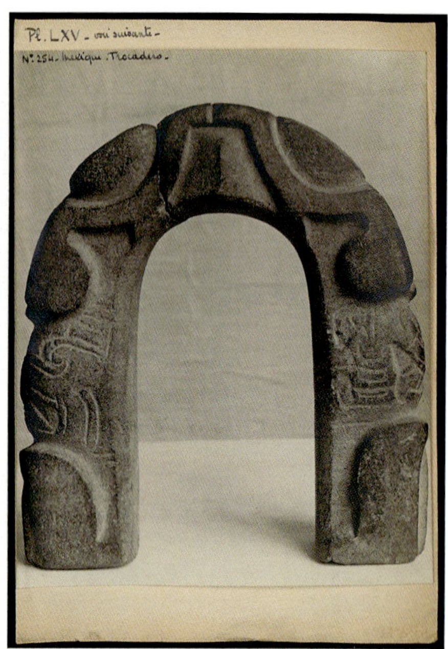

16

une grande partie de l'exposition, d'autre part d'enrichir l'historique de ces objets grâce aux informations sur leur provenance inscrites sur les tirages. Par ailleurs, il fournit des images d'objets dispersés depuis dans des ventes publiques, ou d'objets méconnus aujourd'hui qui, provenant de collections particulières, se sont retrouvés par la suite dans les collections nationales. Certains ont même disparu depuis dans des conflits armés : c'est le cas de l'un des quatre objets prêtés par le musée d'Ethnographie de Berlin, le n° 1207 (fig. 14), un masque en crâne humain décoré d'une mosaïque de turquoise et de coquillage, attribué aux Aztèques, perdu depuis la Seconde Guerre mondiale[70].

L'ensemble des objets prêtés par le musée du Trocadéro, ainsi que ceux provenant de collections particulières, identifiés à ce jour dans les collections du musée du quai Branly, soit quelque trois cent quatre-vingt-quatre objets, sont désormais visualisables numériquement sur le logiciel de gestion et d'inventaire du musée du quai Branly[71], offrant une reconstitution virtuelle, bien que partielle, de cette exposition. Cette reconstitution numérique semble renforcer l'idée que la sélection des objets pour cette exposition s'est essentiellement portée sur des chefs-d'œuvre techniques. Certains font aujourd'hui partie des expositions permanentes du musée du quai Branly, comme cette sculpture anthropomorphe provenant du Yucatán et cet « arceau votif » des Cultures du Golfe du Mexique, des anciennes collections Charnay (fig. 15) et Genin (fig. 16). Enfin, plus de soixante-dix ans après, d'autres ont retrouvé le chemin du Louvre, comme la sculpture en pierre aztèque représentant Quetzalcoatl et le masque de Teotihuacan, de la collection Pinart[72], exposées au Pavillon des Sessions[73].

14. *Planche CXV, n° 1207 Mexique Musée de Berlin.* Tirage sur papier baryté. Paris. Musée du quai Branly. Portfolio Vignier inv. MQB 70.2006.31.2.
Planche présentant un masque aztèque (?), Mexique, crâne humain (?), turquoise et coquillage. Localisation inconnue.

15. *Planche XV, n° 64 Mexique Trocadéro.* Tirage sur papier baryté. Paris. Musée du quai Branly. Portfolio Vignier inv. MQB 70.2006.31. Planche présentant une sculpture anthropomorphe, Yucatán, Mexique, 800-1000 après J.-C., pierre calcaire, H. 0,57 ; L. 0,23 ; P. 0,30, Paris, musée du quai Branly, inv. 1.1882.17.21.

16. *Planche LXV, n° 254 Mexique Trocadéro.* Tirage sur papier baryté. Paris. Musée du quai Branly. Portfolio Vignier inv. MQB 70.2006.31.1. Planche présentant une sculpture dite « arceau votif » ou « joug », cultures du Golfe, Orizaba, Veracruz, Mexique, 600-900 après J.-C., roche porphyroïde, H. 0,41 ; L. 0,37 ; P. 0,12, Paris, musée du quai Branly, inv. 71.1924.13.3401.

NOTES

1 P. Mongne, *Les collections américaines de France : évolution d'une vision du Nouveau Monde*, Paris, 1999 ; P. Riviale, *Un siècle d'archéologie française au Pérou (1821-1914)*, Paris, 1996.
2 C. Laurière, *Paul Rivet, le savant et le politique*, Paris, 2008, p. 74-385.
3 N. Gorgus, *Le magicien des vitrines : le muséologue Georges Henri Rivière*, Paris, 2003.
4 C. Faucourt, *Les Arts anciens de l'Amérique au musée des Arts décoratifs, 12 mai-1er juillet 1928*, mémoire d'étude première année de 2e cycle présenté sous la direction de M. Passini, École du Louvre, 2013.
5 Revue artistique créée en 1926 par Christian Zervos.
6 À ce sujet, voir notamment : C. Laurière, « Georges-Henri Rivière au Trocadéro. Du magasin de bric-à-brac à la sécheresse de l'étiquette », *Gradhiva*, n° 33, 2003, p. 57-66 et Laurière, cit. n. 2, p. 385.
7 G-H. Rivière et A. Métraux, *Les arts anciens de l'Amérique*, cat. exp., Paris, musée des Arts décoratifs, Palais du Louvre, pavillon de Marsan, 1928.
8 La numérotation erronée du catalogue mentionne seize planches ; en réalité il n'en contient que quinze.
9 Neuf numéros sont manquants.
10 *Les Arts Anciens de l'Amérique*, cit. n. 7, p. VIII.
11 Les photographies exposées à cette occasion peuvent également faire l'objet d'une identification par recoupement avec les archives de la photothèque du musée de l'Homme, celles du musée des Arts décoratifs et avec la liste des prêteurs présente dans le catalogue cit. n. 7, p. 119. Quatre-vingt-cinq photographies d'objets de musées américains, ainsi que « 11 photographies de monuments mexicains sur carton grand format encadrées » (Archives de la bibliothèque des Arts décoratifs [abrégé ensuite ABAD], Dossier D1/169 :

Exposition *Arts Anciens de l'Amérique*, Courrier de Georges Henri Rivière, 23 octobre 1928), dont les images de Lord Percival Maudslay, sont présentées ; certaines ont pu être identifiées dans les collections du musée du quai Branly.

12 *Catalogue Collections de M. Charles Vignier : consistant en sculptures, peintures et objets d'arts anciens de l'Asie ainsi qu'en quelques pièces d'art égyptien, d'art nègre et d'art aztèque*, Paris, galerie Levesque, 16 mai-15 juin 1913.

13 *Catalogue de la collection d'art oriental de Charles Vignier*, vente à l'Hôtel Drouot, 13 mai 1936 ; une brochure in-8°, 14 p.

14 Inv. 70.2006.31.1 et 70.2006.36.2.

15 ABAD, Dossier D1/169, L. Metman, Lettre au directeur du Musée Archéologique de Madrid, 12 janvier 1928.

16 D'Harcourt « Introduction », cit. n. 7, p. 9.

17 Dans la plupart des cas, les fiches des objets du musée de l'Homme ne portent pas la mention de l'exposition de 1928. Ce travail est toujours en cours, étant donné que certains numéros indiqués dans le catalogue de l'exposition sont erronés ou ne correspondent pas aux objets décrits.

18 Les planches s'avéreront d'une aide essentielle dans le cas des cent douze objets qui restent à identifier, puisque quatorze de ces pièces sont illustrées dans le portfolio.

19 Sur un total de près de mille deux cent cinquante objets présentés, 47% proviennent de collections particulières, 38% du musée du Trocadéro et 15% de diverses institutions publiques françaises et étrangères. La grande majorité des quatre cent quatre-vingt-six objets du Trocadéro est d'origine mexicaine (233) ; le deuxième groupe le plus représenté est celui des objets du Pérou (86), suivis par ceux de la Colombie (35), de l'Équateur (27), des Antilles (25) et du Costa Rica (22). Faucourt, cit. n. 4, annexe, p. 21 et 28. En ce qui concerne les matériaux, il existe une parité entre les objets en terre cuite et en pierre (199 et 209), et nous notons la présence de quinze objets en bois et trente-six en métaux divers. Suivent le Panama (17), le Guatemala (13), le Canada (7), le Venezuela (6), le Brésil (4) et l'Argentine et El Salvador (2 chacun).

20 Il fait don de 7 000 objets, dont 5 000 objets archéologiques, au Trocadéro.

21 Archives du musée de l'Homme [abrégé ensuite AMH] 2 AM 1 K : secrétariat du musée d'Ethnographie du Trocadéro et du musée de l'Homme, Courrier à l'arrivée et au départ. 2 AM 1 K42c : Génie français à Géraud, Genin Auguste, Lettre de Genin à Rivière, 29 mars 1929.

22 Collection musée du quai Branly [abrégé ensuite MQB] 71.1878.1.

23 Inv. MQB 71.1881.22.1.

24 P. Riviale, « Eugène Boban ou les aventures d'un antiquaire au pays des américanistes », *Journal de la société des américanistes*, n° 87, 2001.

25 Collection MQB 71.1882.17

26 M.-F. Fauvet-Berthelot et L. Lopez Luján, *Aztèques. La collection de sculptures du musée du quai Branly*, Paris, 2005, p. 38.

27 Collection MQB 71.1887.101.

28 Fauvet-Berthelot et Lopez Luján, cit. n. 26, p. 36-37.

29 Collection MQB 71.1897.53.

30 4525 objets, Collection MQB 71.1924.13.

31 Collection MQB 71.1891.57.

32 Tous de la collection M.Q.B. 71.1902.23, sauf le n° 71.1893.60.1.

33 Collection MQB 71.1878.2.

34 Dossier D002536, Documentation des collections, Archives du musée du quai Branly.

35 Collection MQB 71.1878.8.

36 Collection MQB 71.1908.2 et possiblement MQB 71.1926.12.

37 Objets MQB 71.1908.22.591, Planche CIII et MQB 71.1908.22.400, planche CIV.

38 D'Harcourt, cit. n. 7, p. VII.

39 Ancien député, commandeur de la Légion d'honneur, Président de l'Union Centrale des Arts décoratifs depuis 1913, promoteur de l'Exposition internationale des Arts décoratifs modernes de 1925, où il était président du jury international.

40 Notamment par Faucourt, cit. n. 4, p. 24.

41 Archivo Histórico, Museo Nacional de Antropología, Mexico [abrégé ensuite AHMNA], vol. 70 Foja 197. Transcription d'un document demandant accord présidentiel, envoyé par le directeur du Musée National, Luis Castillo Ledón, au directeur du département des Beaux-arts, 27 février 1928.

42 AHMNA, vol. 70 Foja 199. « Lista de vaciados en yeso pedidos por el Señor François Carnot para la exposición de Paris », envoyé par R. Mena au Directeur du Musée National, Luis Castillo Ledón, 16 février 1928.

43 AHMNA, vol. 70 Fojas 213-214. Copie certifiée de l'accord signé par le Président de la République du Mexique, Plutarco Elías Calles, autorisant le ministère de l'Instruction publique à prêter des objets à F. Carnot pour l'exposition d'art précolombien à Paris, 1er mars 1928.

44 Planches XV et XVI.

45 N° 1035 : planche CXI, et nos 1038 et 1040 : planche CXII.

46 Codex de l'époque coloniale (première moitié du XVIe siècle).

47 AHMNA, vol. 71 Foja 30 : Lettre dirigée au Chargé d'Affaires de la Légation française au Mexique, signée par le directeur du Musée National, Luis Castillo Ledón, 24 août 1924. Vol. 71, Foja 34 : Lettre du ministère de l'Instruction publique du Mexique au directeur du Musée National, Luis Castillo Ledón, 24 août 1928.

48 AHMNA, vol. 71 Foja 101. Lettre manuscrite de Paul Rivet au Directeur du Musée National, 23 octobre 1928.

49 ABAD, Dossier D1/169 : Exposition « Arts Anciens de l'Amérique ». « Liste des moulages offerts à la France par le Musée Archéologique de Madrid, à la suite de l'exposition des Arts anciens de l'Amérique, au musée des Arts décoratifs, Pavillon de Marsan, mai-juin 1928, et remis au musée d'Ethnographie du Trocadéro », signée par Georges Henri Rivière, 23 octobre 1928.

50 Collection MQB 71.1929.35. Objets 71.1929.35.1, 71.1929.35.2, 71.1929.35.4 et 71.1929.35.6.

51 Un millier d'objets provenant de cette institution se trouve dans les collections du Trocadéro. Notamment la collection 71.1930.100, constituée par un dépôt de 52 objets d'archéologie d'Amérique Centrale, Antilles et Pérou.

52 MQB 71.1930.100.43.

53 Cette information est précisée par un document daté du 17 juillet 1928, attestant que le musée Guimet aurait « reçu du musée des Arts décoratifs une statuette mexicaine en jade représentant un personnage assis, catalogué à l'exposition pré-colombine sous le n° 178 et que son propriétaire, M. Alphonse Kann fait rentré [*sic*] au musée Guimet ». Une note manuscrite jointe semble confirmer que le musée Guimet aurait reçu cet objet pour M. Kann (ABAD, Dossier D1/169 : Exposition *Arts Anciens de l'Amérique*, Cahier des reçus).

54 H. Feliciano, *Le musée disparu : Enquête sur le pillage des œuvres d'art françaises*, Paris, 2008, p. 227-230.

55 Communication personnelle avec F. de Pierrebourg, responsable des collections Amérique, musée du quai Branly.

56 W. Lehmann, « Die mexikanische Grünsteinfigur des Musée Guimet in Paris », *Globus*, 1906, p. 60-61.

57 Fauvet-Berthelot et Lopez Luján, cit. n. 26, p. 73 ; la collection Gillot, connue pour ses prestigieux objets asiatiques notamment, a été dispersée en 1904 ; une partie a été rachetée par la famille du collectionneur et ce reliquat est passé en vente chez Christie's en 2008, lors d'une vacation restée mémorable.

58 En ce qui concerne la liste des prêteurs, tant publics que privés, leur rôle dans la conception de l'exposition, l'analyse statistique des objets selon le type de prêteur, provenance et matériau, voir Faucourt, cit. n. 4, p. 20-27.

59 *Ibid.*, p. 25.

60 G. Lenain, *Monsieur Loo, le roman d'un marchand d'art asiatique*, Paris, 2013.

61 Voir C. Vivet-Péclet, « Les sculptures du Louvre acquises auprès de Georges-Joseph Demotte : de la polémique à la réhabilitation ? », *La revue des musées de France, Revue du Louvre*, 2013, n° 3, p. 57-70.

62 Le n° 25 du catalogue de vente correspond au n° 170 du catalogue de l'exposition de 1928 ; le n° 41 au n° 570 ; le n° 42 au n° 560 ; le n° 43 au n° 543 ; le n° 40 au n° 870 ; le n° 201 au n° 919 ; les nos 272 et 273 aux nos 778 et 779 ; le n° 278 au n° 922 ; et le n° 297 au n° 958. Les numéros 56, 61, 72, 79, 106, 210, 211 et 215 du catalogue de vente furent aussi exposés en 1928 ; leur correspondance avec le catalogue de l'exposition reste à établir.

63 *Arts Précolombiens. Succession du Docteur L. Capitan*, Drouot, 24-28 mars 1930, Paris.

64 Collection MQB 71.1930.19 : Legs, archéologie et ethnologie américaine, 1874 objets.

65 Riviale, cit. n. 1, p. 283. Bien que sa mission au Pérou, en 1908, fût officielle, le capitaine Berthon, l'ayant financée, refuse de donner les objets sans contribution au MET, qui n'a pas les moyens nécessaires pour en faire l'acquisition. Le Dr Capitan achète alors la collection.

66 Au total, quatre cent quatre-vingt-six objets, dont un seulement a été identifié à ce jour parmi ceux exposés en 1928 : un récipient en bois à décor zoomorphe provenant du site de Pachacamac, au Pérou (inv. MQB 71.1964.86.114). C'est le n° 1219 du catalogue de l'exposition.

67 J. Jamin, « André Schaeffner (1895-1980) », *Objets et Mondes*, n° 3, 1980, p. 132.

68 Faucourt, cit. n. 4, Annexe, p. 36.

69 Le n° 291 du catalogue de l'exposition, objet MQB 71.1935.122.1.

70 M. Portal Sourrieu (dir.), *Xihuitl. Le bleu éternel*, cat. exp., Marseille, musée d'Arts Africains, Océaniens, Amérindiens, 2011, p. 54.

71 Ces ensembles sont consultables sur la base d'inventaire des collections, sous les intitulés *Expo1928Trocadéro* et *Expo1928Prêteurs*.

72 Inv. MQB 71.1878.1.59 et MQB 71.1878.1.60.

73 Voir J. Kerchache (dir.), *Sculptures : Afrique, Asie, Océanie, Amériques. Musée du Louvre, pavillon de Sessions*, Paris, 2000.

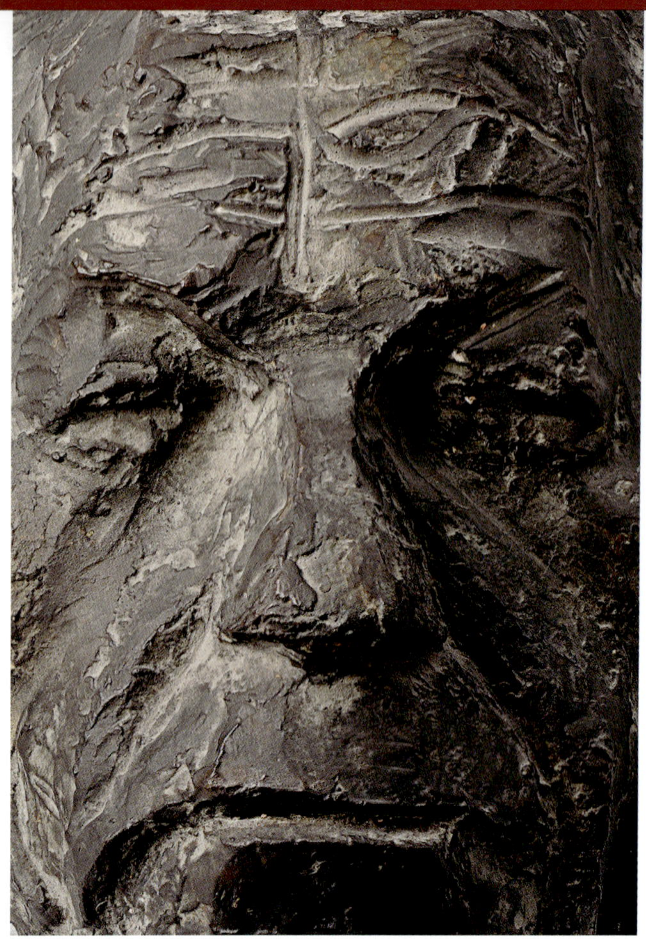

Le musée des Beaux-arts de Lyon : une référence pour l'œuvre d'Étienne-Martin

par Sabrina Dubbeld

« C'est à Lyon que se précisa beaucoup de choses pour moi, je n'y reviendrai jamais sans pleurer, je crois »[1]

Le sculpteur Étienne-Martin a été formé sur le site même du musée des Beaux-arts de Lyon, qui partageait alors le palais Saint-Pierre avec l'école des Beaux-arts. Depuis 1985, la politique d'acquisition du musée permet de réunir aujourd'hui un échantillon particulièrement représentatif de la production de l'artiste, depuis les sculptures du début des années 1930 jusqu'aux *Demeures*, qui caractérisent la dernière phase de sa production. L'auteur s'attache ici à démontrer l'importance de cet ensemble et la pertinence de ces choix successifs.

À l'issue de sa scolarité, qui se déroula à Valence, Étienne-Martin (Loriol-sur-Drôme 1913-Paris 1995), alors âgé de seize ans, poursuivit ses études à l'école des Beaux-arts de Lyon, sise à cette époque au palais Saint-Pierre, avec l'agrément de ses parents. Reçu au concours d'entrée sans difficulté avec une tête d'Agrippa, il étudia, jusqu'en juin 1933, le dessin d'après modèle vivant, le rendu de la perspective et la technique sculpturale. Ces quatre années resteront, dans sa mémoire, un « temps d'ouverture et de liberté heureuse »[2], une « époque solaire »[3], marquée par « la découverte de l'amitié et du monde »[4]. Les carnets d'Étienne-Martin regorgent d'annotations à propos de sa vie et de ses rencontres, à tel point qu'il est possible de retracer sa vie au jour le jour et de connaître les lieux qui l'ont le plus marqué à l'intérieur de Lyon. C'est aussi durant cette période qu'il noue de profondes amitiés qui marqueront durablement son itinéraire personnel. Au nombre de celles-ci, figurent plusieurs camarades de son âge – Paul Denavit, Raymonde in Albon, Simone Boudot, en particulier – et d'autres, plus âgés, tels Marguerite Quichemerre, ou encore Marcel Michaud (1898-1958) : « Le quai Claude Bernard, Simone [Boudot], Marguerite [Guichemerre], l'abbaye d'Ainay [rue où il réside en 1930], Paul [Denavit], Raymonde [in Albon], Michaud, Fanfan [surnom de la fille de Michaud, Françoise], tout cela était un tout qui devait donner immanquablement un résultat précis »[5]. Marcel Michaud – figure incontournable de la scène artistique lyonnaise des années 1930-1950, créateur de la galerie Stylclair en 1934 et de la galerie Folklore trois ans plus tard – lui présentera son ami, Léon Reymond, architecte de formation.

Tous deux sont, avec l'architecte Louis Thomas (1892-1989) et le compositeur César Geoffray (1901-1972), à l'initiative de la fondation du groupe *Témoignage* à Lyon en 1936. Ce dernier incarne selon Michaud : « Un simple témoignage d'un effort, d'une lutte contre le lieu commun, contre la mode, en marge autant que possible des chemins frayés par nos aînés. Témoignage d'indépendance et de poésie sans souci de réussite. Témoignage d'un effort pour créer, en tenant compte de l'apport de ces dernières années, mais en toute indépendance »[6].

Étienne-Martin y participe avec enthousiasme dès sa création. À propos de Michaud et Reymond, il note : « EM [Étienne-Martin] subit l'influence de son ami Marcel Michaud et des amis de celui-ci, en particulier de l'architecte Léon Reymond amoureux des recherches traditionnelles »[7], « dans mon étape lyonnaise, il [Reymond] figure comme un des signaux qui fut une charnière essentielle »[8]. Lyon, c'est aussi la ville de son premier amour : Raymonde in Albon, illustratrice de plusieurs couvertures du *Poids du Monde*, revue du groupe « Témoignage ». Aussi, les liens qu'Étienne-Martin tisse avec la capitale rhodanienne débordent largement le cadre de ses premières années de formation. Ils sont même essentiels à la réalisation et à la compréhension de sa production future, ainsi qu'à la constitution de sa « mythologie individuelle ». D'ailleurs, dans l'*Abécédaire*, système que l'artiste crée en 1960 et qui associe à chaque pièce de sa maison natale de Loriol des époques de sa vie, des sculptures, et des personnes qu'il a rencontrées, la période lyonnaise compte parmi les plus importantes. En fait, l'artiste gardera tout au long de sa vie des contacts avec Lyon. Lors de sa démobilisation en 1941, après avoir été fait prisonnier en Allemagne pendant un an, l'appel de cette ville est tel qu'il s'y rend immédiatement. Il raconte son retour : « En 1941, j'étais démobilisé au camp de Sathonais derrière la Croix-Rousse, j'avais reçu deux cartes de RIA [Raymonde in Albon] au Stalag 6B à Meppen [où il était prisonnier] et cela fut pour moi un des plus beaux jours de ma vie. Je retrouvais mes amis de Lyon : Marcel Michaud, Louis Thomas, Le Moal et par dessus tout RIA »[9], « le 20 février 1941, donc 29 ans après le même mois [il fait référence à sa naissance en février 1913] je retrouvais Maria place Saint-Pothin par un temps pluvieux »[10]. Après le conflit, l'artiste reviendra encore à plusieurs reprises dans ce « fief sentimental »[11] afin de répondre à différentes commandes d'architectes : en 1952, dans le cadre d'un projet d'église qui devait prendre place dans le grand ensemble érigé par les architectes René Gagès et Franck Grimal à Lyon, dans le quartier de Bron-Parilly ; en 1956, pour l'église de l'Annonciation à Vaise, pour laquelle il réalisa *La Ronde des Anges* ; et, en 1962, pour la pose des lanterneaux triangulaires qu'il avait conçus pour l'église Notre-Dame-de-Balmont à la Duchère.

Depuis près de trente ans, les directeurs et conservateurs successifs du musée des Beaux-arts ont su faire honneur au sculpteur et à son histoire en réunissant un fonds exceptionnel de ses sculptures. La collection, constituée de douze pièces, embrasse dorénavant la totalité de sa production. Elles ont été acquises en plusieurs temps forts. Le monumental *Cerbère* (inv. 1985-116), taillé dans un bois de châtaignier en 1977, est le premier à franchir les portes du Palais en 1985, après son achat avec le concours du Fonds régional d'acquisition des musées (FRAM).

Neuf ans plus tard, c'est au tour des deux *Femme debout* (le plâtre original et un tirage en bronze) (inv. 1994-13 et 1994-14) de le rejoindre. L'œuvre en plâtre, réalisée à l'Académie Ranson en 1935, provient de la collection Breteau, et a été donnée au musée par Denise Breteau. Son mari, le galeriste René Breteau, avait organisé la première exposition « Témoignage » à Paris en 1938 et avait également été à l'origine de la première exposition personnelle d'Étienne-Martin en 1960. Quant au tirage en bronze de la fonderie Gilbert Clémenti, il a été acheté par le musée avec le concours du FRAM. En 1996, grâce à Françoise Dupuy-Michaud, c'est *La Sauterelle* (inv. 1996-93), fière et hiératique, de 1933, qui fait son entrée par donation en 1994, quelque soixante ans après sa première exposition lyonnaise au Salon d'Automne. Cette manifestation, souhaitée par Marcel Michaud, voyait également rassemblés pour la première fois les créateurs qui constitueront bientôt « Témoignage ». En 2008, sa fille renouvelle son engagement en faveur du musée en faisant don d'une nouvelle sculpture : le bronze du *Masque de Marcel Michaud* (inv. 2008-29), entrepris en 1941. Le musée achète également la *Pietà* (inv. 2008-30) en bois d'olivier, acquise par Michaud dès sa création en 1944. *La Sauterelle* et la *Pietà*, décrites par Annie Talboutier, céramiste, qu'il épousa en 1938, comme étant « deux choses poignantes d'Étienne, chacun un point dans son évolution »[12], étaient de nouveau réunies. En 2013, le musée des Beaux-arts se porte acquéreur, avec le soutien du Cercle Poussin et du FRAM, de l'*Hommage à Brown* (inv. 2013.13.1), une grande pièce en bois polychrome de 1988-1990, à laquelle Étienne-Martin tenait beaucoup. Cette œuvre répond à l'*Ecce Homo* (1993), racine torturée sous le poids de ses chaînes, récemment déposée au musée par le musée national d'Art moderne-Centre Pompidou. Plusieurs portraits des années 1930-1940 sont également entrés dans les collections en 2013 par donation de la succession Étienne-Martin : celui du peintre Lucien Beyer (1938) (inv. 2013.14.1), de l'artiste Zelman Otchakovsky, en plâtre (1941) (inv. 2013.14.2), et du docteur Lapierre (inv. 2013.14.13), plâtre de 1948. À cet ensemble, sont venus s'ajouter une *Étude pour demeure en fil de fer* (inv. 2013.14.4), créée après 1959, puis un dessin évoquant la structure d'une *Demeure*, contribution de Marie-Thérèse Étienne-Martin, seconde épouse et veuve de l'artiste.

Il est fascinant de constater combien la majorité de ces œuvres est inextricablement liée à l'histoire artistique lyonnaise d'Étienne-Martin. Ainsi, Marcel Michaud, personnalité représentée par son *Masque* et ancien propriétaire de la *Pietà* et de *La Sauterelle*, Lucien Beyer et Zelman Otchakovsky furent membres de « Témoignage », rejoints par René Breteau – qui possédait les deux *Femmes debout*. Enfin, Étienne-Martin a réalisé, en février 1948[13], le portrait du Dr Lapierre (fig. 1), dentiste

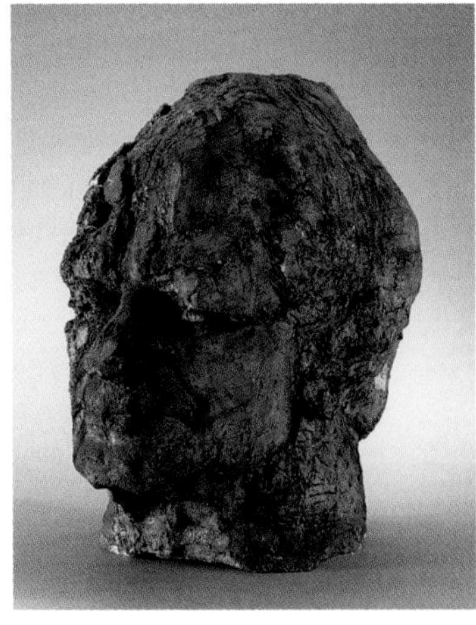

1. Étienne-Martin. *Tête de Monsieur Lapierre*. 1948. Plâtre. H. 0,43 ; L. 0,36 ; P. 0,46. Lyon. Musée des Beaux-arts. Inv. 2013.14.13.

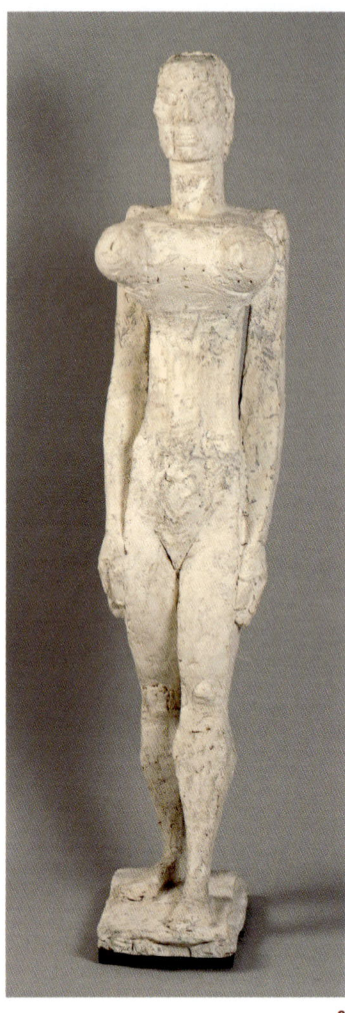

2

exerçant à Lyon, en paiement de soins impayés. Voilà quatre ans que ce dernier lui réclamait des honoraires pour une opération chirurgicale. À ce sujet, en mars 1944, l'artiste écrivait à Michaud : « Vous ai-je dit que Lapierre me réclame des honoraires, il a raison du reste, j'aurais dû aller le portraiturer à sa campagne (je ne sais plus où) que dois-je faire ? Si je vendais un truc, je lui enverrai tout de suite [de l'] argent et tout serait dit, voilà ma punition de coquetterie »[14].

Lyon : « une lumière, un grand souvenir dans le cœur »[15]

Étienne-Martin s'est toujours réjoui de l'enseignement « extrêmement traditionnel »[16] qu'il a reçu à l'école des Beaux-arts et qui a conforté son choix de devenir sculpteur. Toutefois, lorsqu'il obtient le prestigieux prix de Paris en septembre 1933 et la bourse correspondante qui lui permettent de se rendre dans la capitale, il est résolu à poursuivre un apprentissage beaucoup plus libre. Appuyé par son ami Armand Pellier, il décide de rencontrer le sculpteur et peintre Charles Malfray et d'intégrer l'Académie Ranson, académie d'avant-garde créée en automne 1908 par d'anciens Nabis. Étienne-Martin étudiera à ses côtés jusqu'en juin 1937. Durant ces années, il crée treize sculptures, parmi lesquelles *La Sauterelle* et la *Femme debout*, œuvres majeures de cette période.

La Sauterelle (fig. 2), figure féminine solidement construite, les mains plaquées le long du corps et les seins dressés droit vers l'horizon, rappelle les œuvres primitives et témoigne de son goût pour les productions non-occidentales, plus particulièrement pour l'art égyptien. « L'Égypte m'a ainsi très vite beaucoup impressionné »[17], « Attirance que je ne saurais expliquer ; je percevais une présence, une évidence et même une humanité, qui me donnèrent la certitude que j'ai conservée depuis. Ce fut immédiat et définitif »[18], confie-t-il dans ses entretiens. Ses visites au musée des Moulages de Lyon et sa cohabitation avec les œuvres du musée des Beaux-arts ont sans conteste nourri son imaginaire. Les accents primitifs sont particulièrement sensibles dans son travail de jeunesse, comme en témoignent la *Nuit 1*[19], sorte de sphinx au visage à peine esquissé, et la *Nuit 2*[20], débutée deux ans plus tard. Il ne s'agit jamais d'emprunts directement identifiables à une sculpture ancienne en particulier mais plutôt de formes évocatrices, de réminiscences. *La Sauterelle*, à l'instar des autres œuvres réalisées durant cette décennie 1930, tels *La Femme Debout*, l'*Idole peinte* et les *Portraits d'Andrée*, illustre bien les recherches d'un artiste qui s'affranchit de l'enseignement académique : déjà, il suit ses propres intuitions. Dans ses carnets, il note : « Les premières sculptures qui vont de 1934 à 1939 sont sous le signe d'une recherche de la forme et de sa signification [...] *La Sauterelle*, *Divinité*, *Abécédaire* [et] *Sirène* sont des jeux plus intellectuels »[21]. En 2003, lors d'une résidence au musée des Beaux-arts de Lyon, l'artiste Pierre Buraglio a écrit un poème en hommage à *La Sauterelle*. Il a aussi conçu une peinture à l'huile et plusieurs dessins d'après cette même sculpture, signe de l'intérêt de certains créateurs actuels pour le travail d'Étienne-Martin.

La *Femme debout* (fig. 3) est une étude de nu d'après modèle vivant. Le jour de la séance de pose, dans l'atelier de Malfray, sont également présents le peintre Jean Le Moal (1909-2007) et le sculpteur François Stahly (1911-2006). Eux aussi ont livré leur interprétation de la jeune modèle. La sculpture d'Étienne-Martin se distingue des deux autres par sa monumentalité, la fierté qui s'en dégage et le traitement du visage, à peine esquissé. Très attentif à la matière, Étienne-Martin confère à sa *Femme debout* une grande expressivité. Accrochant le regard, la surface est poreuse et tactile, renouant ainsi avec un caractère archaïque. L'artiste n'a pas réalisé une simple étude de nu, sa figure retranscrit la féminité dans toute son universalité, « l'éternel féminin »[22], pour reprendre une expression qu'il chérissait. Dans la version originale, les deux bras se réunissaient sur les seins, ce qui, associé à la couleur blanche immaculée du plâtre, donnait à l'ensemble une dimension quasi sacrée. Ce n'est que quelques années après sa création que l'orante a été amputée de ses mains et de ses avant-bras. Le tirage en bronze (fig. 4) reproduit fidèlement ces caractéristiques.

Plusieurs documents photographiques attestent de la présentation de *La Sauterelle* lors des expositions « Témoignage », à Lyon et même à Paris. Outre la vue du Salon d'Automne de 1936 publiée dans *La Vie lyonnaise* le 10 octobre, il existe un autre visuel évoquant sa présence dans la manifestation du groupe organisée à la galerie Matières de René Breteau en 1938. C'est Lucien Beyer qui est à l'origine de ce dernier événement, comme le signale Étienne-Martin dans ses archives : « C'est la même année [1938] que Beyer eut l'idée de faire à la boutique de la rue des Canettes qu'avait son ami Breteau la première exposition *Témoignage* à Paris dont Bertholle fit le programme. Beyer avait l'idée d'une sorte

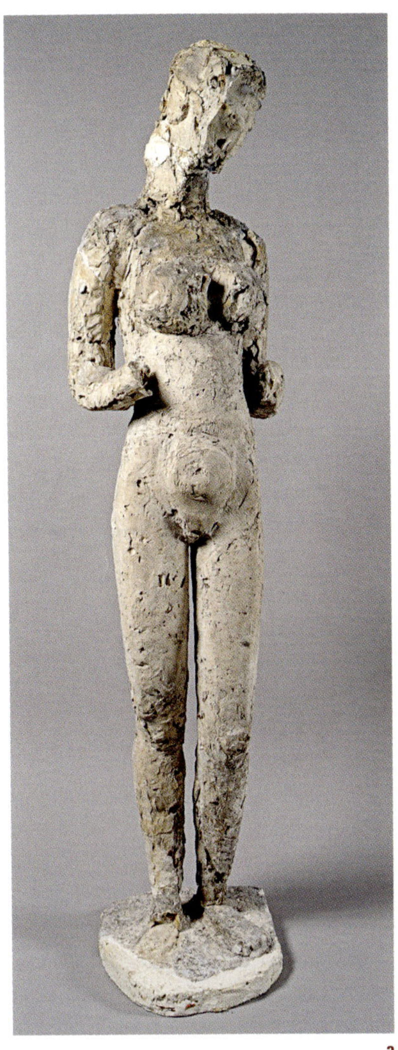

3

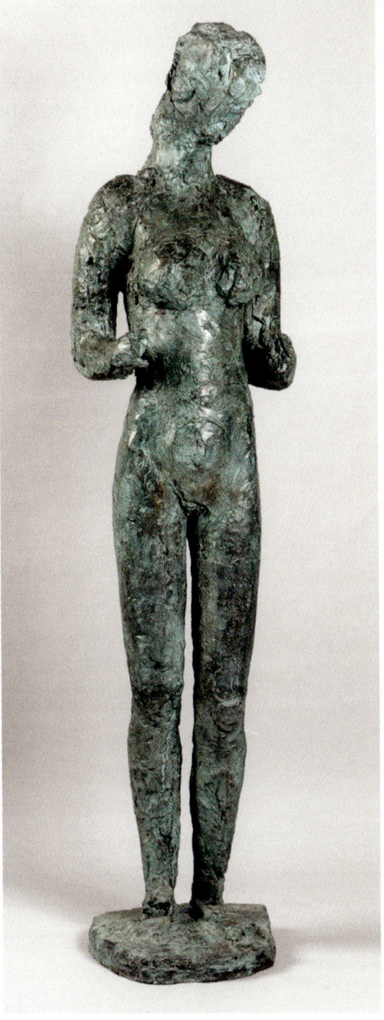

4

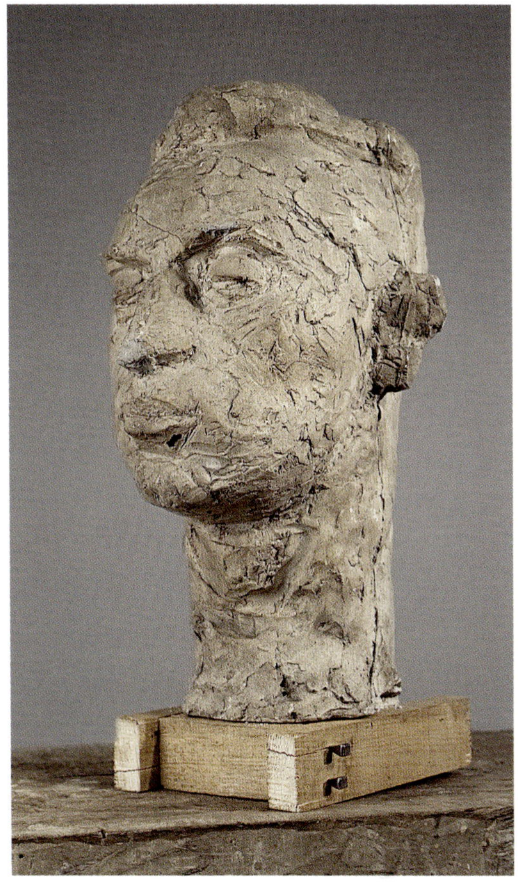

5

de foire, ce qui eut lieu »[23]. L'amitié qui liait Étienne-Martin à Beyer depuis 1936 ne s'est pas tarie avec les années. Dans ses manuscrits, on trouve de fréquentes mentions de ses visites dans l'atelier de la rue du Pot-de-Fer. En outre, en 1938, Beyer se joint aux jeunes époux, Annie et Étienne-Martin, à Dieulefit où ils séjournent durant l'été. C'est alors[24], et non en 1936 comme on l'a souvent affirmé, que le sculpteur réalise le buste de son ami (fig. 5). Les deux hommes partageaient une même passion, transmise par l'architecte, et critique musical, Léon Reymond, pour les ouvrages du philosophe René Guénon. Toute la production de Beyer est imprégnée par l'ésotérisme et l'étude de la symbolique. D'ailleurs, dans une lettre datant du 16 août 1938, Étienne-Martin écrit à Reymond : « Mon grand travail ici est de lire « *L'homme et son devenir* [selon le vêdânta de Guénon] ». Beyer a eu l'excellente idée de venir avec son *Introduction* [il fait probablement référence à l'*Introduction générale à l'étude des doctrines hindoues* de René Guénon, publiée en 1921] et je m'applique à comprendre le mieux possible ce qu'il dit, ce qui ne m'est pas une chose facile. En dehors de cela, je tourne quelques fois à la poterie »[25].

2. Étienne-Martin. *La Sauterelle.* 1933. Plâtre. H. 1,64 ; L. 0,376 ; P. 0,53. Lyon. Musée des Beaux-arts. Inv. 1996-93.

3. Étienne-Martin. *Femme debout* ou *Figure debout.* 1935. Plâtre. H. 1,735 ; L. 0,40 ; P. 0,385. Lyon. Musée des Beaux-arts. Inv. 1994-13.

4. Étienne-Martin. *Femme debout* ou *Figure debout.* 1935. Bronze. H. 1,735 ; L. 0,40 ; P. 0,385. Lyon. Musée des Beaux-arts. Inv. 1994-14.

5. Étienne-Martin. *Portrait de Lucien Beyer.* 1938. Plâtre. H. 0,451 ; L. 0,23 ; P. 0,27. Lyon. Musée des Beaux-arts. Inv. 2013.14.1.

La ferveur des années de guerre

En novembre 1939, Étienne-Martin est mobilisé et réquisitionné comme infirmier. À l'été 1940, la situation se dégrade : le 7 juin, il est fait prisonnier par les Allemands au sud d'Amiens. Durant huit mois, il est contraint de travailler dans une ferme non loin de Hanovre. Dans ses carnets, il relate : « La guerre et la captivité pour l'auteur fut l'autre porte, expérience réelle de la peur, expérience réelle du réel, la captivité, la nature »[26], « la captivité, temps bouleversant pour le cœur et pour l'esprit »[27]. Il est libéré en février 1941 et rejoint Nyons où l'attendent sa femme et ses deux enfants. Les Martin sont alors voisins de la famille Otchakovsky. Selon Annie Talboutier, l'artiste souhaite reprendre au plus vite ses activités, tant sont nombreux ses projets de sculptures. Peu de temps après son arrivée, il débute la *Tête de Zelman* (fig. 6) : « Elle est assez difficile, mais belle et cela semble bien parti »[28], commente son épouse le 15 mars. Quatre années furent nécessaires à sa réalisation. Zelman Otchakovsky et Étienne-Martin s'étaient liés d'une solide amitié à l'Académie Ranson. Zelman, qui a participé aux deux expositions « Témoignage » à Paris, invitera le sculpteur à travailler avec lui à la décoration du restaurant du pavillon français de l'Exposition universelle de New York en 1939. Deux ans plus tard, à Nyons, les deux hommes œuvrent de nouveau à différents projets communs. En particulier, ils conçoivent des maquettes pour une chapelle où Étienne-Martin devait sculpter « un grand mât central »[29] ainsi qu'une grande Vierge. Ces études sont primordiales car elles annoncent *La Vierge au sable*, sculptée dans une sablière de Beauvallon en 1943, aujourd'hui disparue, et la *Vierge et enfant*[30] de 1944. Zelman jouera également un grand rôle dans l'itinéraire spirituel d'Étienne-Martin : « Il [Zelman] est une lumière »[31], « Je me souviens pas que jeune homme on m'ait parlé de Dieu comme Zelman »[32]. Ce dernier introduira le sculpteur auprès du révérend père Vallet, un prêtre jésuite qui dirigeait le centre spirituel de Chabeuil, surnommé « Nazareth », où se pratiquent les *Exercices spirituels* de saint Ignace de Loyola. Étienne-Martin fera deux retraites dans ce lieu, la première en 1942 en compagnie de son ami, la seconde en 1943. Ces expériences le marqueront profondément. En 1945, lorsque Zelman décède subitement, son ami se bat pour voir la réalisation de ces différents travaux en cours. Annie Talboutier exhorte Michaud à organiser une rétrospective de ses œuvres[33]. Le galeriste accepte avec bienveillance et charge Étienne-Martin de rédiger l'hommage qui figure sur le carton d'invitation.

À cette époque, Michaud et Étienne-Martin s'adonnent à une intense activité épistolaire, entamée dès 1934. Leur riche correspondance, conservée dans le fonds Michaud du musée des Beaux-arts de Lyon, fit l'objet d'une publication dans le catalogue de l'exposition *L'atelier Étienne-Martin*, organisée par Sylvie Ramond et Pierre Wat en 2012[34]. La lecture de cet ensemble jusqu'alors inédit permet, comme l'écrit Sylvie Ramond, « d'entrevoir différents registres de cette amitié, la complicité dans les luttes artistiques, l'accord des solitudes – ainsi que des registres de paroles –, l'injonction à créer, qui se mêle souvent, dans leurs lettres, à l'exhortation à ne pas désespérer »[35]. Pour les chercheurs, cette correspondance constitue également une source essentielle pour renseigner la vie de l'artiste et l'élaboration de certaines de ses œuvres. Ainsi, est-il possible de suivre quasiment au jour le jour la création de la *Pietà* et son achat par Michaud. En revanche, les évocations du *Masque de Marcel Michaud* sont bien plus rares.

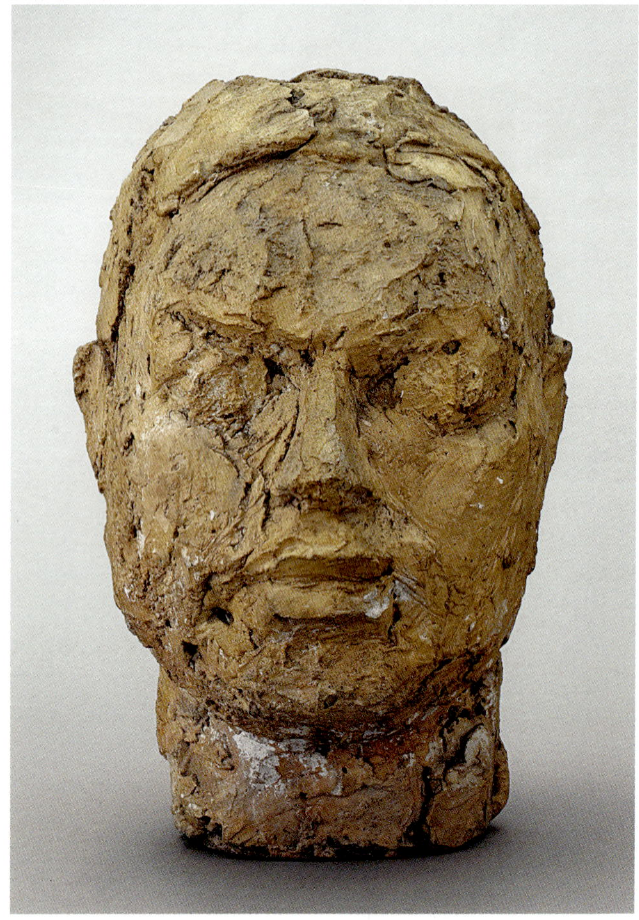

6. Étienne-Martin. *Portrait de Zelman Otchakovsky*. 1941. Plâtre. H. 0,39 ; L. 0,27 ; P. 0,37. Lyon. Musée des Beaux-arts. Inv. 2013.14.2.

Jusque dans les années 1960, Étienne-Martin réalisa de nombreux portraits qui ne résultèrent pourtant jamais de commandes : « Les têtes, ce sont des rencontres, des portraits de rencontres et c'est tout à fait merveilleux la tête d'un individu surtout quand c'est un ami »[36], « le visage est l'énigme par excellence. Je n'ai fait que peu de portraits, mais je tiens pour miraculeux l'intérêt d'un visage [...] ; je sais qu'un visage dépasse de beaucoup la réalité plastique »[37]. Le portrait de Michaud (fig. 7), commencé en 1941, recèle une proximité formelle frappante avec celui dessiné vers 1940 et publié en frontispice du recueil de poème *La Gorge des Jours* six ans plus tard. Il reprend en effet les trois traits horizontaux au-dessus des yeux, trois incisions très franches. Dans les lettres qu'il adresse au galeriste, Étienne-Martin insiste pour pouvoir retravailler le plâtre.

Il lui écrit le 12 mars 1944 : « Annie me dit que vous avez l'intention de faire tirer votre tête pour exposer, merci de tout cela mais j'ai idée qu'elle n'est pas encore à l'état vraiment sculptural ; l'idéal serait de pouvoir employer le négatif que vous avez de la gélatine en le remodelant pour en conserver cette sorte de première épreuve que je prends toujours et qui possède sans doute un tas de choses fragiles que je perds dans la suite »[38] et, le 29 mai 1946, : « Si vous venez avec votre tête (en plâtre) on y travaillerait un peu »[39].

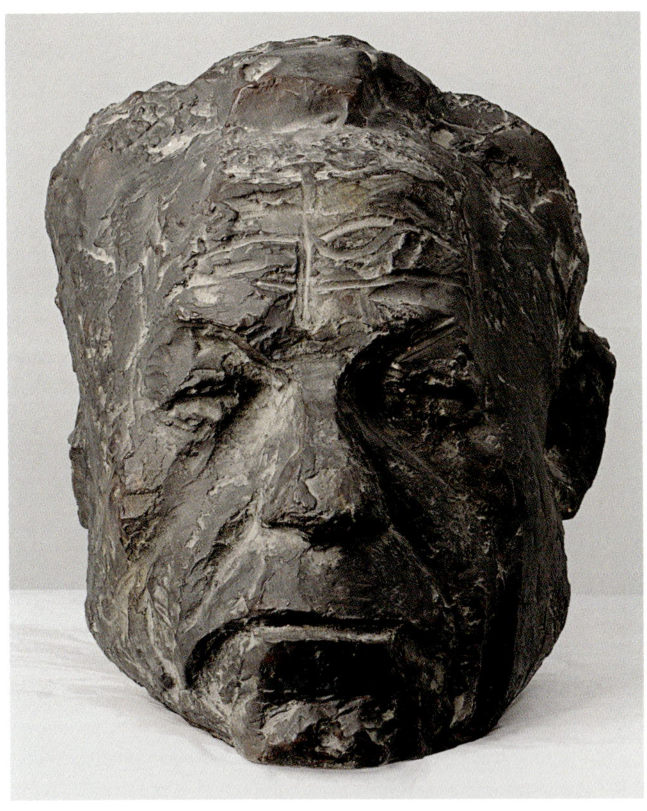

7. Étienne-Martin. *Masque de Marcel Michaud*. 1941. Bronze. H. 0,335 ; L. 0,30 ; P. 0,27. Lyon. Musée des Beaux-arts. Inv. 2008-29.

Jeanne Michaud a dû faire tirer l'unique exemplaire en bronze du *Masque* entre 1960 et 1966. En effet, en 1959, elle écrit à Étienne-Martin qu'elle « n'a pas pu le faire tirer cette année à cause du manque d'argent [...] mais [qu'elle a] bien l'intention de le faire exécuter lorsqu'[elle aura] suffisamment d'argent liquide disponible »[40]. Six ans plus tard, le tirage est exposé au musée d'Art et d'Industrie de Saint-Étienne dans le cadre d'une exposition dédiée au sculpteur[41].

Aux yeux d'Étienne-Martin, sa *Pietà* (fig. 8), commencée en 1945, occupe une place essentielle dans sa production. L'artiste parvient alors à se libérer des contraintes formelles pour retranscrire un univers qui lui est très personnel. Il écrit en 1964 : « Dans mon travail de sculpteur, c'est le contact des hommes et de la réalité pendant la guerre et de la captivité qui me donna le contact direct avec la réalité. Ex : *La Nuit d'Oppède* – la *Pietà* – je veux dire que je commençais à dire directement et violemment ce que j'avais à dire »[42]. Cette œuvre illustre ses sentiments profonds et son état d'esprit d'alors, très torturés. Il vit durant ces années une succession de deuils : sa mère décède en 1941, son père et son meilleur ami, Zelman, en 1945. Il connaît un regain de piété dont il dira plus tard : « Cette crise religieuse masque un inconscient besoin de retrouver la mère », « je voulais être dans le plus grand état de perfection possible »[43]. Par ailleurs, son amie Raymonde in Albon décide de rentrer dans les ordres en 1942. D'une certaine façon, il souhaite communier spirituellement avec elle. En outre, cette quête religieuse approfondit un

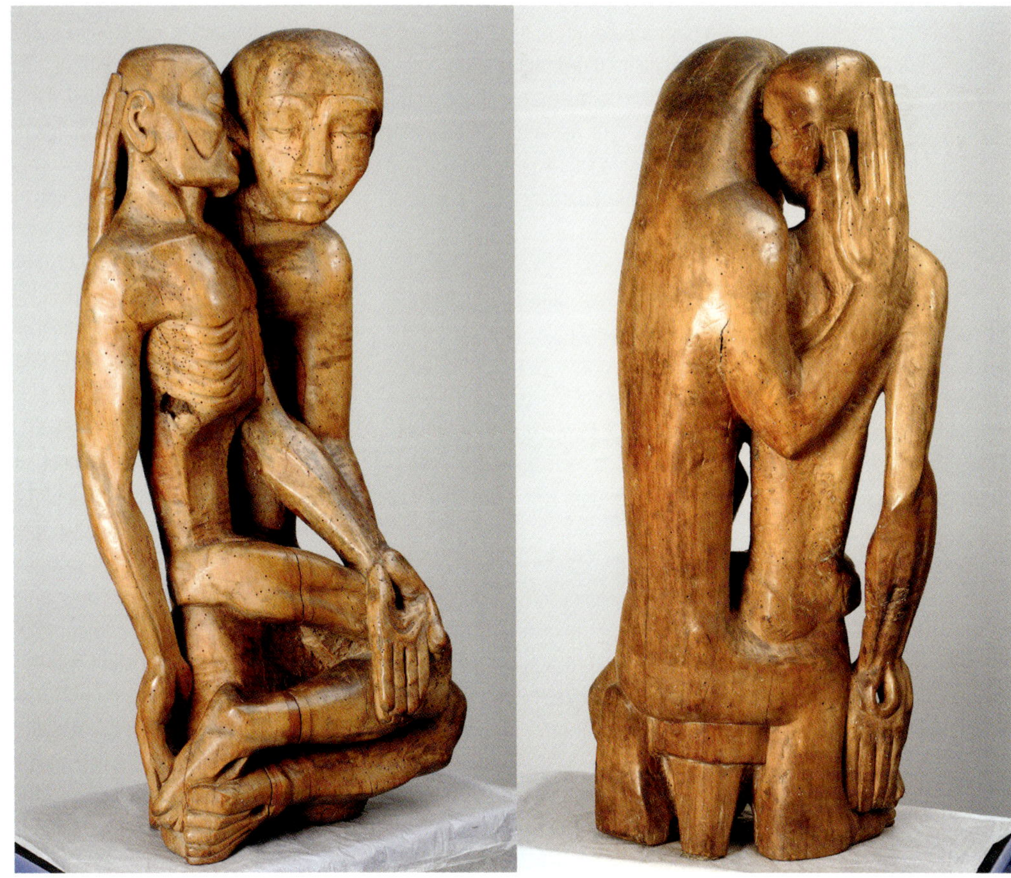

8. Étienne-Martin. *Pietà*. 1944-1945. Bois d'olivier. H. 1,15 ; L. 0,45 ; P. 0,40. Lyon. Musée des Beaux-arts. Inv. 2008-30.

itinéraire spirituel amorcé dès 1936 avec le groupe *Témoignage*. Pour lui, ce sont ces différentes lectures liées à la religion et à l'ésotérisme qui l'ont conduit à cette ferveur catholique : « Personnellement, il m'a fallu l'Orient, Guénon, Coomaraswamy pour arriver à l'orthodoxie catholique [...] Dans tout cela, il n'y a rien que je sache d'un fanatisme religieux »[44]. Toutes ses œuvres réalisées entre 1943 et 1946 témoignent de cette aspiration pour le sacré : le *Couple dans Main*[45], *La Vierge au Sable*[46], *Le Christ*[47], *La Vierge*[48], *Vierge et Enfant*[49], la *Pietà Idole*[50] et la *Pietà*[51]. Leur rendu plastique est toujours particulier. Ainsi, la *Pietà* se caractérise par une grande tension, particulièrement perceptible dans ces visages expressifs et souffrants que sont les figures de la Vierge et du Christ : pommettes saillantes, yeux mi-clos et bouche déformée en un rictus douloureux. L'entremêlement des bras, s'il est caractéristique de son travail sculpté, revêt ici une résonnance particulière : « J'avais une Piétà en bois qui mise à l'envers avait une curieuse pénétration de bras qui me faisait songer à ces ogives des bas-côtés d'église »[52].

Cette *Pietà* est née d'un morceau d'olivier qu'Étienne-Martin a patiemment travaillé dans son atelier, situé Grand Rue à Mortagne-au-Perche. L'artiste avait réalisé sa première œuvre en bois deux ans plus tôt à Oppède (*La Nuit d'Oppède*[53]). Durant son séjour mortagnais, il sculpte avec frénésie de nombreux morceaux de bois, parmi lesquels *La Pietà Idole*[54] et *Le Grand Couple*[55]. Lorsque la famille Stahly s'installe à Préfontaines en avril 1945, à quelques kilomètres de Mortagne, les deux sculpteurs travaillent ensemble sur des racines. À cette époque, Étienne-Martin œuvrait déjà à sa *Pietà* depuis plusieurs mois. Le 8 janvier 1945, Annie Talboutier écrit à Michaud : « Il [Étienne-Martin] a travaillé et a vraiment envie de continuer. J'en suis contente. Cela me paraît étranger et inquiétant quand il reste si longtemps parfois sans avoir envie de réaliser et pourtant si travaillé intérieurement. Il m'a dit que vous vouliez la Pietà [Michaud s'était porté acquéreur de l'œuvre après l'avoir découverte sur une photographie]. Je suis contente que ce soit vous qui l'ayez. C'est une très bonne chose de lui et vous ne serez certainement pas déçu de l'original qui a quelque chose de très émouvant que l'on ne peut sentir en la photo. J'espère que vous la garderez un moment et qu'aussi on pourra la revoir »[56].

L'année suivante, il reprend ses outils, notamment pour parfaire la figure du Christ : « Bonnes nouvelles à vous annoncer pour tout et en particulier de votre sculpture, j'ai refait entièrement le dos du Christ dans une crise de bien faire, total elle vaut le double au moins ! (mais tranquillisez-vous) je suis heureux qu'elle soit à vous car dans le fond, il me serait pénible de voir aller ça n'importe où »[57]. Michaud, soucieux de la rendre accessible à un large public, la prêtera à diverses reprises.

Jusqu'à la mort de Michaud en 1958, les deux hommes resteront très proches. En 1960, lorsqu'Étienne-Martin met au point son « Abécédaire », le galeriste trouve tout naturellement sa place dans la « Demeure immatérielle » : il l'associe à la lettre Y, qui correspond à la *Chambre des nourritures* et à la troisième période de son retour à Paris (1957-1960), temps lui-même affilié à la *Demeure 10*. Ce choix illustre l'importance aux yeux d'Étienne-Martin de cet ardent défenseur de la tradition, empreint d'une incontestable modernité.

Le temps des *Demeures*

À partir des années 1950, le cycle des *Demeures* devient une telle obsession pour Étienne-Martin que ses recherches finissent bientôt par envahir toutes ses œuvres. Ainsi, les cavités caractéristiques de ses monumentales sculptures inspirées par l'architecture de sa maison natale, se retrouvent-elles dans bien d'autres créations n'appartenant pas à proprement parler à la série des vingt *Demeures* : le *Janus II*[58], *La Cervelle*[59], *La Tête couronnée*[60], *Le Reliquaire*[61], *Le Cerbère* (fig. 9) ...

Dans le cas de ce dernier, le lien entretenu avec les œuvres de la série ne se limite pas à une simple évocation formelle. En effet, l'artiste y a fait figurer l'ensemble des pièces de sa maison natale depuis la *Terrasse* (A) jusqu'aux caves (Z). En outre, le morceau de châtaignier à l'origine de sa conception donnera naissance à la *Demeure 14* ainsi qu'à la *Demeure 15*.

Le Cerbère illustre parfaitement les recherches menées par l'artiste depuis 1975 autour du mur de sa maison d'enfance (fig. 10), qui l'empêchait, dans sa jeunesse, d'accéder d'une pièce à l'autre comme il le souhaitait : « Si l'on remonte dans le temps, la maison où j'ai vécu enfant était l'accouplement de deux maisons et la communication de l'une à l'autre se faisait par le rez-de-chaussée et par le grenier, si bien que derrière le mur de ma chambre, il y avait une pièce qui appartenait à la maison mais que pour aller dans cette pièce, il fallait passer soit par le haut soit par le bas, et quand on y arrivait on était dans un autre monde »[62]. Cette séparation, c'est aussi l'incarnation du « mur que chacun porte en soi »[63], « la matérialisation des dissimulations »[64] : « Ce mur symbolise pour moi ce qui fut autrefois appelé le Dragon[65] [titre qu'il a d'ailleurs donné à une sculpture en 1947] et qui nous empêche d'être pleinement nous-mêmes »[66], « La grande aventure c'est d'aller derrière ce mur, et puis ensuite d'essayer, je ne dirais pas de nier ni de le contourner, mais de le franchir de temps en temps... »[67]. En 1974, il dit qu'il a pu définitivement traverser cet obstacle. Cela explique son désir de questionner ce thème obsédant. Jusqu'en 1985, nombre de sculptures l'exploreront : *Le petit fil du temps*, *Le Mur Miroir*, la *Demeure 16*, la *Demeure 17*, la *Demeure 19*, *L'Univers maternel*... À propos de Cerbère, gardien des enfers, les auteurs du *Dictionnaire des symboles* écrivent : « Chien d'Hadès, il symbolise la terreur de la mort, chez ceux qui redoutent les Enfers. Plus encore, il symbolise les Enfers eux-mêmes. Et l'enfer intérieur à chaque être humain. [...] L'interprétation néo-platonicienne voyait en Cerbère le génie même du démon intérieur, l'esprit du mal. Il ne peut être dompté que sur terre, c'est-à-dire par un violent changement de milieu (ascension), et que par des forces personnelles de natures spirituelles. Pour le vaincre, on ne peut compter que sur soi »[68].

Étienne-Martin a repris intégralement ces quelques lignes dans ses écrits personnels[69]. On comprend mieux les raisons qui l'ont poussé à choisir ce titre spécifiquement. Sur le dessin représentant *Le Cerbère* de face (fig. 11), l'artiste a fait figurer chaque cavité, qu'il a creusée dans le morceau de châtaignier. Chacune d'entre elles représente une « marche » ayant une signification particulière dans sa mythologie. Ici, il faut en franchir sept pour accéder au Ciel (7e marche ou « monde du jour, soleil ») depuis la Terre (1re marche ou « monde de la terre », « monde de la Nuit »). La 1re marche s'intitule également « Monde de la Porte » et « Monde de la Rue » car elle correspond dans l'*Abécédaire* à

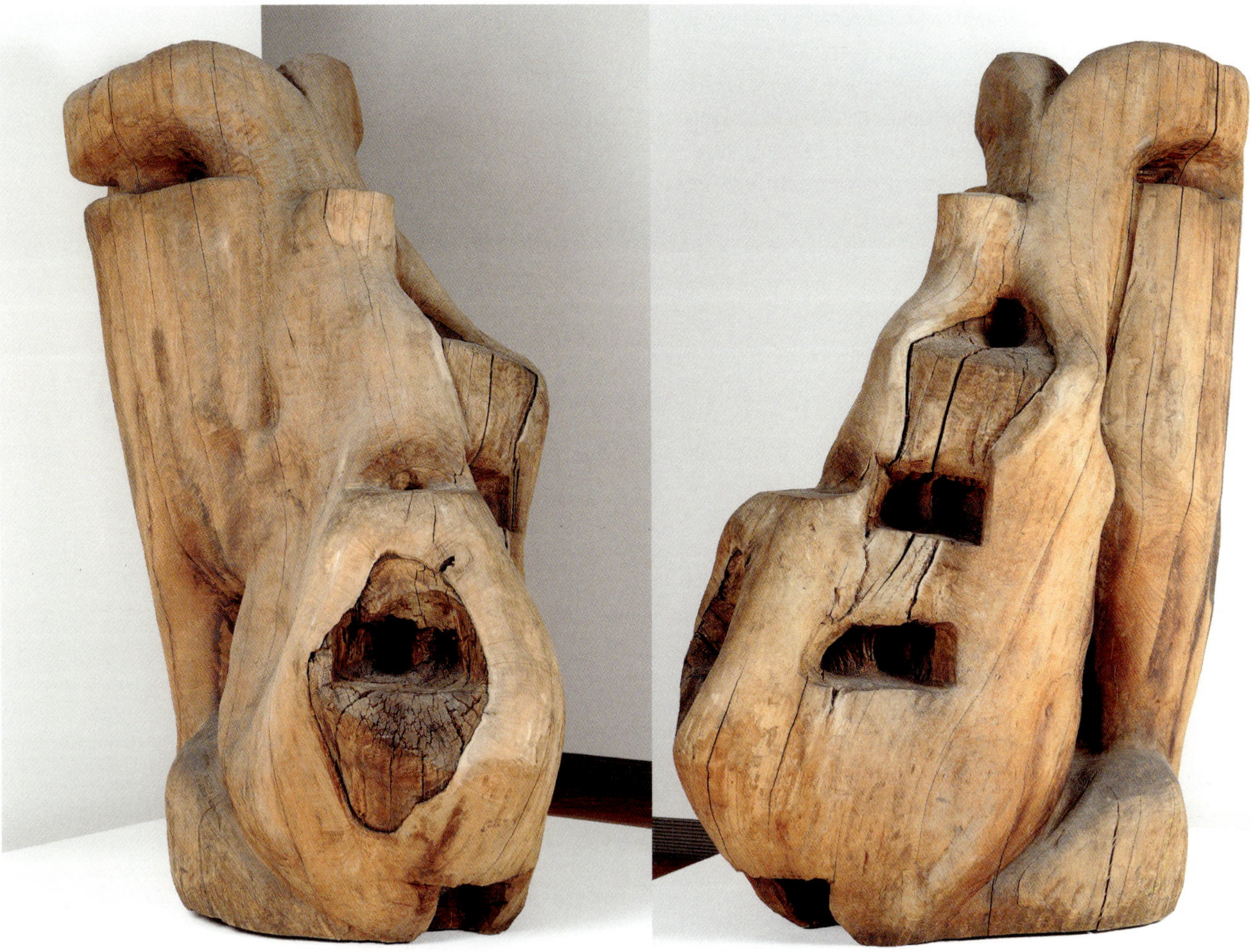

9

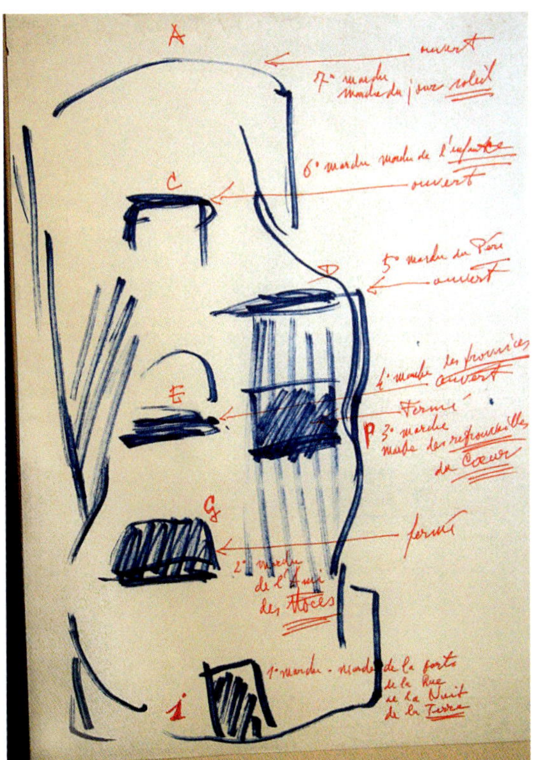

10

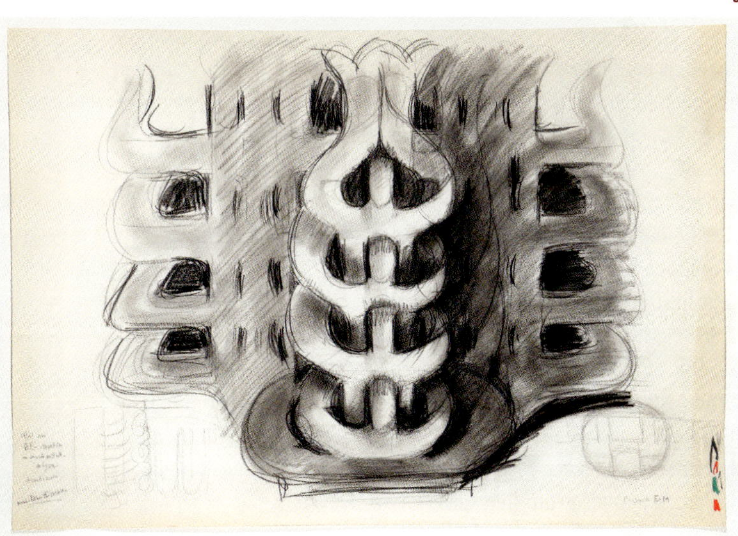

11

9. Étienne-Martin. *Le Cerbère*. 1977. Bois de châtaignier. H. 2,20 ; L. 1,90 ; P. 1,20. Lyon. Musée des Beaux-arts. Inv. 1985-116.

10. Étienne-Martin. Dessin lié au *Cerbère*. Archives Marie-Thérèse Étienne-Martin.

11. Étienne-Martin. *Sans titre*. Pierre noire, crayon graphite, fusain estompé, feutre de couleur sur papier vélin. H. 0,748 ; L. 1,095. Lyon. Musée des Beaux-arts. Inv. 2013.6.1.

l'emplacement de l'entrée de la maison natale (désignée par la lettre J), véritable « porte » entre le monde extérieur (« la rue Marchande »), et l'intérieur du foyer. La 2e marche, ou « Marche de l'Ami », est liée à la lettre G ou « Chambre des Livres » qui est le temps du Lycée (1925-1929) où il rencontra son ami Robert Combe, « l'enfant d'or »[70], « le pur miracle »[71]. L'autre désignation de cette marche n'est autre que « la marche des Noces » car la lettre G appartient à l'étage surnommé la « zone des Noces » (formée par les lettres FGYOP) qui concentre tous les moments importants de la vie du sculpteur. La 3e marche, associée à la lettre P (dite « Alcôve du cœur » dans l'*Abécédaire*), époque des temps obscurs (1940-1941), a été baptisée la « marche des Retrouvailles, du cœur », car c'est « dans l'alcôve du cœur, [que se déroule] le retour d'une amitié ancienne [Raymonde in Albon] qu'[il] croyai[t] perdue pour toujours »[72]. La 5e marche, ou « Marche du père », elle, coïncide avec la lettre D, le temps de la « Petite enfance » (1914-1918), marqué par le retour du père, après trois ans au front. La 6e marche, ou « Monde de l'enfance », avant-dernier pallier avant l'ouverture vers le « soleil », est associée à la lettre C, la « chambre des Fleurs », où sa mère descendait les plantes de la terrasse durant sa « Petite enfance ». Quant à la 7e marche, elle se confond avec la lettre A, année de sa naissance (1913) et lieu de la terrasse de sa maison natale où sa mère aimait contempler le ciel.

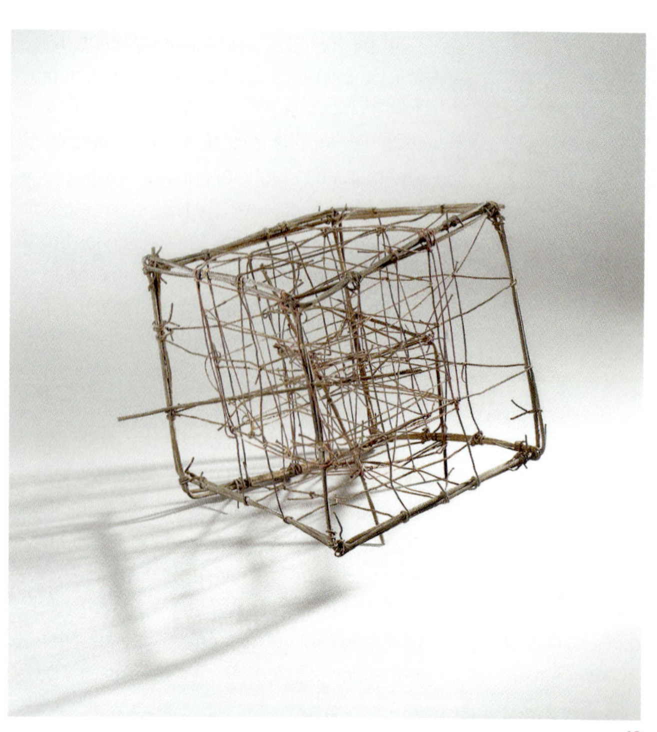

12

Entre 1958 et 1960, Étienne-Martin réalise également, toujours en lien avec le cycle des *Demeures*, plusieurs sculptures en fil de fer de forme parallélépipédique. Véritables dessins dans l'espace, elles reprennent, en les développant, des parties de plan de sa maison natale. Tout comme ses dessins sur papier, elles sont créées simultanément aux *Demeures*, dans le présent du Grand œuvre : « [elles] correspondent à une mise en place d'ensemble, une sorte de plan permettant de poursuivre « la chose ». C'est un rapport de situation entre les différents éléments entre les chambres, les circulations. Il s'agit de « méditations », de « songes » sur les contenus des espaces »[73]. Ces œuvres, qui se nourrissent de ses émotions profondes, vont susciter en écho des sensations qui viendront encore enrichir son moi profond. Il saura en faire éclore les *Demeures*. Certaines de ces « souricières », comme les surnomme l'épouse de l'artiste, peuvent être rattachées à des architectures ou à des *Demeures* particulières. Ainsi, l'une d'elles est une grande étude pour *La Demeure 1* (1958), une autre, de dimensions plus modestes, pour *La Demeure 3* (1959). Il y a également une « souricière » nommée *Le Dessin dans l'espace* (1960), qui évoque son appartement quai de Bourbon, et enfin la sculpture *Cage-escalier*, qui rappelle l'escalier de sa maison natale.

Dans l'œuvre conservée au musée de Lyon (fig. 12), on distingue nettement, dans les délicats entrelacs du fil de fer et du grillage, la figuration du mur de la bâtisse loriolaise. Cela laisse supposer que deux des parties de l'édifice sont représentées, celles qu'il nomme la maison de l'Est et la maison du Nord.

La dernière *Demeure* du cycle, *Les Terrasses de la terre et de l'air*, est achevée en 1984 après plus de dix ans de travail acharné. Cet événement ne marque nullement l'arrêt de sa production. Jusqu'en 1995, date de son décès, on assiste à un renouveau créatif foisonnant : utilisation de nouveaux matériaux, création de nouvelles séries et diversification de sa palette de peinture. En effet, jusqu'à présent, il n'utilisait que trois couleurs en référence à sa maison natale – le rouge, le bleu, le vert –,

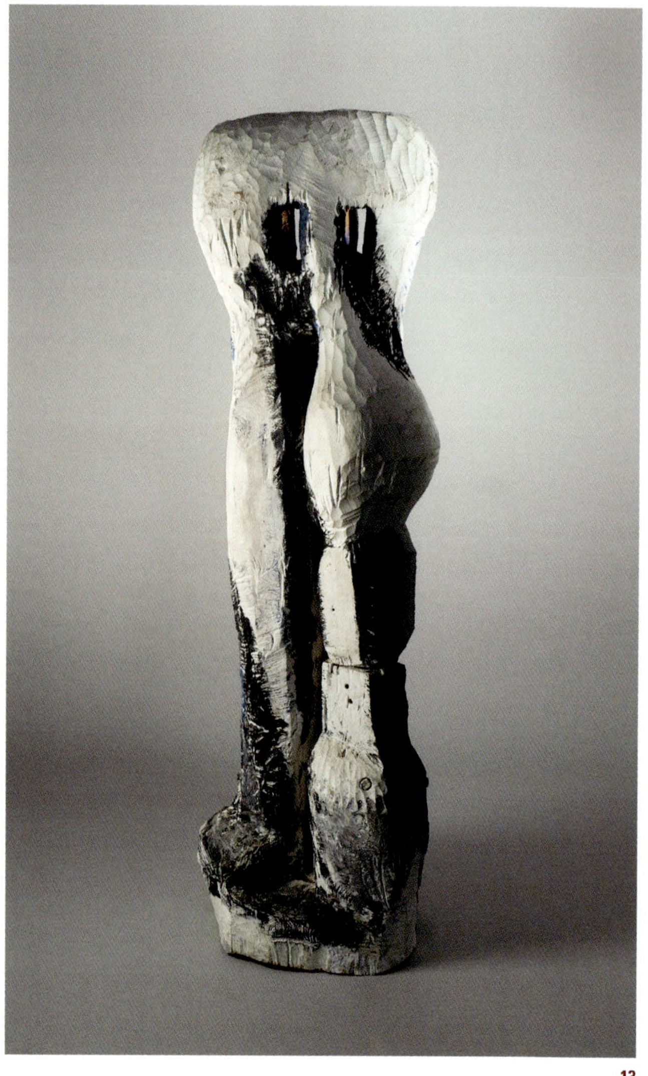

13

qu'il nuançait ou intensifiait parfois avec du noir et du blanc. Il faut attendre la fin des années 1980 pour qu'il expérimente le noir, le blanc et le bleu, d'abord avec le *Collier de la Nuit*[74] (1985-1988), puis avec l'*Hommage à Brown* (fig. 13), dernier des trois *Hommages* réalisés par Étienne-Martin. Cette œuvre reprend la forme et l'hiératisme de chacun des trois *Personnages*[75] de 1967, des *Fantômes*[76] de 1984 et de *La Corne*[77] de 1989. Comme son titre l'indique, elle rend hommage à Jacques Brown, sculpteur français (1918-1991), avec lequel il avait noué une profonde amitié depuis leur rencontre en 1954 et qui réalisa un *Étienne-Martin ou le génie écrasant les envieux, les ânes et la médiocrité* en 1967-1974.

Ainsi, les douze œuvres conservées au musée des Beaux-arts de Lyon couvrent l'ensemble de sa carrière, depuis les œuvres de jeunesse (*La Sauterelle, La Femme debout*), jusqu'aux productions ultimes (*Hommage à Brown, Ecce Homo*, fig. 14), en passant par ses créations expressionnistes de la Seconde Guerre mondiale (*Pietà*) ainsi que celles liées au cycle des *Demeures* (*Le Cerbère)*. Exposées ensemble, elles donnent à voir la diversité des matériaux employés par l'artiste, qui n'a cessé de revendiquer que « tous sont excellents »[78]. Surtout, elles permettent d'appréhender les six thèmes qui se « sont imposés à [lui] »[79] : les Portraits, les Nuits (*La Sauterelle* et la *Femme debout* en sont annonciatrices), les Couples (la *Pietà*), le Libre Jeu des Formes et des Matériaux (l'étude en fil de fer), ainsi que les Racines (l'*Ecce Homo*) et les Demeures (*Le Cerbère, Étude pour demeure en fil de fer*). L'ensemble de ce fonds exceptionnel[80], ainsi que les archives conservées, font de ce musée un lieu de référence pour l'analyse de l'œuvre du sculpteur et la contemplation de ses œuvres.

12. Étienne-Martin. *Étude pour Demeure en fil de fer.* Après 1959. Fil de fer et ficelle. H. 0,23 ; L. 0,24 ; P. 0,205. Lyon. Musée des Beaux-arts. Inv. 2013.14.4.

13. Étienne-Martin. *Hommage à Brown.* 1988-1990. Bois (frêne) polychrome. H. 1,82 ; L. 0,70 ; P. 0,50. Lyon. Musée des Beaux-arts. Inv. 2013.13.1.

14. Étienne-Martin. *Ecce Homo.* 1993. Racine d'oranger, chaînes d'acier. H. 1,13 ; L. 1,27 ; P. 0,78. Lyon. Musée des Beaux-arts. Inv. AM 1999.106. Dépôt du musée national d'Art moderne-Centre Pompidou.

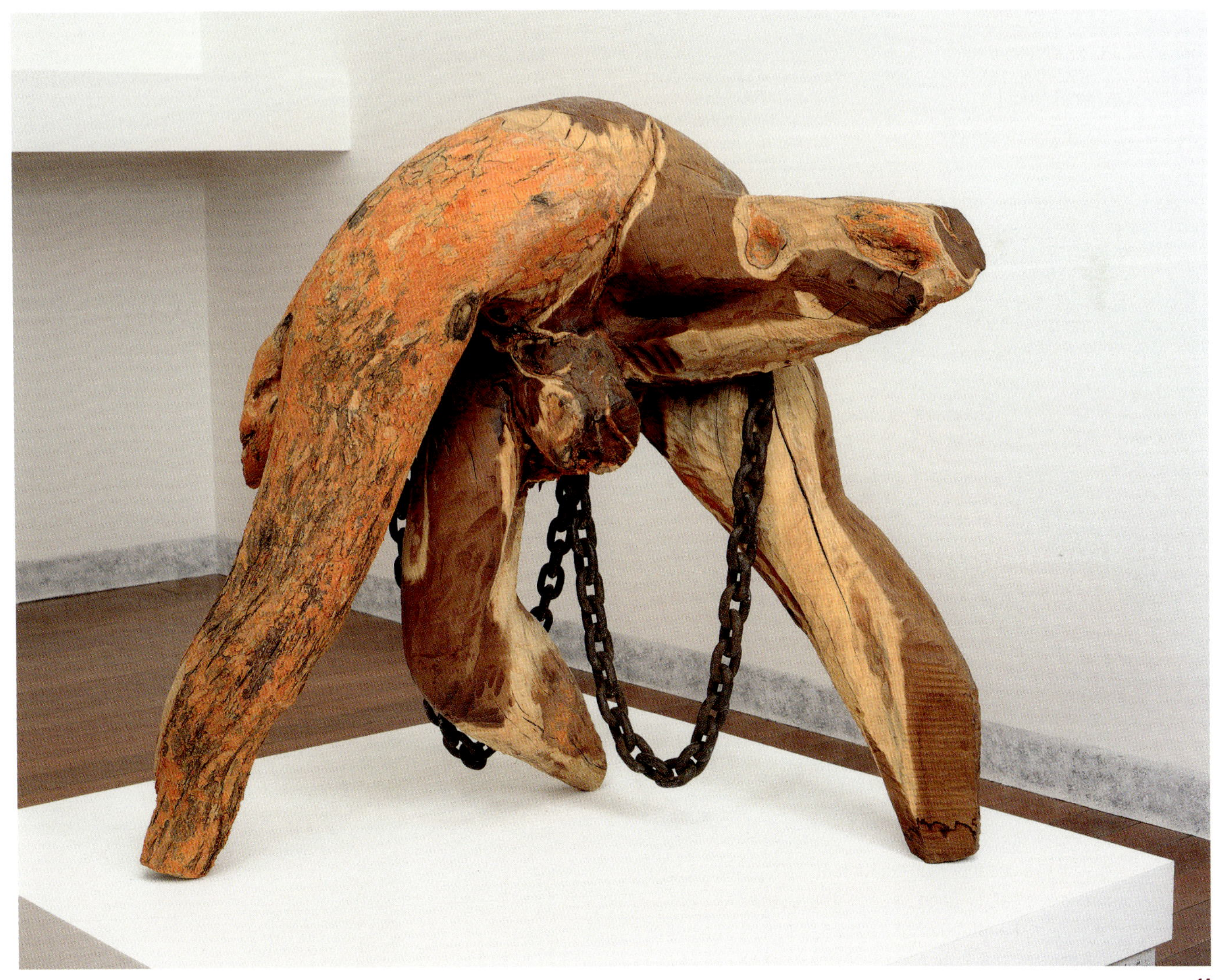

14

NOTES

Les abréviations suivantes sont utilisées dans les notes :
MAMVP/EM/MAN/NOT/AUT : notes et souvenirs biographiques
MM/EM : lettre de Marcel Michaud à Étienne-Martin
EM/MM : lettre d'Étienne-Martin à Marcel Michaud, etc.
JM : Jeanne Michaud
AT : Annie Talboutier

1 Feuillet manuscrit conservé dans les archives du musée d'Art moderne de la Ville de Paris, fonds Étienne-Martin [abrégé ensuite en MAMVP].
2 Carnet sans nom [juin 1977-août 1978], archives Étienne-Martin conservées chez Marie-Thérèse Étienne-Martin [abrégé ensuite en MTEM].
3 Registre « Enfance, adolescence, la vie d'homme », archives MTEM.
4 Registre « DA D2 D3 7 portes », archives MTEM.
5 MAMVP/EM, Cahier librairie papeterie Joseph Gibert grand format (14 novembre 1959-14 juillet 1964) [abrégé ensuite en MAN/CAR/CLJ].
6 Michaud, Lettre du 2 octobre 1938 à Chevalier, dans *Groupe Témoignage 1936-1943*, cat. exp., Lyon, musée des Beaux-Arts, 1976, p. 6-7.
7 Notes manuscrites d'Étienne-Martin, MTEM.
8 MAMVP/EM/MAN/CAR/CLJ.
9 Registre « Fondements du ciel et de la terre, les portes », archives MTEM.
10 Carnet orange saga EM, archives MTEM.
11 MAMVP/EM/MAN/CAR/CLJ.
12 Archives du musée des Beaux-arts de Lyon, fonds Marcel Michaud [abrégé ensuite en MBAL], ATEM/MM 8 janvier 1945.
13 Manuscrit EM daté du 7 février 1948, archives MTEM.
14 MBAL, EM/MM, 12 mars 44.
15 Agenda 1934, samedi 13 octobre, archives MTEM.
16 Entretien du journal *Libération* avec Étienne-Martin, 25 août 1992.
17 *Ibidem.*
18 Propos de l'artiste repris par D. Le Buhan, *Les demeures mémoires d'Étienne-Martin*, Paris, 1982, p. 74.
19 Musée des Beaux-arts et d'archéologie de Valence.
20 Collection particulière.
21 Registre « Ma naissance, ma mère, date des sculptures », archives MTEM.
22 « Entretien de J.-P. Rehm avec Étienne-Martin », *Étienne-Martin*, cat. exp., Valence, musée de Valence Art et Archéologie, 1992, p. 28.
23 MAMVP/EM/MAN/NOT/TEM, notes sur *Témoignage*.
24 Carnet « famille Romans », archives MTEM.
25 Brouillons de correspondances, archives MTEM.
26 MAMVP/EM, Cahier Héraclès grand format (14 janvier 1974-8 septembre 1975) [abrégé ensuite en MAN/CAR/CHE].
27 Notes biographiques, Archives MTEM.
28 MBAL, AT/MM, 15 mars 1941.
29 *Ibidem.*
30 Collection particulière.
31 Registre « Famille paternelle depuis 1805 », archives MTEM.
32 Notes manuscrites, archives MTEM.
33 MBAL, ATEM/ MM, 8 janvier 1945.
34 « Correspondances », *L'atelier d'Étienne-Martin*, dans *Étienne-Martin*, cat. exp., Lyon, musée des Beaux-arts, 2012, p. 244-293.
35 S. Ramond, « À la lettre de l'œuvre », dans *Étienne-Martin*, cit. n. 34, p. 232-233.
36 « Étienne-Martin, le sculpteur des demeures », émission radiophonique du 24 décembre 1966, avec Jean-Jacques Lerrant, directeur des pages Culture au *Progrès de Lyon*.
37 Le Buhan, cit. n. 18, p. 69-70.
38 MBAL, EM/MM, 12 mars 1944.
39 MBAL, EM/MM, 29 mai 1946.
40 MBAL, JM/EM, 2 octobre 1959.
41 *Étienne-Martin*, cat. exp., Saint-Étienne, musée d'Art et d'Industrie, 21 novembre 1966-8 juin 1967/Saint-Etienne, Maison de la sculpture, 1966.
42 MAMVP/EM/MAN/NOT/AUT/CAR/CLJ.
43 Entretien avec Étienne-Martin, « Gurdjieff : trois témoignages d'artistes », *Le magazine littéraire*, n° 131, décembre 1977, n.p.
44 MBAL, EM/MM, 31 janvier 1943.
45 Collection particulière.
46 Œuvre à présent disparue.
47 Collection particulière.
48 Collection particulière.
49 Collection particulière.
50 Collection particulière, en dépôt pour une durée de cinq ans au musée des Beaux-arts de Lyon (inv. D 2015.1.2).
51 Musée des Beaux-arts de Lyon, inv. 2008-30.
52 Brouillon de correspondance, archives MTEM.
53 Collection particulière, en dépôt au musée des Beaux-arts de Lyon pour une durée de cinq ans (inv. D 2015.1.1).
54 Musée des Beaux-arts de Lyon, inv. 2008-30.
55 Musée national d'Art moderne, inv. AM180-404.
56 MBAL, AT/MM, 8 janvier 1945.
57 MBAL, EM /MM, 19 janvier 1946.
58 Collection particulière.
59 Collection particulière.
60 Collection particulière.
61 Collection particulière.
62 A. Grynpas-Nguyen, « Cinq entretiens avec Étienne-Martin », diffusion radiophonique sur France-Culture, 9-13 août 1982.
63 *Ibid.*
64 Registre « DA D2 D3 7 portes », archives MTEM.
65 Collection particulière.
66 Le Buhan, cit. n. 18, p. 62.
67 Grynpas-Nguyen, cit. n. 62.
68 J. Chevalier, A. Gheerbrant, *Dictionnaire des symboles*, Paris, 1997, p. 191.
69 Feuillet manuscrit conservé dans les archives Étienne-Martin.
70 Registre « Naissance du mythe, Naissance des rites », archives MTEM.
71 Registre « Famille paternelle depuis 1805 », archives MTEM.
72 Registre « Demeure tarots », archives MTEM.
73 Entretien avec Étienne-Martin, mars 1986.
74 Musée de Grenoble, inv. MG 1993-5.
75 Collection particulière.
76 Collection particulière.
77 Collection particulière.
78 Propos d'Étienne-Martin, cités par Le Buhan, cit. n. 18, p. 76.
79 Entretien, cit. n. 16.
80 Depuis l'écriture de cet article, plusieurs créations de l'artiste ont rejoint la collection du musée des Beaux-arts de Lyon. Ainsi, en 2015, Françoise Dupuy-Michaud a fait don de la sculpture *Figure* modelée dans du plâtre en 1931 (inv. 2015.10.1) et Aude Dumas, la fille de Marie-Thèrèse Étienne-Martin, a procédé au dépôt de quatre œuvres essentielles : *La Nuit d'Oppède* taillée dans un bois de châtaignier (1942, inv. D2015.1.1), *La Pietà Idole* réalisée dans un bois de cèdre (1944-1945, inv. D2015.1.2), *La Pince à linge* créée en ébène (1958, inv. D2014), ainsi que *L'Orage*, façonné dans du plâtre (après 1950 inv. D2015.1.4).

Les expositions déjà annoncées ne peuvent être répétées. Nous prions les lecteurs de la revue de bien vouloir se reporter aux numéros précédents pour compléter leur information. La mention **Exposition d'intérêt national** désigne les expositions bénéficiant du label décerné par le ministère de la Culture et de la Communication/Service des musées de France. Ce label signale chaque année les manifestations les plus remarquables par leur qualité scientifique, leurs efforts en matière de médiation culturelle et leur ouverture à un large public.

AMIENS
MUSÉE DE PICARDIE
Tél. : 03.22.97.14.00 www.amiens.fr
10 mars-2 juillet
♦ *Les Primitifs (XIVe-XVe siècles)*
Vingt-deux œuvres – tableaux de dévotion, polyptyques originaux ou recomposés, fragments de prédelles ou de plafonds – permettent d'évoquer la typologie des peintures des XIVe et XVe siècles ainsi que leur histoire matérielle, du démembrement à la fabrication d'œuvres composites pour le marché de l'art au XIXe siècle (catalogue).

ANNECY
CHÂTEAU
Tél. : 04.50.33.87.30
www.patrimoines.agglo-annecy.fr
8 avril-2 juillet
♦ *Le cinéma d'animation de René Laloux*
René Laloux (1929- 2004) est l'un des premiers, dans les années 1960, à réaliser des longs-métrages d'animation visant autant les adultes que le jeune public. Il propose des contes ou aventures à portée philosophique et adapte des œuvres de science-fiction. L'exposition présente des documents originaux de la plupart de ses films.

BEAUVAIS
MUDO-MUSÉE DE L'OISE
Tél. : 03.44.10.40.50 www.mudo.oise.fr
27 avril-17 septembre
♦ *Le Naturalisme et le Baroque (XVIIe siècle)*
Plus de quatre-vingts tableaux sont présentés dans cette exposition construite autour des grands courants artistiques du XVIIe siècle et illustrant différents thèmes picturaux : le mouvement caravagesque, la dévotion de la Contre-Réforme, la représentation de la figure humaine et de ses passions ainsi que l'émergence des genres nouveaux comme le paysage ou la nature morte (catalogue).

BERCK-SUR-MER
MUSÉE
Tél. : 03.21.84.07.80 www.musenor.com
31 mars-29 mai
♦ *Jan Lavezzari (1876-1947), œuvres transmises – saison 1*
Cette exposition présente les œuvres sur papier inspirées des ambiances médiévales qu'appréciait l'artiste, les paysages des vals de Canche et d'Authie, et une série consacrée au Boulonnais (catalogue).

CASSEL
MUSÉE DÉPARTEMENTAL DE FLANDRE
Tél. : 03.59.73.45.60
www.museedeflandre.cg59.fr
Jusqu'au 9 juillet
♦ *À poils et à plumes (Volet 2 de L'Odyssée des animaux)*
Par une mise en dialogue avec les collections du musée de Flandre et par une scénographie sur mesure, l'exposition donne un nouvel écrin aux surprenantes installations et photographies d'artistes et invite à se questionner sur la place de l'animal dans l'art contemporain (catalogue).

GRENOBLE
MUSÉE
Tél. : 04.76.63.44.44 www.museedegrenoble.fr
18 mars-18 juin
♦ *Fantin-Latour À fleur de peau*
Cette rétrospective met en lumière ce qui, par-delà l'évidence de ses admirables bouquets de fleurs et de ses fascinants portraits, fait de Fantin-Latour un artiste résolument singulier mais également en parfaite résonance avec son époque. Cette présentation intègre une évocation de l'atelier parisien et dévoile une sélection du corpus photographique légué par son épouse Victoria Dubourg (catalogue).

ISSY-LES-MOULINEAUX
MUSÉE FRANÇAIS DE LA CARTE À JOUER
Tél. 01.41.23.83.60
www.museecarteajouer.com
Jusqu'au 23 avril
♦ *L'Inde & les Ganjifas Les cartes à jouer indiennes, miroirs d'une civilisation*
Les cartes à jouer indiennes, dites *ganjifas*, permettent d'offrir un éclairage singulier et original sur ce pays immense et complexe. En présentant de magnifiques miniatures indiennes, des cartes à jouer, des sculptures et des photographies, cette exposition permet de mieux connaître ce monde indien aux traditions vivantes, mais aussi d'apprécier tout l'intérêt et toute la beauté de ces cartes, dont l'existence même est aujourd'hui menacée (catalogue).

LA ROCHELLE
MUSÉE DU NOUVEAU MONDE
Tél. : 05.46.41.46.50 www.alienor.org
Jusqu'au 29 mai
♦ *William Adjété Wilson Haïti : une île sous le vent de l'histoire*

LA TRONCHE
MUSÉE HÉBERT
Tél. : 04.76.42.97.35 www.musee-hebert.fr
Jusqu'au 3 avril
♦ *Monique Deyres Origine*
Depuis plus de trente ans, Monique Deyres puise son inspiration dans la nature où elle emprunte ses matériaux de prédilection. Les végétaux qu'elle y glane et retravaille en fonction des atteintes du temps permettent à l'artiste d'évoquer les notions d'espace, de paysage et de mémoire (catalogue).

LENS
LOUVRE-LENS
Tél. : 03.21.18.62.62 www.louvrelens.fr
22 mars-26 juin
♦ *Les frères Le Nain*
L'art des frères Le Nain constitue l'un des plus grands mystères de la peinture française du XVIIe siècle. L'exposition présente les trois quarts des œuvres qui leur sont aujourd'hui attribuées et a pour ambition de mettre en lumière tous les aspects de leur art, des petits cuivres aux fameuses scènes paysannes, sans oublier les tableaux religieux et mythologiques (catalogue).

LES SABLES-D'OLONNE
MUSÉE DE L'ABBAYE-SAINTE-CROIX
Tél. : 02.51.32.01.16 www.lemasc.fr
Jusqu'au 28 mai
♦ *Valère Novarina Disparaître sous toutes les formes*

LYON
MUSÉE D'ART CONTEMPORAIN
Tél. : 04.7269.17.00 www.mac-lyon.com
Jusqu'au 9 juillet
♦ *Los Angeles, une fiction*
L'exposition présente l'œuvre de trente-quatre artistes de Los Angeles et de quatre-vingt-quatre auteurs, de générations différentes, qui tous, tour à tour, construisent et déconstruisent la silhouette de la ville.
Jusqu'au 9 juillet
♦ *Frigo Génération, 78/90 une rétrospective Retour sur dix années d'intuition et d'énergie pure*

MARSEILLE
MuCEM
Tél. : 04.84.35.13.13 www.mucem.org
– FORT SAINT-JEAN – BÂTIMENT GEORGES HENRI RIVIÈRE
Jusqu'au 29 mai
♦ *Anne-Marie Filaire Zone de sécurité temporaire*
– MuCEM J4 – NIVEAU 2
22 mars-14 août
♦ *Vies d'ordures De l'économie des déchets*
Cette exposition propose un voyage autour de la Méditerranée à la découverte des gestes des hommes et des femmes qui vivent des déchets. En montrant les façons dont ils sont collectés, triés, réparés, transformés, elle dessine un monde d'échanges et de transferts autour de ces restes qui s'avèrent bien davantage que de simples rebuts (catalogue).

MELUN
MUSÉE DE LA GENDARMERIE NATIONALE
Tél. : 01.64.14.54.64
www.gendarmerie.interieur.gouv.fr
Jusqu'au 17 avril
♦ *Les sciences du crime*
L'objectif de cette présentation est de faire découvrir les moyens que la gendarmerie met en œuvre pour résoudre les enquêtes les plus difficiles. Ponctué par l'évocation de véritables enquêtes, le parcours

plonge le visiteur au cœur de l'Institut de Recherche Criminelle de la Gendarmerie Nationale (IRCGN) et lui permet de découvrir le monde de la criminalistique (catalogue).

MONTPELLIER
MUSÉE FABRE
Tél. : 04.67.14.83.00
www.museefabre.montpellier3m.fr
Jusqu'au 30 avril
♦ *François Rouan Tressages 1966-2016*
Une vision chronologique, scindée en cinq décennies de 1966 à 2016, retrace cinquante années d'un œuvre prolifique, qui oscille entre une monochromie presque austère et une exubérance colorée avec, en filigrane, une représentation du corps omniprésente (catalogue).

MORLAIX
MUSÉE
Tél. : 02.98.88.07.75
www.musee.ville.morlaix.fr
Jusqu'au 20 mai
♦ *Portraits & Figures Dans la collection du musée de Morlaix*
Ce nouvel accrochage thématique fait découvrir au public de nombreuses œuvres nouvellement restaurées et pour certaines encore jamais vues (catalogue).
Jusqu'au 20 mai
♦ *Grâce à elles Sophie Degano*
Le choix de l'artiste de représenter soixante portraits de femmes qui ont marqué l'histoire s'inscrit dans une profonde affinité avec le reste de son œuvre, traversé entre autres par la question de la transmission et de la perception. La technique employée est nouvelle pour Sophie Degano qui, pour la première fois, utilise la gravure (catalogue).

NANCY
MUSÉE DE L'ÉCOLE DE NANCY
Tél. : 03.83.40.14.86 www.ecole-de-nancy.com
31 mars-9 juillet
♦ *Matière à poésie. Les verreries parlantes d'Émile Gallé*
Un ensemble de plus d'une cinquantaine de pièces dites « parlantes » permet de mieux comprendre les nuances et les symboles utilisés par Émile Gallé dans ses œuvres (catalogue).

NEMOURS
MUSÉE DÉPARTEMENTAL DE PRÉHISTOIRE D'ÎLE-DE-FRANCE
Tél. : 01.64.78.54.80
www.musee-prehistoire-idf.fr
Jusqu'au 12 novembre
♦ *Mémoire rupestre*
L'objectif du photographe Emmanuel Breteau nous invite à découvrir, ou redécouvrir sous un jour nouveau, les gravures rupestres du massif de Fontainebleau (catalogue).

NICE
MUSÉE NATIONAL DU SPORT
Tél. : 04.89.22.44.00 www.museedusport.fr
Jusqu'au 21 mai
♦ *Athlètes - Carte blanche à C215*
L'exposition regroupe plus de soixante portraits de sportifs français et internationaux réalisés par un artiste de street art.

NÎMES
CARRÉ D'ART
Tél. : 04.66.76.35.85 www.carreartmusee.com
Jusqu'au 18 juin
♦ *Du verbe à la communication La collection de Josée et Marc Gensollen*
Ces collectionneurs révèlent, grâce à une quarantaine d'œuvres, un condensé de leur collection.

ORLÉANS
MUSÉE DES BEAUX-ARTS
Tél. : 02.38.79.21.86 www.orleans-metropole.fr
Jusqu'au 7 mai
♦ *Albert Maignan et Jeanne d'Arc Un rendez-vous manqué à la cathédrale d'Orléans*
À travers une centaine d'œuvres et de dessins inédits réalisés à l'occasion du grand concours national lancé en 1893 pour la réalisation des verrières de la nef de la cathédrale d'Orléans, l'exposition révèle tout le génie créatif de ce peintre aux multiples facettes, qui trouva en Jeanne d'Arc une de ses plus puissantes sources d'inspiration (catalogue).

PARIS
GALERIES NATIONALES DU GRAND PALAIS
Tél. : 01.44.13.17.17 www.grandpalais.fr
15 mars-24 juillet
♦ *Jardins*
Miroir du monde, le jardin rend compte d'une manière de voir la nature, de la mettre en scène et de la penser. Il est marqué par l'empreinte de l'homme, qui en fait, surtout à partir de la Renaissance, une œuvre d'art totale. Dans un parcours immersif et poétique, peintures, sculptures, photographies, dessins et installations retracent six siècles de création autour du jardin (catalogue).
22 mars-31 juillet
♦ *Rodin. L'exposition du centenaire*
À l'occasion du centenaire de sa mort, l'exposition pose un regard nouveau sur cet artiste protéiforme, en convoquant ses collectionneurs, les artistes de son temps ou ses successeurs, Carpeaux, Bourdelle, Claudel, Brancusi, Picasso ou Richier, donnant ainsi à voir et à comprendre la puissance de son génie (catalogue).
29 mars-5 juin
♦ *Des Grands Moghols aux Maharajahs Joyaux de la collection Al Thani*
Deux cent quatre-vingts pièces extraordinaires, issues de la collection Al Thani, racontent l'histoire de la joaillerie indienne, de la période moghole à nos jours. L'exposition réunit des pièces historiques inestimables, mais également des œuvres et pièces inédites provenant d'institutions prestigieuses (catalogue).

JEU DE PAUME
Tél. : 01.47.03.12.50 www.jeudepaume.org
Jusqu'au 28 mai
♦ *Peter Campus Video ergo sum*
Jusqu'au 28 mai
♦ *Eli Lotar (1905-1969)*
Photographe et cinéaste français d'origine roumaine, Eli Lotar arrive en France en 1924 et devient rapidement l'un des tout premiers photographes de l'avant-garde parisienne. L'exposition rassemble plus de cent tirages vintage ainsi qu'une sélection d'une centaine de documents (catalogue).
Jusqu'au 28 mai
♦ *Ali Cherri. Somniculus Satellite 10 : une proposition de Osei Bonsu*

LES ARTS DÉCORATIFS
Tél. : 01.44.55.57.50 www.lesartsdecoratifs.fr
Jusqu'au 23 avril
♦ *Tenue correcte exigée ! Quand le vêtement fait scandale*
Cette exposition propose d'explorer, à travers plus de quatre cents vêtements et accessoires, portraits, caricatures et petits objets, les prises de libertés et les infractions faites à la norme vestimentaire, aux codes et aux valeurs morales, et revisite les scandales qui ont marqué les grands tournants de l'histoire de la mode du XIVe siècle à nos jours (catalogue).
Jusqu'au 7 mai
♦ *Dessiner l'or et l'argent Odiot (1763-1850), orfèvre*
Un ensemble exceptionnel de trente-trois modèles d'orfèvrerie et de cent soixante-seize dessins originaux de l'atelier d'Odiot est dévoilé pour la première fois avec cette exposition, qui confronte les œuvres graphiques aux objets d'art et révèle ainsi le processus de création et les recherches de l'orfèvre (catalogue).

MAISON DE BALZAC
Tél. : 01.55.74.41.80 www.balzac.paris.fr
Jusqu'au 21 mai
♦ *Une passion dans le désert*

MAISON DE VICTOR-HUGO
Tél. : 01.42.72.10.16
www.maisonvictorhugo.paris.fr
Jusqu'au 30 avril
♦ *La pente de la rêverie Un poème, une exposition*
Extrait des *Feuilles d'automne*, le poème *La Pente de la rêverie* est considéré comme le premier grand poème « visionnaire » de Victor Hugo et annonce les grands textes de l'exil.

MUSÉE COGNACQ-JAY
Tél. : 01.40.27.07.21
www.museecognacqjay.paris.fr
Jusqu'au 25 juin
♦ *Sérénissime ! Venise en fête, de Tiepolo à Guardi*
Le musée Cognacq-Jay redonne vie aux plus grandes fêtes de la Cité des Doges à travers une soixantaine d'œuvres de Tiepolo, Guardi, Canaletto ou Longhi. Loin d'être de purs divertissements oisifs, ces festivités correspondent

à une véritable mise en scène de la Sérénissime République, dans une dimension politique et religieuse (catalogue).

MUSÉE D'ART ET D'HISTOIRE DU JUDAÏSME

Tél. : 01.53.01.86.60 www.mahj.org

Jusqu'au 28 mai

♦ *« Ô vous, frères humains » Luz dessine Albert Cohen*

L'exposition des cent trente dessins du roman graphique de Luz, prêtés par l'artiste, permet de faire redécouvrir au public l'un des textes les plus forts et les plus émouvants d'Albert Cohen.

Jusqu'au 16 juillet

♦ *Golem ! Avatars d'une légende d'argile*

Cette rétrospective explore le riche devenir de la figure du Golem dans les arts visuels, et montre comment cette légende juive médiévale opère encore aujourd'hui dans un imaginaire mondialisé (catalogue).

MUSÉE D'ART MODERNE DE LA VILLE DE PARIS

Tél. : 01.53.67.40.00 www.mam.paris.fr

Jusqu'au 20 août

♦ *Karel Appel L'art est une fête !*

À l'occasion d'une importante donation de la Karel Appel Foundation, le musée présente le peintre et sculpteur néerlandais Karel Appel (1921-2006) et retrace l'ensemble de sa carrière picturale et sculpturale (catalogue).

MUSÉE DE L'ARMÉE

Tél. : 01.44.42.38.77 www.musee-armee.fr

12 avril-30 juillet

♦ *France-Allemagne(s) 1870-1871 La guerre, la Commune, les mémoires*

Comprendre la guerre franco-allemande de 1870-1871, montrer en quoi elle constitue un moment fondateur dans la relation franco-allemande, autour de laquelle se noue déjà l'avenir de l'Europe, telle est l'ambition de cette exposition qui s'appuie sur un choix de près de trois cents objets, œuvres et documents (catalogue).

Jusqu'au 9 avril

♦ *La Fayette nous voilà ! Les États-Unis dans la Grande Guerre*

À travers des photographies, des peintures, des affiches, des monuments, ou encore des objets patrimoniaux, cette exposition évoque les relations entre les États-Unis et la France pendant ce conflit majeur.

MUSÉE DE L'HOMME

Tél. : 01.44.05.72.72 www.museedelhomme.fr

Jusqu'au 27 avril

♦ *Sur les traces de la santé*

Entre anthropologie, archéologie funéraire et paléo-pathologie, cette exposition illustre, par des moulages d'ossements humains, des objets liés à la pratique médicale, des reportages et des dispositifs multimédias, l'actualité de la recherche, éclairée par les apports d'une multiplicité d'autres disciplines : médecine contemporaine, primatologie, ethnologie… (catalogue).

MUSÉE D'ORSAY

Tél. : 01.40.49.48.14 www.musee-orsay.fr

14 mars-25 juin

♦ *Au-delà des étoiles Le paysage mystique de Monet à Kandinsky*

Préparée en collaboration avec l'Art Gallery of Ontario de Toronto, l'exposition se propose d'enquêter sur la part mystique du paysage symboliste. La sélection d'œuvres comprend des paysages de Gauguin, Denis, Monet, Hodler, Klimt, Munch, Van Gogh, mais aussi des principaux représentants de l'école canadienne des années 1920-1930, tels Lawren Harris, Tom Thomson ou Emily Carr (catalogue).

MUSÉE DU LOUVRE

Tél. : 01.40.20.50.50 www.louvre.fr

– HALL NAPOLÉON

Jusqu'au 22 mai

♦ *Vermeer et les maîtres de la peinture de genre au Siècle d'or*

Cette exposition cherche à démontrer, au moyen de rapprochements avec les œuvres d'autres artistes du Siècle d'or, l'insertion de Vermeer dans un réseau de peintres spécialisés dans la représentation de scènes de la vie quotidienne, qui s'admiraient, s'inspiraient mutuellement et rivalisaient les uns avec les autres (catalogue).

– PETITE GALERIE, AILE RICHELIEU

Jusqu'au 3 Juillet

♦ *Corps en mouvement La danse au musée*

C'est par l'observation des œuvres des collections du Louvre et des institutions partenaires que le public peut découvrir le défi que la représentation du mouvement a posé aux artistes et les réponses qu'ils y ont apportées, à partir des différents matériaux et techniques à leur disposition.

– HALL NAPOLÉON

Jusqu'au 22 août

♦ *Valentin de Boulogne*

Considéré comme le plus brillant des peintres à la suite de Caravage et comme l'un des plus grands artistes français à l'égal de Poussin, Valentin de Boulogne (1591-1632) passa l'essentiel de sa carrière à Rome, où il reçut de prestigieuses commandes des papes. Son œuvre fut aussi collectionnée par les puissants et servit de modèle tout au long du XIXe siècle à des maîtres aussi différents que David ou Courbet (catalogue).

MUSÉE DU LUXEMBOURG

Tél. : 01.40.13.62.00 www.museeduluxembourg.fr

Jusqu'au 9 juillet

♦ *Pissarro à Éragny L'anarchie et la nature*

En 1884, Camille Pissarro (1830-1903) s'installe avec sa famille dans le village d'Éragny-sur-Epte et y passe les vingt dernières années de sa vie. Il vit au rythme de sa ferme et des travaux des champs, reçoit ses amis artistes. L'exposition retrace cette période, à la fois active et engagée, de celui qui est considéré comme l'un des pères de l'impressionnisme (catalogue).

MUSÉE DU QUAI BRANLY – JACQUES CHIRAC

Tél. : 01.56.61.70.00 www.quaibranly.fr

Jusqu'au 2 avril

♦ *Éclectique. Une collection du XXIe siècle*

En une quarantaine de pièces de référence, majoritairement africaines, l'exposition révèle la vision personnelle et intime de Marc Ladreit de Lacharrière. Cette rétrospective permet d'illustrer les ressorts et motivations qui animent un collectionneur du XXIe siècle, dans sa relation aux arts premiers et la nouvelle forme de reconnaissance de ces arts (catalogue).

Jusqu'au 2 avril

♦ *Du Jourdain au Congo Art et christianisme en Afrique centrale*

Consacrée pour la première fois à l'influence que jouèrent le catholicisme romain et l'iconographie chrétienne sur l'art et la culture kongo entre le XIXe et le XXe siècle, cette exposition présente un ensemble exceptionnel de cent œuvres kongo d'inspiration chrétienne, avant de s'achever sur l'histoire des religions traditionnelles vues à travers le prisme du christianisme (catalogue).

MUSÉE NATIONAL D'ART MODERNE CENTRE GEORGES-POMPIDOU

Tél. : 04.66.76.35.70 www.centrepompidou.fr

– GALERIE 1, NIVEAU 6

Jusqu'au 24 avril

♦ *Cy Twombly*

Cette rétrospective retrace l'ensemble de la carrière de l'artiste à travers un parcours chronologique de cent quarante peintures, sculptures, dessins et photographies (catalogue).

– MUSÉE, NIVEAU 5

Jusqu'au 30 avril

♦ *Saâdane Afif - The Fountain Archives*

Fontaine de Marcel Duchamp a 100 ans ! Pour fêter cet anniversaire, le Centre Pompidou présente l'œuvre de Saâdane Afif, *The Fountain Archives*. Depuis 2008, l'artiste collectionne les publications dans lesquelles est reproduit le fameux ready-made, donnant ainsi naissance à une œuvre insolite.

– GALERIE DE PHOTOGRAPHIES, FORUM-1

Jusqu'au 22 mai

♦ *Josef Koudelka, la fabrique d'Exils*

L'exposition dévoile trente-cinq images parmi les plus emblématiques des soixante-quinze photographies de la série *Exils* et présente un extraordinaire ensemble d'autoportraits réalisés au cours de ses voyages (catalogue).

MUSÉE NATIONAL PICASSO-PARIS

Tél. : 01.85.56.00.36 www.museepicassoparis.fr

21 mars-3 septembre

♦ *Olga Picasso*

Modèle par excellence de la période classique de Picasso, Olga apparaît d'abord sous une ligne fine et élégante marquée par l'influence ingresque. À travers une riche sélection de peintures, dessins, archives écrites et photographiques, l'exposition revient sur ces années partagées (catalogue).

MUSÉE NATIONAL DES ARTS ASIATIQUES-GUIMET

Tél. : 01.56.52.53.00 www.guimet.fr

Jusqu'au 22 mai

♦ *Alexandra David-Néel*
Une aventurière au musée

À travers un choix d'ouvrages, de manuscrits, de cahiers, issus du legs fait par Alexandra David-Néel à la fin de sa vie au musée, l'exposition évoque la célèbre exploratrice qui, par ses longs voyages à travers le Tibet, marqua l'histoire de la découverte de ce mystérieux pays et du bouddhisme tibétain par l'Occident (catalogue).

Jusqu'au 22 mai

♦ *Kimono*
Au bonheur des dames

L'exposition traite des évolutions du kimono et de ses accessoires pour mieux évoquer la place des femmes et la vision de leur corps dans la société japonaise, mais aussi leurs réinterprétations dans la mode japonaise et française contemporaines (catalogue).

PALAIS GALLIERA
MUSÉE DE LA MODE
DE LA VILLE DE PARIS

Tél. : 01 56 52 86 00 www.palaisgalliera.paris.fr

Jusqu'au 13 août

♦ *Dalida*
Sa garde-robe, de la ville à la scène

Pour le trentième anniversaire de la disparition de la chanteuse Dalida, le Palais Galliera ouvre les portes de son incroyable garde-robe (catalogue).

PETIT PALAIS
MUSÉE DES BEAUX-ARTS
DE LA VILLE DE PARIS

Tél. : 01.53.43.40.00 www.petitpalais.paris.fr

21 mars-9 juillet

♦ *De Watteau à David*
La collection Horvitz

Près de deux cents tableaux, sculptures et dessins du XVIIIe siècle français réunis par le grand collectionneur de Boston, Jeffrey Horvitz, sont présentés dans cette exposition et permettent d'appréhender toute la créativité d'un siècle riche en renouvellements stylistiques (catalogue).

21 mars-16 juillet

♦ *Le Baroque des Lumières*
Chefs-d'œuvre du XVIIIe siècle des églises parisiennes

L'exposition a pour ambition de révéler l'importance et la diversité de la peinture religieuse parisienne, de la Régence à la Révolution (catalogue).

PONT-AVEN

MUSÉE

Tél. : 02.98.06.14.43 www.museepontaven.fr

Jusqu'au 11 juin

♦ *La modernité en Bretagne (1870-1920)*
De Claude Monet à Lucien Simon

De 1870 à 1920, de nombreux peintres posent leur chevalet en Bretagne, attirés par l'authenticité des paysages et la singularité de la lumière. À travers quatre-vingt-douze œuvres et quelque quarante-cinq artistes, l'exposition explore toutes les facettes de l'art en Bretagne (catalogue).

RENNES

ÉCOMUSÉE

Tél. : 02.99.51.38.15

www.ecomusee-rennes-metropole.fr

Jusqu'au 27 août

♦ *Tous de sortie(s) !*
Rennes 1900-1970

L'exposition explore les contextes culturels, politiques, sociaux et économiques qui ont engendré les pratiques de loisirs, ainsi que leurs transformations, de la Belle Époque aux Trente Glorieuses (catalogue).

MUSÉE DES BEAUX-ARTS

Tél. : 02.23.62.17.45 www.mbar.org

Jusqu'au 14 mai

♦ *Thomas Huber à l'horizon*

Cet ensemble de quatre-vingt-dix-huit œuvres permet de pénétrer dans l'univers très particulier de l'artiste : mise en abyme, interpénétration des thèmes, réflexion sur la peinture, jeu de mots et ironie forment les caractéristiques de son art (catalogue).

ROUEN

MUSÉE DE LA CÉRAMIQUE

Tél. : 02 76 30 39 18

www.museedelaceramique.fr

Jusqu'au 3 avril

♦ *Masséot Abaquesne, l'éclat de la faïence à la Renaissance*

Cette rétrospective présente un ensemble d'œuvres du faïencier, notamment une quarantaine de pots d'apothicairerie et des pavements, permettant de découvrir l'univers de ce faïencier, qui réalisait dans son atelier rouennais de somptueux pavements aux couleurs acidulées, de véritables « tableaux de faïence » pour les plus grands personnages du royaume, proches des rois François Ier et Henri II (catalogue).

SOISSONS

MUSÉE SAINT-LÉGER

Tél. : 03.23.53.42.40 www.musee-soissons.org

Jusqu'au 16 avril

♦ *Le musée sort de sa réserve*
Une collection redécouverte

Du fait de son riche passé antique et médiéval, Soissons a rassemblé une remarquable collection archéologique. Faute de place dans les salles, ou en raison de leur fragilité, beaucoup de ces objets ne peuvent être exposés en permanence. Cette exposition propose de les découvrir (catalogue).

TOULON

MUSÉE DE LA MARINE

Tél. : 04.22.42.02.01 www.musee-marine.fr

Jusqu'au 29 mai

♦ *Photographier le port*
Toulon, 1845-2016

Depuis toujours, la ville de Toulon est inscrite dans un espace géographique exceptionnel, enclavée entre mer et montagne et marquée par sa fonction militaire. Cette exposition invite à explorer l'évolution du paysage toulonnais à travers les lieux emblématiques que sont la rade, l'arsenal et le port, de l'invention de la photographie à nos jours (catalogue).

TOULOUSE

MUSÉE DES AUGUSTINS

Tél. : 05.61.22.21.82 www.augustins.org/fr

Jusqu'au 17 avril

♦ *Fenêtres sur cours*
Peintures du XVIe au XXe siècle

Au thème de la cour est associé le sujet complémentaire des fenêtres par lesquelles les peintres regardent le monde. Les tableaux retenus illustrent cette thématique sans exclusivité d'école ou de mouvement artistique. Désertes ou peuplées, ces cours sont une exploration poétique entre paysage, architecture réelle ou imaginée (catalogue).

MUSÉE PAUL-DUPUY

Tél. : 05.31.22.95.40 www.ampdupuy

Jusqu'au 21 mai

♦ *De Foudre et de Diamant*

Les images de Matthieu Ricard nous plongent dans la vie des monastères, nous racontent les hommes et les paysages du Tibet. Le photographe nous dévoile des instants de sérénité, l'altruisme d'un regard, la bienveillance d'un sourire, l'humanité des moines (catalogue).

MUSÉE GEORGES-LABIT

Tél. : 05.31.22.99.80

www.musees-midi-pyrenees.fr

Jusqu'au 28 mai

♦ *De Foudre et de Diamant : voyage chez les enfants moines*

MUSÉUM

Tél. : 05.67.73.84.84 www.museum.toulouse.fr

Jusqu'au 4 juin

♦ *Chiens & Chats L'EXPO*
Vous en ressortirez moins bête

Les chiens et les chats sont présents à nos côtés depuis des millénaires. Au cours du XXe siècle, ces animaux attendrissants sont passés du statut d'animal domestique à celui d'animal de compagnie. Mais les connaissons-nous vraiment ? Comment ont-ils pris cette place ? De récentes recherches sur leur comportement poussent à porter sur eux et sur nos relations un regard neuf.

English abstracts

Traduit du français par Pamela Hargreaves

Study and conservation of an anonymous 22nd Dynasty Egyptian mummy, Musée départemental Anne-de-Beaujeu, Moulins-sur-Allier

Marie Bèche-Wittmann, Violaine Blaise, Pauline Carminati, Judith Henon, Noëlle Timbart

In the collections of the Musée départemental Anne-de-Beaujeu, Moulins-sur-Allier, is an Egyptian mummy dating from the 22nd Dynasty (945-715/713 BC) which was the focus of a specific study during its restoration in 2011-13, in collaboration with the Centre de Recherche et de Restauration des Musées de France (C2RMF). Little source material was available for this "unwrapped" mummy in very precarious condition. Yet, thanks to the efforts of a multidisciplinary team, it was stabilized, enhanced and incorporated into the museum's permanent collection. Observations and scientific analyses notably revealed a mummification process and material characteristic of the 21st and 22nd Dynasties.

La France terrassant l'Ignorance et protégeant les Arts (?) Concerning Sebastiano Ricci's reception piece for the Académie royale de peinture et de sculpture (1718)

Bruno Mottin

The iconography of Sebastiano Ricci's reception piece for the Académie royale de peinture et de sculpture (1718) has been interpreted in contradictory fashion. Based on X-rays of the work, the author shows that the painter had initially begun work on another composition, which can be related to a preparatory drawing now in Venice and a painted sketch in Chatsworth House. The subject of the work was *La Divine Sapience (ou Science) protégeant les Arts et terrassant l'Ignorance (The Triumph of Divine Wisdom over Ignorance)*. It may have been commissioned by a British patron, Lord Burlington. The artist then replaced the allegory of Divine Wisdom with that of France and multiplied the allusions to royalty, thus changing the original subject. In this article, the author suggests *La France protégeant les Arts et terrassant l'Ignorance* as a possible title for the work.

Review of Jean Raoux's paintings at the Musée Fabre, Montpellier, coinciding with two recent acquisitions : *La Danse* and *Le Retour de chasse*

Olivier Zeder

Over the past twenty years, the Musée Fabre, Montpellier, has built up an exceptional collection of paintings by Jean Raoux, a Montpellier-born artist emblematic of the Regency era. Following his retrospective held in Montpellier (2009-10), this article attempts to review the research so far made on the painter, especially since several of his works, whose location was previously unknown, have reappeared. Some, such as *L'Offrande à Priape (The Offering to Priapus)* and two large decorative paintings, *La Danse (Dance)* and *Le Retour de chasse (The Return from the Hunt)*, were purchased in 2010 and 2013 respectively. The latter two works belonged to the tax collector François Prat (1669-1742), to whom François Couperin's *Deuxième livre de Pièces de Clavecin* was dedicated and who had several of Jean Raoux's works in his home in Valenton. A large *Vestal Virgin* belonging to this important group, mentioned by the Dezallier d'Argenvilles, was auctioned. *L'Offrande à Priape* attests to a somewhat cold eroticism, expressed in a classicistic style, recalling that of Joseph-Marie Vien, one of Raoux's compatriots. An anonymous drawing now in the Louvre resembles this major work that formerly belonged to the Duc de Choiseul and the Prince de Conti. In 2010, the reappearance in Berlin of *Bethsabée au bain (Bathsheba at her Bath)*, believed lost since 1945, enabled us to establish a link between Nicolas Vleughels and Raoux. The author also identifies Raoux as the painter of works known through early reproductions or cited in early sources, such as the *Portrait de Madame Carton*. The reputation of Raoux, an original artist among Watteau's successors, is thus definitively assured.

L'Amour essayant une de ses flèches by Jacques Saly A masterpiece from the collections of Madame de Pompadour at the Louvre

Guilhem Scherf

In 2016, the Louvre's Department of Sculptures purchased a masterpiece by Jacques Saly, *L'Amour essayant une de ses flèches (Cupid testing one of his Arrows)*. This marble statue, dating from 1753, was commissioned by Madame de Pompadour. It subsequently adorned her magnificent homes : in turn, the Châteaux de Crécy and de Bellevue, and her Parisian mansion, the Hôtel d'Évreux (the future Élysée Palace). Remaining in private ownership unknown to all, the work then appeared in a temporary exhibition at the Château de Versailles in 2002. A treasure of national heritage, *Cupid* joined the collections of the Louvre in 2016 thanks to decisive support from the Société des Amis du Louvre and the tens of thousands of donors to the *Become a Patron!* campaign. Saly's marble fits perfectly into the museum's sumptuous collections of 18th-century French sculpture, standing amidst other masterpieces by Pigalle and Falconet that were also on display in Madame de Pompadour's residences.

The rediscovery of the Indian collection at the Musée national de Céramique, Sèvres

Stéphanie Brouillet

The Musée national de Céramique, Sèvres, houses an Indian ceramics collection numbering over 200 pieces. Assembled in the early 19th century by travellers commissioned by the Manufacture nationale de Sèvres, these objects bear witness not only to the techniques employed by Indian potters, but also to the uses for which they were intended. Having appeared in a catalogue published in the first half of the 19th century by Alexandre Brongniart and Denis-Désiré Riocreux, the Indian ceramics were subsequently placed in crates and stored until the 1980s, when they were gradually brought to light again.

Two hitherto-unknown drawings given by Frederic Leighton to Henry de Triqueti

Richard Dagorne

Two preparatory drawings by the English painter Frederic Leighton (1830-96) for *Triomphe de la Musique (The Triumph of Music)* and very probably *Giezi renvoyé par le Prophète Élisée (Gehazi banished by the Prophet Elisha)* are amongst the collection of graphic artworks formerly belonging to the sculptor Henry de Triqueti (1803-74), now in the École nationale des Beaux-arts, Paris. The artist who designed the decoration on the bronze doors of the Parisian church, La Madeleine, met Leighton when the latter was visiting the French capital in the late 1850s. Both official portraitists to the family of Henry Wellesley (1804-84), then British ambassador to France, the two artists enjoyed the patronage of this eminent diplomat and negotiator in Franco-British relations during the Second Empire. He was much appreciated by Queen Victoria and Prince Albert, whose favour Triqueti hoped to win. The gift of these two drawings celebrated both the first marriage of Triqueti's daughter, Blanche, in March 1858, and the sculptor's fondness for Biblical scenes, as would be seen the following decade on the walls of the Albert Memorial Chapel, at Windsor Castle.

Objects shown in the exhibition "Les arts anciens de l'Amérique" (1928) : new iconographic and documentary sources

Carine Peltier-Caroff, Claudia de Sevilla

The portfolios of photographs, donated to the Musée du Quai Branly in 2006 by Pierre Langlois, have shed new light on the objects displayed in the exhibition "Les arts anciens de l'Amérique", held in the Pavillon Marsan, at the Louvre, in May-June 1928. Scientific interest in this hitherto-unknown collection underlines the exceptional character of the event, which assembled objects from several different cultural institutions, private collectors and lenders, both in and outside France. This body of works provides a new visual source for identifying some of the former exhibits, and, combined with other archival sources, enables researchers to follow the path of these pieces from the collections of the Musée d'ethnographie du Trocadéro to the Musée du Quai Branly, thus leading to a better understanding of the circulation of objects between collectors and cultural establishments.

The Musée des Beaux-arts, Lyon : a reference for Étienne-Martin's work

Sabrina Dubbeld

This article focuses on the Étienne-Martin collection in the Musée des Beaux-arts, Lyon, and more particularly, the acquisitions made between 1985 and 2014. The sheer size and wealth of this collection is remarkable. It covers the sculptor's entire career, from his youthful works to his last creations. It illustrates the prolificacy of the techniques and materials used by the artist, ranging from modelling in plaster to assemblage, including woodcarving and its polychromy, drawing and wire sculpture. It also provides insight into the themes explored by the artist : Portraits, Nights, Couples, Roots and Dwellings.

Zusammenfassungen auf Deutsch

Traduit du français par Kristina Lowis

Untersuchung und Konservierung einer anonymen ägyptischen Mumie der 22. Dynastie, Musée départemental Anne-de-Beaujeu, Moulins-sur-Allier

Marie Bèche-Wittmann, Violaine Blaise, Pauline Carminati, Judith Henon, Noëlle Timbart

Das Musée départemental Anne-de-Beaujeu in Moulins-sur-Allier bewahrt in seiner Sammlung eine ägyptische Mumie der 22. Dynastie (945-715/713 v. Chr.), die im Rahmen einer 2011 bis 2013 in Zusammenarbeit mit dem Centre de Recherche et de Restauration des musées de France (C2RMF) durchgeführten Restaurierung einer Spezialuntersuchung unterzogen wurde. Mithilfe eines interdisziplinären Eingriffs gelang es, die kaum dokumentierte, „ausgewickelte" und in sehr fragilem Erhaltungszustand befindliche Mumie zu stabilisieren und für ihre Präsentation in der Dauerausstellung des Museums aufzubereiten. Durch die wissenschaftlichen Analysen und Erkenntnisse konnte dabei insbesondere Material und Technik einer für die 21. und 22. Dynastie typischen Mumifizierungsform nachgewiesen werden.

La France terrassant l'Ignorance et protégeant les Arts? Zu Sebastiano Riccis Aufnahmestück an der Académie royale de peinture et de sculpture (1718)

Bruno Mottin

Die Ikonografie des Aufnahmestücks von Sebastiano Ricci an der Académie royale de peinture et de sculpture (1718) wurde bisher widersprüchlich gedeutet. Mithilfe einer Röntgenaufnahme des Bildes weist der Autor hier nach, dass der Maler eine erste Komposition angelegt hatte, der sich eine Vorbereitungszeichnung in Venedig sowie eine gemalte Studie in Chatsworth zuordnen lassen. Das Thema des Werkes lautete *La Divine Sapience (ou Science) protégeant les Arts et terrassant l'Ignorance* („Die göttliche Weisheit (oder Wissenschaft) beschützt die Künste und bereitet der Unwissenheit ein Ende"). Möglicherweise war Lord Burlington der britische Adressat des Werks. Indem er anschließend anstelle der Allegorie der göttlichen Weisheit jene Frankreichs einsetzte und deutlicher auf das Königtum anspielte, wandelte der Maler das ursprüngliche Sujet ab. Der Verfasser regt daher an, das Werk als *La France protégeant les Arts et terrassant l'Ignorance* („Frankreich beschützt die Künste und bereitet der Unwissenheit ein Ende") anzusprechen.

Ergänzend und anlässlich der beiden Neuerwerbungen *La Danse* und *Le Retour de chasse* zu den Gemälden von Jean Raoux im Musée Fabre in Montpellier

Olivier Zeder

Im Zuge seiner Erwerbungen konnte das Musée Fabre in Montpellier über die letzten 20 Jahre einen einzigartigen Bestand an Gemälden des in Montpellier geborenen Vorzeigekünstlers der Regentschaft Jean Raoux aufbauen. Im Nachgang zur 2009-2010 in Montpellier gezeigten Retrospektive resümiert der Artikel den aktuellen Forschungsstand zu diesem Maler, zumal inzwischen mehrere damals nicht lokalisierbare Werke wieder aufgetaucht sind. Einige von ihnen konnten – wie *L'Offrande à Priape* („Die Opfergabe an Priapus") 2010 und die beiden dekorativen Großformate *La Danse* („Der Tanz") und *Le Retour de chasse* („Die Rückkehr von der Jagd") 2013 – erworben werden. Die beiden letzteren gehörten dem Oberfinanzbeamten François Prat (1669-1742), dem François Couperin sein *Deuxième livre de Pièces de Clavecin* widmete und der in seinem Haus in Valenton noch weitere Werke von Raoux besaß. Diesem bei den Dezalliers d'Argenville erwähnten Bestand wird auch eine große *Vestale* („Vestalin") zugerechnet, die bei einer Auktion verkauft wurde. Aus *L'Offrande à Priape* spricht eine etwas unterkühlte Erotik, die in einem klassizistischen Stil zum Ausdruck kommt und darin an Raoux Landsmann Joseph-Marie Vien erinnert. Diesem Hauptwerk aus dem ehemaligen Besitz des Duc de Choiseul und des Prince de Conti wird eine anonyme Zeichnung aus dem Louvre zur Seite gestellt. Nachdem die seit 1945 verschollen geglaubte *Bethsabée au bain (Bathseba im Bade)* 2010 in den Berliner Museen wieder aufgefunden wurde, lässt sich außerdem eine Beziehung zwischen den Werken Nicolas Vleughels und Jean Raoux herstellen. Darüber hinaus identifiziert der Verfasser von historischen Reproduktionen oder aus früheren Quellen bekannte Gemälde wie das *Portrait de Madame Carton*. Diese Zuschreibungen festigen endgültig Raoux Rang als eigenständigem Künstler innerhalb der Watteau-Nachfolge.

L'Amour essayant une de ses flèches, von Jacques Saly Ein Meisterwerk aus der Sammlung Madame de Pompadours im Musée du Louvre

Guilhem Scherf

Die Skulpturenabteilung des Musée du Louvre erwarb 2016 ein Meisterwerk von Jacques Saly, *L'Amour essayant une de ses flèches* („Amor, einen seiner Pfeile versuchend"). Diese auf 1753 datierte Marmorstatue wurde von Madame de Pompadour in Auftrag gegeben. Sie schmückte nacheinander ihre prachtvollen Wohnsitze, das Château de Crécy, das Schloss von Bellevue und schließlich ihre Pariser Residenz, das

Hôtel d'Évreux (der spätere Élysée-Palast). Das in Privatbesitz gebliebene und vollkommen unbekannte Werk war 2002 überraschend in einer Sonderausstellung im Château de Versailles zu sehen. Nur mit Hilfe der Société des Amis du Louvre und zehntausender Unterstützer der Spendenkampagne *Tous mécènes !* gelang es, *Amor* als Juwel des französischen Kulturerbes 2016 in den Louvre zu holen. Hier fügt sich Salys Marmorplastik perfekt in die reiche Sammlung französischer Skulptur des 18. Jahrhunderts ein, inmitten anderer Meisterwerke von Pigalle und Falconet, welche zuvor ebenfalls bei Madame de Pompadour standen.

Die Wiederentdeckung der indischen Sammlung des Musée national de Céramique in Sèvres

Stéphanie Brouillet

Das Musée national de Céramique de Sèvres bewahrt eine über 200 Stücke umfassende Sammlung indischer Keramik. Die zu Beginn des 19. Jahrhunderts von Reisenden im Auftrag der Staatlichen Manufaktur in Sèvres gesammelten Objekte weisen nicht nur die Herstellungstechniken der indischen Töpfer, sondern auch ihrem Zweck entsprechende Gebrauchsspuren auf. Nachdem sie in der ersten Hälfte des 19. Jahrhunderts durch Alexandre Brongniart und Denis-Désiré Riocreux publiziert worden waren, wurden die Keramiken aus Indien in Kisten verpackt und ins Depot verbracht, wo man sie seit den 1980er Jahren nach und nach wiederentdeckte.

Zwei bis dahin unbekannte Blätter, ein Geschenk Frederic Leightons an Henry de Triqueti

Richard Dagorne

Im Nachlass der grafischen Werke aus dem Besitz des Bildhauers Henry de Triqueti (1803-1874) in der École nationale des Beaux-arts in Paris befinden sich zwei Zeichnungen des englischen Malers Frederic Leighton (1830-1896), Vorbereitungen für den *Triomphe de la Musique* („Triumph der Musik") und vermutlich für *Giezi renvoyé par le Prophète Élisée* („Giezi wird vom Propheten Eliseus weggeschickt"). De Triqueti, der das Kirchenportal der Pariser Madeleine schuf, hatte Leighton Ende der 1850er Jahre während dessen Aufenthalt in Paris kennengelernt. Beide Künstler waren „offizielle" Porträtisten der Familie des damaligen Botschafters von Großbritannien in Frankreich, Henry Wellesley (1804-1884) und beide kamen sie in den Genuss des Mäzenatentums dieses herausragenden Akteurs der franko-britischen Beziehungen im Second Empire, der großes Ansehen bei Victoria und Albert genoss, um deren Gunst sich Triqueti bemühte. Die Schenkung dieser beiden Zeichnungen erfolgte nicht nur zu Ehren der ersten Ehe von Triquetis Tochter Blanche im März 1858, sondern auch angesichts der Vorliebe des Bildhauers für biblische Themen, mit welchen er im folgenden Jahrzehnt die Wände der Gedächtniskapelle Prinz Alberts auf Schloss Windsor ausschmücken sollte.

Neue Quellen zu den Exponaten der Ausstellung *Les arts anciens de l'Amérique* von 1928 in Bildern und Dokumenten

Carine Peltier-Caroff, Claudia de Sevilla

Dem Musée du Quai Branly 2006 von Pierre Langlois geschenkte Mappenwerke eröffnen neue Erkenntnisse zu den Exponaten der von Mai bis Juni 1928 im Marsan-Pavillon des Louvre gezeigten Ausstellung *Les arts anciens de l'Amérique*. Die wissenschaftliche Relevanz dieses bis heute unveröffentlichten Konvoluts untermauert die Besonderheit des Ereignisses, das Leihgaben aus zahlreichen Institutionen und Privatsammlungen aus Frankreich wie aus dem Ausland vereinte. Das fotografische Ensemble liefert eine neue Bildquelle für die Identifizierung bestimmter Exponate und gestattet in Verbindung mit weiteren archivarischen Quellen, den Weg dieser Stücke aus der Sammlung des Ethnografischen Museums des Trocadéro bis ins Musée du Quai Branly nachzuverfolgen und trägt so zu einem besseren Verständnis des Objektaustauschs zwischen Privatsammlern und musealen Einrichtungen bei.

Das Musée des Beaux-arts in Lyon : eine Referenz für das Werk Etienne-Martins

Sabrina Dubbeld

Der Artikel befasst sich mit dem Sammlungsbestand Étienne-Martin im Musée des Beaux-arts in Lyon bzw. mit den dort zwischen 1985 und 2014 getätigten Erwerbungen. Die an Breite und Fülle unübertroffene Sammlung deckt die gesamte Laufbahn des Bildhauers, von seinem Frühwerk bis hin zu seinen letzten Arbeiten ab. Sie veranschaulicht die Vielfalt der von diesem Künstler verwendeten Techniken und Materialien, von der Gipsmodellierung über die Holzplastik und -bemalung, die Zeichnung oder auch das Gestalten mit Eisendraht bis hin zur Assemblage. Zudem bietet der Bestand – mit Porträts, Nachtbildern, Paaren, Wurzeln und Häusern – einen Überblick über das Themenspektrum Étienne-Martins.

ONT COLLABORÉ À CE NUMÉRO

Marie BÈCHE-WITTMANN
Responsable des collections archéologiques et de la médiation, musées départementaux Anne-de-Beaujeu, Maison Mantin et musée de l'Illustration jeunesse, Moulins-sur-Allier, de 2009 à 2015

Claire BESSÈDE
Conservateur en chef, musée national Jean-Jacques-Henner, Paris

Michèle BIMBENET-PRIVAT
Conservateur général au département des Objets d'art du musée du Louvre

Violaine BLAISE
Restauratrice du patrimoine, arts textiles

Stéphanie BROUILLET
Conservatrice en charge des collections extra-européennes du musée national de Céramique de Sèvres

Pascal CAPUS
Chargé des collections de sculptures romaines et numismatiques au musée Saint-Raymond, musée des Antiques de Toulouse

Pauline CARMINATI
Restauratrice du patrimoine, restes humains

Richard DAGORNE
Conservateur en chef, Directeur du Palais des ducs de Lorraine-Musée lorrain

Christine DESCATOIRE
Conservatrice en chef, chargée des collections d'orfèvrerie et de tissus occidentaux au musée de Cluny-musée national du Moyen Âge, Paris

Sabrina DUBBELD
Ater en histoire de l'art contemporain à l'université Paris 10 Nanterre

Jannic DURAND
Conservateur général, Directeur du département des Objets d'art du musée du Louvre

Marie-Cécile FOREST
Conservateur général, Directrice des musées nationaux Gustave-Moreau et Jean-Jacques-Henner

Estelle GUILLE des BUTTES-FRESNEAU
Directrice des équipements culturels de Concarneau Cornouaille Agglomération (CCA), Conservatrice en chef du musée de Pont-Aven et du musée de la Pêche à Concarneau

Judith HENON
Conservatrice, Directrice des musées départementaux Anne-de-Beaujeu, Maison Mantin et musée de l'illustration jeunesse, Moulins-sur-Allier, de 2010 à 2015

Sylvie LELUC
Conservateur, département Artillerie, Musée de l'Armée, Paris

Bruno MOTTIN
Conservateur en chef, Centre de Recherche et de Restauration des musées de France, Paris

Pantxika De PAEPE
Conservateur en chef, Directrice du musée Unterlinden à Colmar

Carine PELTIER-CAROFF
Responsable de l'iconothèque, département du Patrimoine & des Collections, musée du quai Branly-Jacques Chirac, Paris

Guilhem SCHERF
Conservateur général, Adjoint au directeur du département des Sculptures, musée du Louvre

Claudia de SEVILLA
Doctorante, Archéologie Mésoaméricaine, Histoire des collections, université Paris 1 Panthéon-Sorbonne

Noëlle TIMBART
Conservatrice, chargée des Antiquités égyptiennes et orientales et des restes humains, Centre de recherche et de restauration des musées de France (C2RMF)/département Restauration

Olivier ZEDER
Conservateur en chef, Directeur des études du département des restaurateurs à l'Institut national du patrimoine

ARTICLES À PARAÎTRE

Florence MAURIC-BARBERIO, avec la participation d'Élisabeth DELANGE
Quelques vestiges supplémentaires de la tombe de Séthi Ier au musée du Louvre

Christine DESCATOIRE
Un chaperon brodé florentin figurant *L'Ascension*

Yves CARLIER
Une console de Pierre-Joseph Laplace provenant du salon des Jeux de Louis XVI à Fontainebleau ?

Annick NOTTER
Un témoignage de la traite rochelaise sur la « côte d'Angole » à la fin du XVIIIe siècle

Christian MAZET
Des tombes étrusques au musée des Études
Histoire de la collection d'antiques d'Antoine Vivenel (1799-1862)

Sylvie PATRY
L'Autoportrait octogonal d'Édouard Vuillard, une dation pour le musée d'Orsay

Rachel HUWEL
Le Jardin de la France de Max Ernst, sépulcre inquiétant de Salammbô

CRÉDITS PHOTOGRAPHIQUES

Malgré ses efforts, certains auteurs ou ayants droit de photographies et/ou d'œuvres représentées sur les photographies de la revue n'ont pu être identifiés ou retrouvés par l'éditeur. Nous prions les auteurs, ou leurs ayants droit, que nous aurions omis de mentionner, de bien vouloir nous excuser et de nous contacter.

Chatsworth
© Devonshire Collection, Chatsworth/Bridgeman Images : p. 41 (fig. 8), p. 43 (fig. 11)

Colmar
© H&dM/Musée Unterlinden Colmar : p. 14 (fig. 1) ; © Peter Mikolas/Musée Unterlinden Colmar : p. 15 (fig. 2) ; © Ruedi Walti/Musée Unterlinden Colmar : p. 15 (fig. 3), p. 16 (fig. 4, 5)

Florence
© Moscow, Pushkin Museum. © 2016. Photo Scala, Florence : p. 57 (fig. 15)

Londres
© Royal Collection Trust/© Her Majesty Queen Elisabeth II 2016 : p. 76 (fig. 1), p. 80 (fig. 6) ; © Leighton House Museum, Kensington & Chelsea, London, UK / Bridgeman Images : p. 76 (fig. 2), p. 80 (fig. 8) ; Royal Academy of Arts, London, Photographer : Prudence Cuming Associates Limited : p. 78 (fig. 4)

Lyon
© Lyon MBA-photo Alain Basset : p. 94 (fig. 2), p. 95 (fig. 3, 4), p. 97 (fig. 7, 8), p. 99 (fig. 9, 11), p. 101 (fig. 14) ; © Lyon MBA-photo Alberto Ricci : p. 93 (fig. 1), p. 95 (fig. 5), p. 96 (fig. 6), p. 100 (fig. 12, 13)

Montpellier
© Musée Fabre de Montpellier Méditerranée Métropole-Photographie Frédéric Jaulmes : p. 46 (fig. 1), p. 47 (fig. 2), p. 51 (fig. 7), p. 52 (fig. 8), p. 54 (fig. 11) ; © BIU de Montpellier. Service photographique : p. 53 (fig. 10)

Moulins-sur-Allier
© MAB/J. Mondière : p. 29 (fig. 1, 2), p. 34 (fig. 10) ; © MAB : p. 34 (fig. 11), p. 35 (fig. 12)

Paris
© Bibliothèque nationale de France : p. 39 (fig. 2) ; © Paris, musée de l'Armée/Pascal Segrette : p. 17 et 18 (fig. 1 à 3) ; © Musée national Jean-Jacques-Henner/Hartl/Meyer : p. 23 et 24 (fig. 1, 2)

ADAGP
© ADAGP, Paris 2017 : p. 16 (fig. 5), p. 21 (fig. 2), p. 22 (fig. 5), p. 92 à 101 (vignette, fig. 1 à 14)

Agence photographique RMN-Grand Palais
© RMN Grand Palais/Franck Raux : p. 25 (fig. 3) ; © RMN-Grand Palais/Michel Urtado : p. 7 (fig. 1, 2) ; © RMN Grand Palais/René-Gabriel Ojeda : p. 25 (fig. 4), p. 26 (fig. 5) ; © RMN-Grand Palais (musée de Cluny-musée national du Moyen Âge)/Michel Urtado : p. 9 (fig. 4) ; © RMN-Grand Palais (musée du Louvre)/Thierry Ollivier : p. 11 (fig. 2) ; © RMN-Grand Palais (musée du Louvre)/Martine Beck-Coppola : p. 9 (fig. 5) ; © RMN-Grand Palais (musée du Louvre)/Stéphane Maréchalle : p. 8 (fig. 3) ; © RMN-Grand Palais (musée du Louvre)/Michel Urtado : p. 53 (fig. 9) ; © RMN-Grand Palais (musée du Louvre)/Thierry Le Mage : p. 56 (fig. 13, 14) ; © RMN-Grand Palais (musée du Louvre)/Hervé Lewandowski : p. 62 (fig. 4) ; © RMN-Grand Palais (Sèvres, Cité de la céramique)/Martine Beck-Coppola : p. 66 (fig. 1), p. 67 (fig. 2) ; © RMN-Grand Palais (Sèvres, Cité de la céramique)/Thierry Ollivier : p. 68 (fig. 5), p. 69 (fig. 7), p. 70 (fig. 9, 10, 11), p. 74 (fig. 15) ; © RMN-Grand Palais (Sèvres, Cité de la céramique)/Tony Querrec : p. 68 (fig. 3, 4, 6), p. 69 (fig. 8) ; © Beaux-Arts de Paris, Dist. RMN-Grand Palais/image Beaux-arts de Paris : p. 77 (fig. 3), p. 79 (fig. 5) ; © BPK, Berlin, Dist. RMN-Grand Palais/image BStGS : p. 51 (fig. 6) ; © BPK, Berlin, Dist. RMN-Grand Palais/image SPSG : p. 55 (fig. 12) ; © Paris, Musée de l'Armée, Dist. RMN Grand Palais/Christian Moutarde : p. 19 (fig. 4) ; © Musée du Louvre, Dist. RMN-Grand Palais/Philippe Fuzeau : p. 10 (fig. 1), p. 12 (fig. 3, 4, 5) ; © Musée du Louvre, Dist. RMN-Grand Palais/Hervé Lewandowski : p. 60 (fig. 1, 2) ; p. 62 (fig. 5), p. 63 (fig. 6) ; © musée du quai Branly-Jacques Chirac, Dist. RMN-Grand Palais/image musée du quai Branly-Jacques Chirac p. 82 à 90 (fig. 1 à 16) ; © The British Museum, Londres, Dist. RMN-Grand Palais/The Trustees of the British Museum : p. 42 (fig. 9, 10)

C2RMF
© C2RMF/A. Chauvet : p. 29 (fig. 3), p. 34 (fig. 9) ; © Centre de Recherche et de Restauration des musées de France, Jean-Louis Bellec : p. 37 (fig. 1), p. 40 (fig. 6), p. 43 (fig. 12) ; © Centre de Recherche et de Restauration des musées de France, assemblage B. Mottin : p. 39 (fig. 3) ; © B. Mottin, C2RMF : p. 40 (fig. 4 a et b, 5)

Pont-Aven
© D. Leroux : p. 3, p. 20 à 22 (fig. 1 à 5)

Saint-Pétersbourg
© The State Hermitage Museum/Photo by Vladimir Terebenin Credit Line : The State Hermitage Museum, St Petersburg : p. 62 (fig. 3)

Sèvres
© Gérard Jonca/Sèvres-Cité de la céramique : p. 71 (fig. 12, 13), p. 73 (fig. 14)

Toulouse
© J-F. Peiré/Musée Saint-Raymond, musée des Antiques : p. 4 à 6 (fig. 1 à 5)

Venise
© Sebastiano Ricci, La Divine Sapience protégeant les Arts et terrassant l'Ignorance, Venezia, Gallerie dell'Accademia, Gabinetto dei disegni e stampe–Archivio fotografico del Polo Museale del Veneto, su concessione del Ministero dei beni e delle attività culturali e del turismo" ; riproduzione vietata : p. 41 (fig. 7)

© V. Blaise : p. 31 (fig. 4, 5), p. 33 (fig. 7, 8) ; © P. Carminati : p. 32 (fig. 6) ; © Ambassade de France, Belgique : p. 50 (fig. 4) ; © Philip Ward-Jackson : p. 80 (fig. 7) ; © Archives Marie-Thérèse Étienne-Martin : p. 99 (fig. 10) ; © Tous droits réservés : p. 49 (fig. 3), p. 50 (fig. 5), p. 82 à 90 (fig. 1 à 16)

LA REVUE DES MUSÉES DE FRANCE

REVUE DU LOUVRE
2016 – n° 3

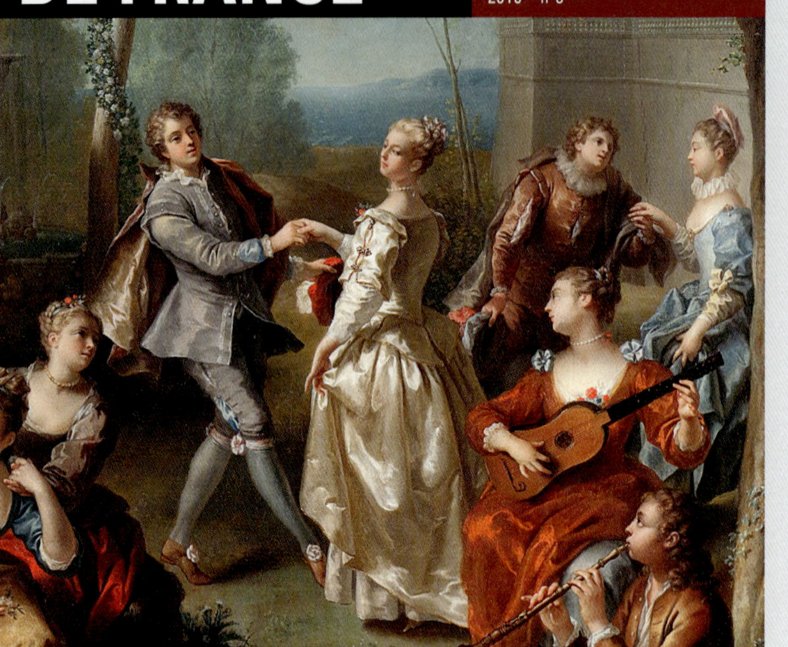

Les peintures de Jean Raoux au musée Fabre de Montpellier

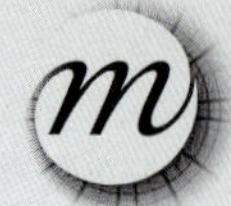

Abonnez-vous à

La revue des musées de France
Revue du Louvre

La revue des musées de France. Revue du Louvre **présente l'actualité des musées nationaux et de l'ensemble des musées français.**

Son sommaire comporte des articles sur des **événements** marquants (acquisitions importantes, ouvertures ou rénovations de salles) des **expositions** temporaires, des **études** sur des œuvres appartenant aux collections publiques et sur leurs **restaurations**. Un numéro entier est consacré aux **acquisitions** des musées.

Jean Raoux. *La Danse*. Détail. 1728. Montpellier. Musée Fabre.

BON DE COMMANDE

à remplir et à retourner à Com & Com, 20 avenue Édouard Herriot, Bât. Copernic 92350 Le Plessis-Robinson Tél. : 01 40 94 22 22 Fax : 01 40 94 22 32

❑ **Adhérent à une société d'« Amis de Musées », je souhaite souscrire un abonnement** aux 5 prochains numéros de *La revue des musées de France. Revue du Louvre*

❑ au **tarif préférentiel « Amis de Musées » de 54 €***,

en joignant la copie de ma carte « Amis de musées » en cours de validité au moment de l'abonnement.

❑ **Je souhaite souscrire un abonnement** aux 5 prochains numéros de *La revue des musées de France. Revue du Louvre*

❑ au prix de **69 €*** ~~(au lieu de 75 €)~~

* *+ frais de port : gratuit en France et UE ; 15 € hors U.E.*

❑ **Je vous adresse ci-joint mon règlement de................. €,** (incluant ma participation aux frais de port).

Date Signature (obligatoire)

Pour plus d'informations, consultez-nous : Com & Com Abonnements : 01 40 94 22 22
Retrouvez toutes nos offres d'abonnements à la *Revue des musées de France – Revue du Louvre*, à *Technè*, la revue du Centre de recherche et de restauration des musées de France et à *Patrimoines*, la revue de l'Institut national du patrimoine dans la rubrique « Découvrez nos éditions » de notre site www.grandpalais.fr, ainsi que les anciens numéros dans notre boutique en ligne (**www.boutiquesdemusees.fr**).

Coordonnées de l'abonné(e) :

Votre n° d'abonné (si vous êtes déjà abonné) __________

❑ Mme ❑ M. ❑ Mlle

Nom (en majuscules) __________

Prénom __________

N° ______ Rue __________

Code postal __________ Ville __________

Pays __________

N° téléphone __________

Courriel __________

Mode de règlement choisi :

❑ Chèque bancaire, libellé à l'ordre de Com & Com – Rmn-Grand Palais

❑ Virement, adressé à l'ordre de Com & Com – Rmn-Grand Palais
Banque HSBC
Code banque : 30056, code guichet : 00643, n° de compte : 06433242007 75

❑ Carte bancaire (sauf American Express),
n° __________
date expiration __/__/__
3 derniers chiffres (figurant au dos de votre carte) ______

Offre et prix valables jusqu'au 31/12/2016. Les informations recueillies font l'objet d'un traitement informatique destiné au traitement de votre abonnement et à des fins de prospection commerciale. Conformément à la loi « informatique et libertés » du 6 janvier 1978 modifiée par la loi du 6 août 2004, vous bénéficiez d'un droit d'accès, de rectification et de suppression des informations qui vous concernent en vous adressant à Com & Com. Ces données pourront être utilisées par la Rmn-Grand Palais et cédées à des tiers, sauf opposition de votre part en cochant la case ci-après ❑.
Rmn-Grand Palais 254-256, rue de Bercy 75577 Paris Cedex 12 – RCS Paris B 692 041 585 – n° de TVA : FR 11 692 041 585.